熱帯アジアの森の民

資源利用の環境人類学

池谷和信 編

人文書院

はじめに

二一世紀に入り、世界の森をめぐる環境が大きく変化している。森林、鉱物、野生動物などのさまざまな森の資源をめぐって、伐採会社、鉱山会社、密猟者などが森に入り込んでいる。その一方で、森を保護しようとする動きが盛んになってきた。世界各地のいたる所で自然保護区が指定され、その面積は世界の陸地の一〇パーセントを占めるにいたっている。

ところが、現在あるいは将来の森の利用や管理を考える際に、そこに暮らしている森の民の存在は無視されることが多い。しかも、熱帯アジア全体を視野に入れた森の民研究の書物もないことから、森の民に関する体系的な情報を得ることすら難しい状況にある。そこで本書では、自然と共生してきた人びと、外界と隔絶して独自の文化を担っている、などといわれる森の民を対象にして、森の民の新たな実像を提示することを狙いとしている。

本書は、変わりつつある熱帯アジアの森の民の実像とそれへ向けられる一般社会からのまなざしを環境人類学の視点から総合的に把握することを目的としている。具体的には、インド、スリランカ、ネパール、ミャンマー、タイ、ラオス、ベトナム、マレーシア、インドネシア、フィリピンなどアジアの湿潤熱帯の国々をフィールドとしている。本書の各章で扱っている事例は、熱帯アジアのすべての国を網羅しているわけではないが、これらアジアの湿潤熱帯を広くおおうものとなっている（図1）。

このため、読者は、本書を一読することで、熱帯アジアの森の民は、狩猟・採集・焼畑・交易・出稼ぎなどを組み合わせてどのように森に依存してきたのか？　あるいは、かつての生業の中心であった狩猟採集や焼畑がどのように変化して彼らのアイデンティティを示す行為に変わったのか？　森の民の文化がいかに多様であり、かつ変わりつつあり、様々な問題に直面しているのかなどを理解することができるであろう。さらに、日本に住む私たちにとっては、例えば熱帯アジアからの木材供給とそこでの森林伐採をめぐり森の民との新たな共存の道を考えていく手がかりとなるだろう。

本書は、次のような三部から構成されている。まず、森の民を理解するための三つのアプローチを示す方法論、刻々と変わりつつある森の民の三つの民族誌、現代の森の民がかかえる三つの問題の把握という構成になっている。各章で取り扱っている事例は、マレー半島のオラン・アスリ（口蔵論文、ダロス／永田論文、信田論文）、フィリピン・ルソン島のアグタ（小川論文）、マレーシア・ボルネオ島のプナン（金沢論文）、中国雲南省・ラオスの少数民族（秋道論文）、タイ北部のヤオ（増野論文）、南インドのカダール（カンマニ論文）、ネパール中部のマガール（南論文）といったものになっている。読者の興味にまかせてどこからでも読んでいただきたい。

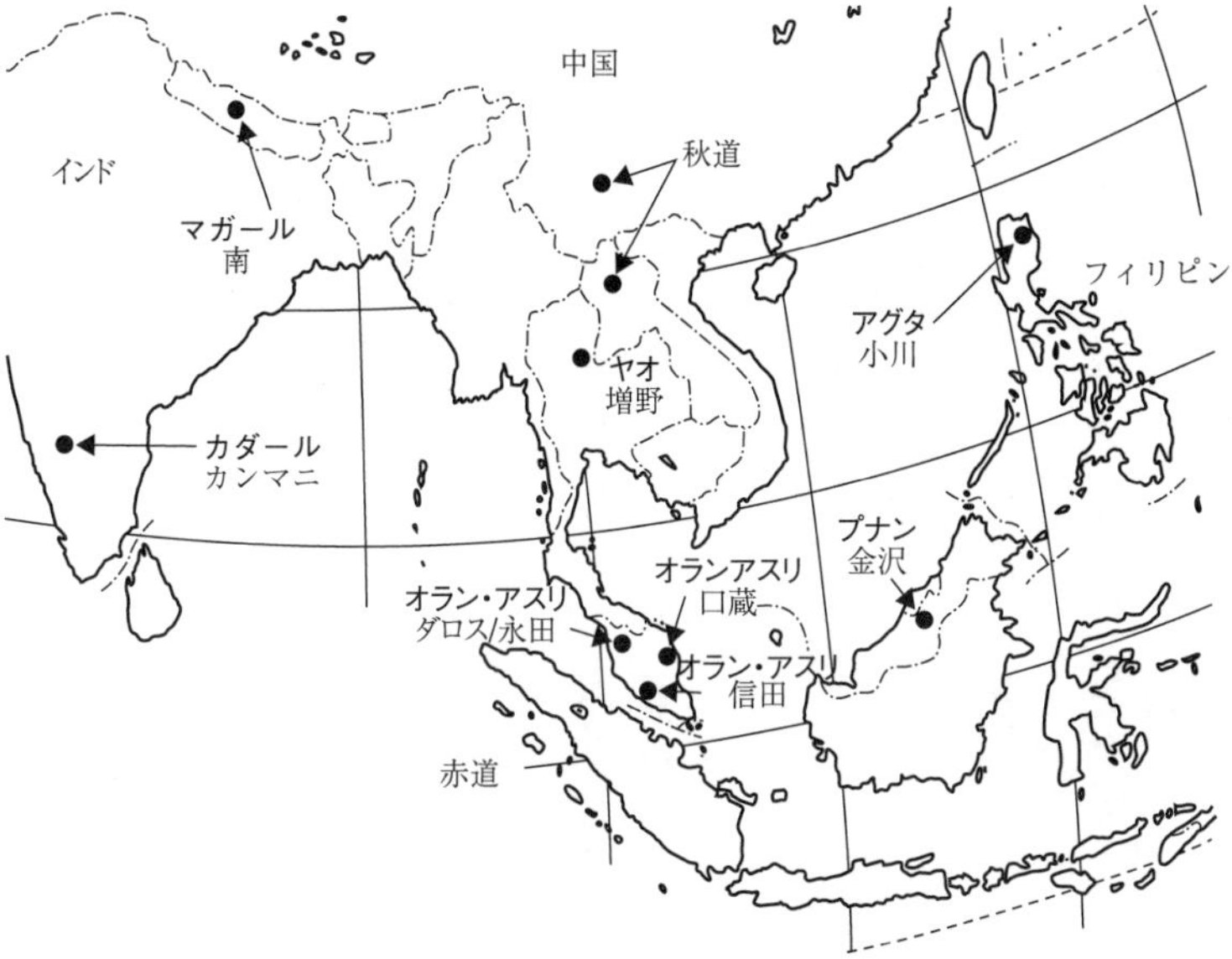

図1　熱帯アジアにおける本書の対象地

目次

熱帯アジアの森の民　資源利用の環境人類学

序論　森の民へのまなざしと実像
――環境、開発、先住民運動

池谷和信

一　森の民の定義

熱帯アジアは、赤道に近いユーラシア大陸の南部に広がる。インド亜大陸を境にして、そこから東側の湿潤熱帯と西側の乾燥熱帯とに二分される。さらに湿潤熱帯は、ボルネオ島やマレー半島の熱帯雨林、インドシナ半島の亜熱帯落葉樹林、スマトラ島などにみられる熱帯低木林に分けられる。

「森の民」は、一般に使われてきた言葉であり学術用語ではない。また、熱帯アジアで「森の民」といえば、オラン・アスリやムラブリ[1]（ピー・トゥン・ルアン）、アグタ、プナンなど、森林での狩猟採集を生業にしてきた人びとが代表として浮かぶかもしれない。彼らは、テレビや新聞などのメディアによって、森に住んで原始的生活をしているというイメージで語られている。また、研究者のあいだでは、アフリカの熱帯雨林に暮らすピグミーとの三年間にわたる生活を記録したコリン・ターンブルの本『森の民』（ターンブル　一九七六）によって、ピグミーが、狩猟や採集などの生業や森に宿る精霊信仰などあらゆる側面で森と調和して暮らしてきたということがよく知られている。

それでは、本書での増野論文や南論文にみられるような、かつて焼畑を中心として狩猟や採集や家畜飼育などを複合した生業に従事していた人びとや、タイ北部のモンやアカ、ネパールのマガールなどの山地民を、「森の民」ということができるであろうか。この焼畑をどのように捉えるのかがつねに問題となってきた。田中は、伝統的焼畑農耕民は、決して森林の破壊者ではなく、むしろ森林の守護者であると指摘する（田中　一九九六：二三四）。また、本書において南は、「山地民マガールは、平地に暮らす農耕民とは異なる森林観をもち、マガールを森の民とみなしてもよい」と指摘する。このことからすると、焼畑を生業の中心とする山地民を森の民の中に含めてもよいであろう。いっぽう近年では、森の民が中央政府に対して先住民としての既得権などを請求する場合も増えており、森の民は先住民という言葉に置き換えられることが多くなっている。

これまで、森の民といえば、一般社会では「山の民」、「砂漠の民」、「海の民（海人）」と同様に文明人からみて謎めいたイメージを喚起させる存在であった。文明人は、森の資源のみに生活を依存して森の中でひっそりと暮してきた人びとを森の民とみなしてきた。しかし、現在の熱帯アジアにおいて、外部社会における政治や経済の影響を受けていない森の民は存在しないにちがいない。コリン・ターンブルの描いた森の民などは、熱帯アジアのどこにももはや存在していないであろう。

本書では、「現在、森の資源を利用している人びと、および過去において森の資源を利用してきた人びと」を森の民と定義する。ある歴史的断面に限定することなく、人びとと森との関わりあいの変遷を十分に考慮して、森の民の動態を歴史的にゆるやかに捉えている。そのため、本書は熱帯アジアの狩猟採集民を中心にしているが、焼畑農耕に従事してきた山地民の狩猟（秋道論文）や家畜飼育などの生業にも注目している。

二　森の民への三つのアプローチ

では、研究対象としての森林と森の民との関わりは、どのようにアプローチされてきたのであろうか？　わが国では主として東南アジアの熱帯林を対象にして、三つの分野から研究がなされてきた。まず、生態学では熱帯雨林、マングローブ林、熱帯モンスーン林などの多様な熱帯林の生態が解明されてきた（山田・山倉　一九九二；井上　二〇〇一など）。次に、林業経済学では、熱帯林業の現状および近年の熱帯林問題によって生まれた森林保全のあり方など、主として政策側からのアプローチがなされた（樫尾　一九九八；井上　二〇〇三）。最後に、人類学では、熱帯アジアの森の民（主として狩猟採集民）を対象にしてきたが、他の二つの分野に比べてその研究はあまり盛んでないのが現状である。わが国では、マレーシアのオラン・アスリの生態人類学および社会人類学的研究は知られているが、森林破壊などの環境問題や商品経済の影響などをふまえた研究が遅れているように思える。また、森と人との共生関係のあり方をテーマにした、生態学者と人類学者からなる論集も無視することはできない（山田　一九九六；一九九九）。

以下、環境人類学の視点から整理した三つのアプローチ——歴史人類学、生態人類学、社会人類学

——から、従来の知見を展望することで（池谷［編］ 二〇〇三参照）、本書の位置づけを試みる。

歴史人類学的アプローチ

現存する森の民は、かつての森の民とまったく同じ実像を示しているであろうか。一九八〇年代以降、人類学では歴史への関心が高まるとともに、近代人類学の本質主義に対する批判がなされた。その結果、現在の森の民を前の時代の生き残りとみる考え方は否定されるようになっている。森の民は、独自の言語は所有しても文字をもたないことが多いが、彼らには独自の歴史が存在するといわれる。近年では、森の民が歩んできた歴史が、先史考古学、民族考古学、文献史学、およびエスノヒストリーなど、さまざまなアプローチによって復元されつつある。

まず先史考古学では、ルソン島北部での十年以上にわたる発掘調査によってこの地域における先史狩猟採集民の使っていた石器の編年が明らかにされ（小川 一九八五）、また狩猟採集民と農耕民の接触に関する理論的枠組みが検討された（本書小川論文）。民族考古学では、北部タイのムラブリを対象にして、集落パターン、物質文化、社会構造などを対象にした詳細な民族考古学的研究が行われた(Pookajorn 1988)。

文献史学では、イギリス、フランス、オランダなどの植民地時代や各地域での王国のなかでの森の民の役割が議論されてきた。森の民は文字をもたないことが多いために、自らの歴史の証拠が残されていないが、宣教師、探検家、民族学者などが、森の民にかかわる調査紀行を残してきた。例えば、オーストリアの民族学者ベルナツィークは、世界各地をまわっているが、一九三〇年代には現在のタイとラオスとの国境地帯で、狩猟採集民ムラブリを中心に、焼畑農耕民モン、アカ、ラフなどの伝統的文化を記録している（ベルナツィーク　一九六八）。これらは資料を新たに読みなおす場合に使える可能性がある。また、植民地時代に関しては、オランダ植民地時代における中・東部ジャワの焼畑に関する研究がみられる。大木（一九八七）によれば、そこでは、すでに焼畑が衰退しており、その要因として人口増加があるのみならず、上級権力による土地利用の制限や焼畑に対する偏見や抑圧などが関与しているという。狩猟採集にしても、植民地時代以前、以降において、籐（ラタン）の採集、ハチミツ採集、ツバメの巣の採集など、商品獲得としての採集が盛んに行われていた。狩猟採集が、植民地政策や商品経済化からどのように影響を受けてきたのかをさらに解明する必要がある。

以上のように、現在の森の民を把握する視角として、先史時代、植民地時代、近現代を対象にした歴史的アプローチを無視することはできない。

生態人類学的アプローチ

生態人類学における森の民研究は、文化生態学、政治生態学、歴史生態学という三つの生態学から行われてきた（市川・佐藤　二〇〇一；池谷［編］　二〇〇三）。ここでは、森の民への三つの生態学的アプローチを具体例に沿って紹介する。

まず文化生態学では、森の民の生業活動である狩猟採集や焼畑と自然環境との関係が直接観察という方法によって数量化された形で把握された（Kuchikura 1987）。焼畑の場合は、フィリピンのミンドロ島におけるコンクリンの民族生態学的研究が有名である（Conklin 1963）。このほかにも、農耕民の焼畑伐採地によって生じるエコトーンは狩猟動物を招き寄せるのに都合がよいといわれる。これは、フィリピンのアグタで早くから報告されたが（Peterson 1981）、中国の雲南省での野鶏の狩猟の場合にも当てはまる（本書秋道論文）。ここには、民族生物学的アプローチが含まれる。家禽の起源といわれる赤色野鶏は、五亜種存在することが知られているが（秋篠宮　二〇〇〇）、それらの分布が、本書の対象地であるアジアの熱帯湿潤地域にほぼ対応している点は興味深い。

政治生態学のアプローチは、農学・林学、地理学、社会学、人類学と幅広い分野で用いられているのが特徴である（池谷　二〇〇三）。農学・林学では、川喜田二郎の文化生態系モデルに貨幣経済や国家政策などの外部要因を付加することで文化生態系の動態を把握する枠組みが言及されている（井上一九九五）。その後、東南アジアの森林をめぐる政治生態学にかかわる論集で、各地の事例が報告されている（Tuck-Po, de Jong and Abe 2003）。地理学では、ネパールの森林と地域社会との関係に焦点がおかれている（Graner 1997）。社会学では、マレーシアのサラワク州の政策とプナンが暮らす地域社会との関係が分析され、州政府の支援によって、集落での果樹園の多様性が減少していることが指摘されている（金沢　二〇〇一）。人類学では、一九七〇年代後半のスマッ・ブリの人々の生活をみると（口蔵　一九九六参照）、一九七〇年代当時から熱帯林の伐採が行われており、籐採集のような現金経済への依存がみられることがわかることから、政治生態学の視角から、経済、社会の変化を把握することができる。

歴史生態学アプローチでは、焼畑の生態史的研究で新たな成果が出ている。焼畑が作りだす二次林では、地域住民にとって有用な植物が豊富にみられることや、自然林と比較した場合、生物多様性が低いわけではないということが指摘されている（Schmidt-Vogt 1998）。また、熱帯アジアのルソン島やボルネオ島の狩猟採集民の歴史的性格をめぐっては、伝統主義と修正主義との論争がみられるが（本書ダロス／永田論文）、狩猟採集民は前の時代の生き残りではないとする修正主義の見方が強い。例えば、フィリピンの狩猟採集社会アグタは、農耕民との交換によって炭水化物を入手することなしには熱帯雨林で暮らせなかったとみなされたため、少なくとも三千年前から農耕社会との相互依存共生関係をもっていたとされる（本書小川論文）。ボルネオのプナンにおいても、狩猟採集社会の成立をめぐって同様な論議がみられる。つまり東南アジアに現在もなお残存している狩猟採集民は、農耕が始まる前の旧石器時代の生活様式をそのまま保存しているのではなく（Hutterer 1976）、むしろ国家形成の過程で、山地に追いやられ、山地の特産物を平地に供給することで狩猟採集の専業化が生じたといわれる。

社会人類学的アプローチ

森の民にとっての森林は、物質的、経済的基盤であるだけではない。人びとの社会的規範や世界観は、森林と結びついた超自然的存在との関係で成り立っている。つまり、このアプローチでは、生業にかかわる資源利用というよりも、自然資源をめぐる社会的分配や森林に対する信仰的世界を描くことができる。

上杉は、マレーシアのサバの焼畑農耕民ムルット社会を事例にして、生業、慣習法、人生儀礼、祭宴における贈与交換を中心とした民族誌をまとめあげている（上杉　一九九九）。なかでも狩猟グルー

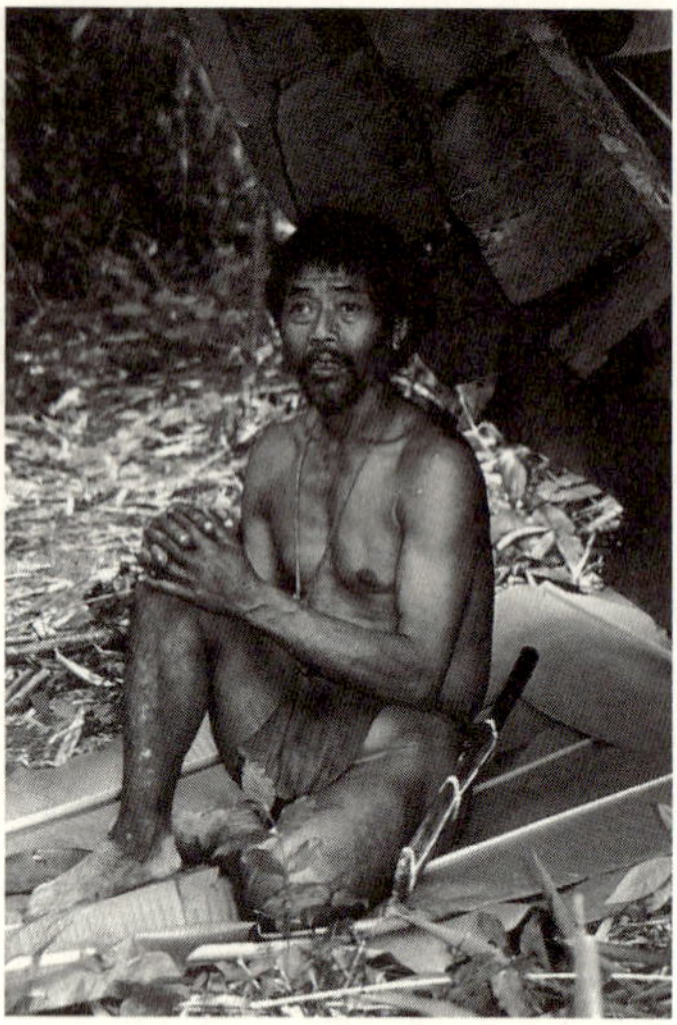

写真１　観光客に対するパフォーマンス（タイのムラブリ）

プの編成原理や焼畑労働力の調達などは、人びとの森林資源の利用や配分の仕方を示す貴重な資料を提供している。フィリピンのピナトゥボ・アエタ社会もまた、焼畑農耕を生業としており、自立性の高い拡大家族の編成のあり方や結婚をめぐるダイナミズムなどが報告されている（清水　一九九〇）。一方で、内堀は、マレーシア・サラワクのイバン社会を事例に、焼畑農耕民の森林に依拠する生き方をヴィヴィッドに描く。そこでは、彼らの生活世界の中で森という空間が「資源としての森」と「象徴として森」とに二分され、彼らが意識的に森林資源の保全をはかっているかは十分に証明されてはいないと警告する（内堀　一九九六）。さらに信田は、一般のマレーシア人に森の民とイメージされるオラン・アスリを対象にして、国家主導の開発やイスラーム化がオラン・アスリに与える影響や彼らの主体的な社会経済的対応を詳細に把握している（信田　二〇〇四）。森の民であるオラン・アスリが、マレー人になるというエスニシティの変化に抵抗している点は、周縁を生きる人びとの特性として他の地域にも当てはまる内容である。

　文化表象アプローチでは、映像や観光や博物館展示などから森の民に向けられる一般の人びとのまなざしを探る。まず、中世末から十九世紀にかけてヨーロッパが外界に関心を示し、アジアなどへ進出してゆくにつれて、ヨーロッパ人が出会った狩猟採集民は、ヨーロッパ中世に成立した森の野人のイメージにならって表象されたという（スチュアート 二〇〇三）。映像では、サラワクのプナンの表象が興味深い。プナンは、狩猟採集民として「自然とともに暮らす」、あるいは「先住民運動の担い手として戦う」といったステレオタイプで描かれることが多い。タイのムラブリもまた、日本のテレビ番組にしばしば登場してきたが[(2)]、今でも森林のなかで移動生活する人びととして描かれている。タイのムラブリの場合、現代では本拠地となる集落があり、平素は普通の服を身につけているのであるが、観光客がここを訪れる際には、フンドシのみの姿になり演出するようしかけられている（写真1）。これに対して、彼らは、不満を言っているわけではない。報酬となるブタ肉を受け取り、それを集落内で分配する点などは、狩猟採集民としての伝統的規範が生きている（写真2）。博物館展示でも同様である。タイ北部チェンライの山岳博物館やナーン県博物館においても、狩猟採集民や焼畑農耕民は、「自然と共存している」というステレオタイプの像で展示されてきた。

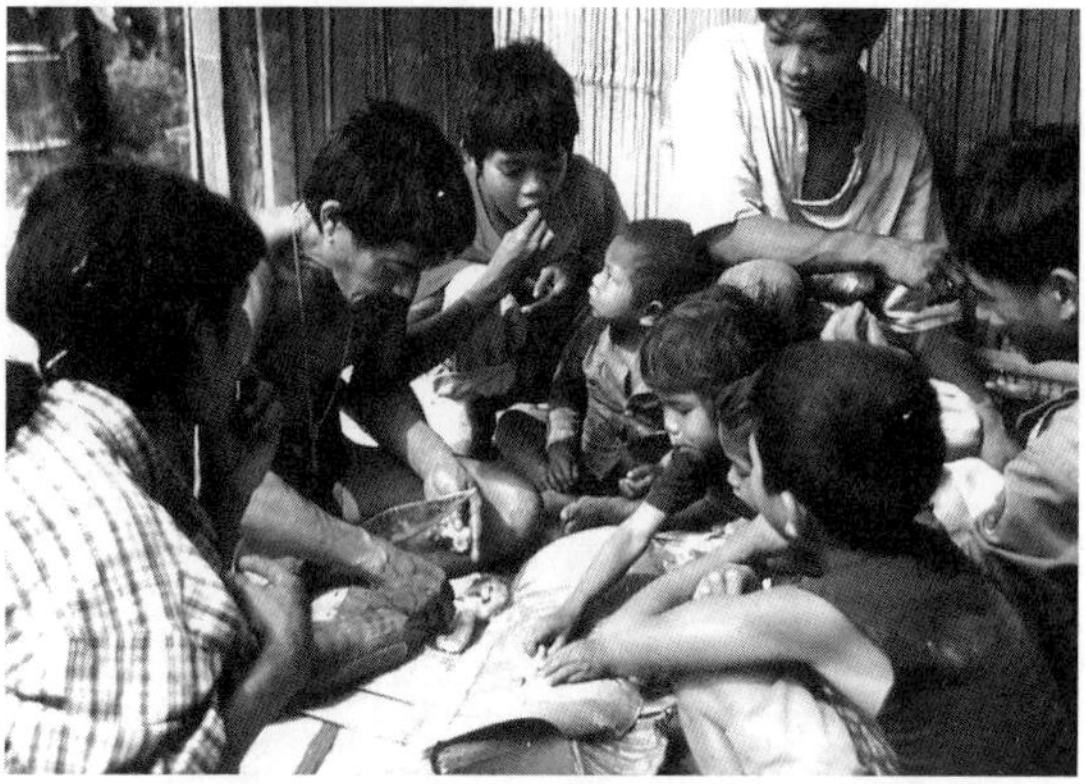

写真2　報酬のブタ肉を集落内で分配（タイのムラブリ）

以上のように、歴史人類学、生態人類学、社会人類学という三つのアプローチに整理して森の民の把握の方法を述べてきたが、当然、複数のアプローチを統合する必要もでてくるであろう。その際には、社会人類学と歴史人類学との交差から、生態史、資源利用、交易などの概念をより深く検討しなければならない。とりわけ歴史人類学では、複数の分野が協力して農耕社会出現以降の狩猟採集漁撈の変化を生態史的に明らかにすることが不可欠である。その背景には、上述したように熱帯アジアにおいても狩猟採集民の歴史をめぐる論争が生じており、歴史的研究を無視できない点が挙げられる。

また、社会人類学と生態人類学との交差から、二〇世紀の資源利用が、熱帯アジアの生態史を把握するうえで無視できないことがわかり、植民地史を含めた政治経済史と社会史とを統合することも不可欠である。さらに、交易概念の検討では、熱帯アジアの狩猟採集民にとって交易は不可欠の経済活動であったために「商業狩猟採集」という概念が提示される一方で、これまで交易を無視してきた社会理論を再検討する必要がある。

三　森の民の多様な実像

熱帯アジアの森の民の実像は、各地域で多様である。ここでは、各地の森の民を整理する枠組みを考えてみる。筆者は、現存する様々なタイプの森の民を比較することから森の民の地域的特性を類推できると考える。ここではまず、森の民そのもの、その変容したタイプを変容タイプ、他の地域からやってきた新たな森の住人を移住タイプとして類型化を試みる。なお、当然のことながら、ある社会は特定の類型に限定されるわけではなく、各類型に収まりきれない人々がいることにも注意が必要である。

森の民の分類

現在、伝統的文化を持続していると思われる森の民は、熱帯アジアの一部にみられるにすぎない。それも、ラオスのような社会主義という国家体制下や自然保護区内といった特殊な状況においてである。あるいは、観光客相手のパフォーマンスのためにフンドシを身につける一部の森の民ぐらいであろう。彼らは、森の民であるということを商品にしているのである。

森の民を分類すると、主たる生業の違いによって、狩猟採集民と焼畑農耕民に二分できる。例えばフィリピンでは、国内に散在するネグリートのなかで二つのタイプがみられることはよく知られている。ルソン島でみると、前者の事例は本書の小川論文で言及されている、シエラマドレ山脈の東側海岸部に暮らすアグタであり、後者の事例は清水展による民族誌が刊行されているピナトゥボ・アエタである（清水　一九九〇）。しかし、ルソン島のアグタに関していえば、アメリカの人類学者によって数多くの研究蓄積がみられ（Early and Headland 1998）、プロトタイプであるという見方への批判がなされている。

森の民の変容タイプ

森の民の生活は、時代とともに変わっている。本書口蔵論文にみられるように、マレーシアのオラン・アスリは一九七〇年代にすでにイスラム教に改宗させられるなど、過去二〇年間での社会経済変化は大きなものがある。しかしそれでも、信田論文で示されるように、オラン・アスリは新たな資源利用を創造するなど、森の民としてのアイデンティティが維持されてきた。

口蔵論文でも引用されているが、オラン・アスリのなかのバテッ・グループにおける国家政策への三つの対応は興味深い。第一は、同化に強く抵抗して、伝統的文化を保持する立場である。第二は、その対極にある。同化政策に従い、保留地に定住して、マレー・スタイルを送る。第三は、中間派で、国立公園の縁に集落をつくり、狩猟採集と外部社会での活動を交互に行うものである。この三つの対応は、熱帯アジアの森の民全体にもあてはまる枠組みとなるであろう。本書では、十分な検討はできないが、第一のものはあまり多くなく、国によっては消滅しているであろう。口蔵も言及しているように、第二のタイプが人類学的には興味深い対象である。例えばタイのムラブリの場合、移動生活をやめた現在、定住生活を送りながら、森の民のイメージにふさわしい生活を演出することで観光収入を得ている。

森の民の移住タイプ

森の民は、森のある集落に固定して住みつづけるとは限らない。ある時には、低地民が山地に移動して森に依存した生活を新たに送ることもある。また、森の民が、出稼ぎによって外に移動したり、保護区の設定によって強制的に保護区外への移住を余儀なくされたり、あるいは自ら都市に移り住み村が廃村になることもある。この種の研究は、近年、各地で広くみられ今後ますます増えていくと予想されるが、現時点では、ルソン島における森林と移住してきた地域住民との関わり（永野ほか　二〇〇〇）やスマトラの低湿地でのマレー人の森林利用（百瀬　二〇〇三）などの報告がみられる。

四　森の民のかかえる問題

現代の森の民の生活は、森林伐採やダム建設などの開発と森林保護やエコツーリズムなどの環境に関与してきた。その結果、マレーシア・サラワクのプナンのように、森の民は「先住民」という言葉でくくられ、国家に対して様々な利権を要求するために、政治に関与してきた（本書金沢論文）。ここでは、森の民と環境と開発に関与する研究を紹介する。地球環境保全としての自然保護区の設立と地域住民である森の民との関わり、および森林伐採などの地域開発とそれへの抵抗運動としての先住民運動に関する研究を展望する。

環境保護と地域社会

熱帯地方の人びとは、自然保護区内に暮らすことが多く、保護区の森林資源に大きく依存している。例えば、南アジアと東南アジアでは、二〜三億人が保護区の森林と密接に結びつき（Colchester 1992）、南アメリカでは、国立公園の総面積の八六パーセントに人々が暮らし森林資源を利用しているといわれる（Amend and Amend 1992）。

また近年、熱帯アジアの各国において自然保護区の数や面積が増加しており、保護区の設立にともなって環境保全の妨げとみなされた保護区内の地域住民が移動させられるケースも多くなった。こういった事例についてはタイのホアイ・カーケン保護区（佐藤　二〇〇二）、ベトナムのタムダオ国立公園、インドネシアのジャワ島のグヌンハリムン国立公園（原田　二〇〇一）、インドのラジャジ国立公園（真実　二〇〇一）、本書のカンマニ論文でふれているインディラ・ガンジー野生生物保護区などの研究がみられる。また、台湾の国立公園の設立と原住民の対応に関しては、原住民への影響や国立公園に対する彼らの意識について研究されている（陳　一九九九）。

そのいっぽう近年、日本のＮＧＯは熱帯林の自然と人を対象としたスタディ・ツアーを主催するようになった。その参加者数はあまり多くないが、熱帯林問題への関心が増すに連れて盛んになりつつある。目的地としては、日本から熱帯林へのアクセスが容易なマレーシアのサラワクが選ばれることが多い。そこでは、参加者は森林伐採の現場や先住民の生活などをみることができ、熱帯林と日本との関わりについて現場で考えることができるようになっている。

開発と先住民運動

熱帯アジアにおいても、カナダやオーストラリアなどの先進国でみられるような先住民組織がつくられ、ＮＧＯが関与する先住民運動が行われている所がある。またその運動の背景には、森林伐採などによって彼らの生活基盤が侵されていることが挙げられる。

マレーシアのサラワクでは、一九八〇年代の後半に、林道にバリケードを築いて森林伐採を阻止する行動がみられた。この姿は、メディアを通じて世界中に広まり、プナンの現況や運動の概略も数多く紹介されている（秋元　一九九七：ホン　一九八九：マンサー　一九九七）。マレーシアの女性人類学者イブリン・ホンは、サラワクの人びとが抱えている問題を正面にすえて、木材産業やダム開発の進展への先住民の対応方法を探っている。彼女は、多岐にわたるテーマで多岐にわたる地域をみているために、ミクロなデータの精度は荒くなっているが、応用人類学的研究の新たな展望を示した。

フィリピンのピナトゥボ・アエタでは、噴火による被害の後にアエタ自身による先住民組織の活動をとおして、自立への模索をしていることが報告されている（清水 二〇〇三）。同じフィリピンのパラワン島には、北からバタック、タグバヌア、パラワンの山地民が暮らしてきたが一九九〇年代終わりに、バタックはNGOの助けもあり政府から自らの土地権を獲得することに成功している（写真3）。さらにインドの森林開発と住民との関係では、住民が森林利用の権利を求めたチプコ運動が知られている（Guha 1989；真実 二〇〇一）。

以上のように、森の民のかかえる問題に言及した研究は、環境保護や開発への森の民の多様な対応のあり方を示してきたとまとめることができる。

写真3　籐（ラタン）を売るために山から下りてきた青年（フィリピンのバタック）

五　本書の構成

本書は、グローバルな流れのなかで熱帯アジアの森の民の新しい実像が理解されるような、森の民への三つの人類学的視角、森の民の多様な資源利用を扱う三つの事例、現代の森の民がかかえる三つの問題という三部九論文で構成されている。

第一部「森の民の捉え方」では、先史考古学、生態人類学、社会人類学の三つのアプローチに分けられる。ここでは、マスコミなどで伝えられる「自然と共生する森の民」像に対して批判的に論じている。三つの論文とも、アプローチは異なるものの、外部社会との関係で森の民を捉える視点では共通している。

小川論文では、先史考古学から森の民を把握する際の新たな視点を示している。従来、考古学では想定されることのなかった農耕開始期における先史狩猟採集社会と農耕社会との接触モデルを提案している。そこでは、食糧や労働力の相互関係をめぐり、経済的側面のみならず儀礼的側面から議論されている。この論文では、フィリピンのラロ貝塚群の事例からモデルの検証をしており、狩猟採集社会が熱帯雨林の資源を利用しながら、低地の農耕社会と食料や道具などを交換してきたことを明らかにしている。

口蔵論文では、生態人類学の視点から、オラン・アスリの生態、経済、社会の変化を論じている。その際には、かつての生態人類学の視角のみではなく政治経済学や政治生態学の視点が欠かせないと指摘する。筆者が一九七〇年代以降調査してきたスマッ・ブリ集団は、マレーシアの経済開発の展開を背景として、オラン・アスリへの政治的管理や生業の市場経済化を求めた政府の集団再編定住化計画などの外部社会の介入を無視できないとみる。スマッ・ブリは、人口を増大させて、ますます現金獲得を志向した森林資源に依存してきた。同時に、政府によるスマッ・ブリへの経済開発援助の失敗が指摘される。

シラ・ダロスと永田との共著論文では、社会人類学のなかでも先行研究の多い狩猟採集民の交易と分配を対象にしている。この章でも、熱帯林での狩猟採集民の自立は可能かという小川論文と同様な問題意識のもとで、交易をとおしての外部社会との関係をふまえて分配を論じている。熱帯林で狩猟採集民と農耕民との交易が生まれた背景などに対して、独自な説明がなされている。

第二部「変わりつつある森の民」では、フィールドワークから得られた一次データをもとに、森林破壊がすすむなかでの森林と森の民との関わりあいが生態人類学的アプローチから把握される。ここでは、焼畑に従事してきた農耕民に焦点を当てている。具体的には、狩猟、放牧、焼畑、木工品製作などの生業を対象にしている。なお南論文では、森の民と山の民の違いが言及されているので注意してほしい。

秋道論文では、中国西南部の雲南省からラオスの山地に広がる亜熱帯モンスーン林（亜熱帯落葉樹林）に暮らしてきた多数の少数民族を対象にして、野鶏の狩猟や利用の実態を報告している。この地域において、森には野鶏、家には家鶏がいて、家鶏が野生化して野鶏になることもみられるなど、鶏は森と人との相互関係をみるうえで興味深い対象である。本論文では、野鶏が、地域住民にとって狩猟対象として重要な食糧であるだけでなく、焼畑地での害鳥としての意味をもつことを明らかにしている。

増野論文では、北部タイの山地民のひとつヤオが暮らす村を対象にして、彼らの森林資源の利用の変化を展望している。ヤオは、一九八〇年代まで、ケシ栽培や焼畑による陸稲栽培に従事していた。しかし一九九〇年代に森林局が森林と農地の区分令を行うと焼畑が急激に衰退した。村では、商品作物としてのトウモロコシの常畑耕作、導入されたウシの森林での放牧など、焼畑放棄後の土地では新たに資源利用の再編が生じたこと、それにともない様々な問題が生まれていることに言及している。現在、森の民の経済は大きく変貌しており、海外での出稼ぎにもおよび、彼らの生活を外部社会との関係で把握する必要があるであろう。

南論文では、ヒマラヤ地域をとりあげ、彼の長年のフィールドであるマガール社会における生業複合の変化をきめこまかく記述する。そこでは、マガール人と森との関係は単純ではなく、彼らの森林利用と鍛冶師カーストとの関係をふまえることなしで把握できない点が指摘される。つまりカースト社会における森の民は、素朴で自立的な暮らしを営むのではなく、平地の市場経済のなかで暮らす人びとよりもいっそう複雑な関係性のなかで生きている。

第三部『森の民のかかえる新たな問題』では、市場経済化と国家政策という外的要因に対して、森の民の現状はいかなるものでどんな問題をかかえているのかが論じられる。信田論文では市場経済化にともなう資源利用の再編、カンマニ論文では自然公園の設立に伴う影響、金沢論文では先住民運動という新たな対応が報告されている。

信田論文では、オラン・アスリ社会において、かつての森林産物であったドリアンが換金作物とみなされるようになった結果、新たな社会変化が起きていることを示した。その結果、彼らはドリアン植樹を始め、ドリアンを財の象徴とみなし、いつ来るのか不明である華人やマレー人の仲買人への販売をするが、その一方で、森の民としてアイデンティティは維持されているという興味深い指摘がなされている。オラン・アスリ自らが、開拓や植樹をすることで、持続可能な資源利用の仕方を創造している点が、熱帯アジアの森の民の将来を考える際のモデルケースとして注目される。

カンマニ論文では、南インドの自然保護区（インディラ・ガンジー野生生物保護区）と地域住民とのかかわりに焦点を当てている。狩猟採集民カダールの人々が、保護区管理による生活への影響を受けながら、森林を中心とする資源利用や野生植物に関わる知識などを大きく変化させてきていることを、現地調査の結果から論証している。

金沢論文では、一九八〇年代後半に世界中のメディアを通じて知られたサラワクの森の民プナンによる森林の商業伐採への抗議行動を対象として、それがなぜ今日まで続いているのかという問題に答えている。彼は、サラワクの森林開発の歴史、NGOの支援を受けた先住民運動の展開、州政府の対応などを記述・分析することで、州政府の論理と住民運動の論理との食い違いを明確にし、さらに、プナンへの開発政策を現在のプナンの状況に照らし合わせて批判的に検討して、行政への自らの政策提言を行っている。

以上のように本書は、熱帯アジアにおける森の民が、外部社会との関わりあいのなかで歴史的につねに変化してきた部分と維持されてきた部分を合わせもちながら、自らの資源利用の方法を創造してきたあり方を実証的に示す。同時に、森の民の変容過程が地域的多様性をもつ一方で、森の民の抱えている問題の共通性を見いだすことをめざす。つまり、本書における森の民は、地球環境問題への関心の高まりとともにそう評されてきたような「自然と共生する人びと」ではない。本書では、環境保護の政策が彼らの活動に影響を及ぼしていることが把握される。グローバリゼーションのなかで、森の民が伝統と近代的生活を融合しながら政治的・戦略的に動く先住民として現れてきたことも明らかにしている。

注

(1) オラン・アスリやムラブリの民族名は、それぞれ現地語で「森の人」を意味する。
(2) TBSテレビ『世界ウルルン滞在記』(二〇〇二年二月三日放送)など。

参考文献

秋篠宮文仁(編) 二〇〇〇 『鶏と人――民族生物学の視点から』東京:小学館。
秋元健治 一九九七 『ボルネオ熱帯雨林ペナン族』東京:第一書林。
池谷和信 二〇〇二 『国家のなかでの狩猟採集民――カラハリ・サンにおける正業活動の歴史民族誌』国立民族学博物館叢書4、大阪:国立民族学博物館。
―――― 二〇〇三 『山菜採りの社会誌――資源利用とテリトリー』仙台:東北大学出版会。

――（編）　二〇〇三　『地球環境問題の人類学――自然資源へのヒューマンインパクト』京都：世界思想社。
市川光雄　一九八二　『森の狩猟民――ムブティ・ピグミーの生活』京都：人文書院。
市川光雄・佐藤弘明（編）　二〇〇一　『森と人の共存世界』京都：京都大学学術出版会。
井上民二　二〇〇一　『熱帯雨林の生態学――生物多様性の世界を探る』東京：八坂書房。
井上　真　一九九五　『焼畑と熱帯林――カリマンタンの伝統的焼畑システムの変容』東京：弘文堂。
――（編）　二〇〇三　『アジアにおける森林の消失と保全』東京：中央法規。
依光良三編　二〇〇三　『破壊から再生へ――アジアの森から』東京：日本経済評論社。
上杉富之　一九九九　『贈与交換の民族誌――ボルネオ・ムルット社会の親族と祭宴関係のネットワーク』国立民族学博物館研究叢書1、大阪：国立民族学博物館。
内堀基光　一九九六　『森の食べ方』東京：東京大学出版局。
大林太良　一九八五　「東南アジアの狩猟民」『歴史公論』一一（五）：九一―九七。
大木　昌　一九八七　「19世紀の中・東部ジャワにおける焼畑耕作」『アジア経済』二八（七）：二一―二一。
――　一九九三　「森林利用の諸形態――ジャワと日本における焼畑の比較試論」『東南アジア研究』三〇（四）：四五七―四七七。
小川英文　一九八五　「ペニアブランカ・ネグリート」『えとのす』二七：五五―七三。
――　一九九六　「狩猟採集民ネグリトの考古学――共生関係が提起する諸問題」、スチュアート　ヘンリ編『採集狩猟民の現在』一八三―二二二頁、東京：言叢社。
――　二〇〇〇　「狩猟採集社会と農耕社会の交流――相互関係の視角」、小川英文編『交流の考古学』二六六―二九五頁、東京：朝倉書店。
樫尾昌秀　一九九八　『東南アジアの森』東京：ゼスト。

口蔵幸雄　一九九六　『吹矢と精霊』東京：東京大学出版会。
佐藤　仁　二〇〇三　『稀少資源のポリティクス――タイ農村における開発と環境のはざま』東京：東京大学出版会。
清水　展　一九八四　「狩猟採集社会の変貌――歴史のなかのピナトゥボ・ネグリト」、大林太良編『東南アジアの歴史と民族』（民族の世界史）四三七―四六一頁、東京：山川出版社。
――　一九九〇　『出来事の民族誌――フィリピン・ネグリート社会の変化と持続』福岡：九州大学出版会。
――　二〇〇三　『噴火のこだま――ピナトゥボ・アエタの被災と新生をめぐる文化・開発・NGO』福岡：九州大学出版会。
篠原徹（編）二〇〇四　『中国・海南島』東京大学出版会。
スチュアート　ヘンリ（編）二〇〇三　『野生の誕生――未開イメージの歴史』京都：世界思想社。
田中耕司　一九九六　「生活者の『森』と観察者の『森林』」、山田勇編『森と人との対話』二二二―二四八頁、京都：人文書院。
ターンブル、コリン　一九七六　『森の民――コンゴ・ピグミーとの三年間』藤川玄人訳、東京：筑摩書房。
陳　元陽　一九九九　『台湾の原住民と国家公園』福岡：九州大学出版会。
寺嶋秀明　一九九七　『共生の森』東京：東京大学出版会。
永野善子・葉山アツコ・関良基　二〇〇〇　『フィリピンの環境とコミュニティ――砂糖生産と伐採の現場から』東京：明石書店。
信田敏宏　二〇〇四　『周縁を生きる人びと――オラン・アスリの開発とイスラーム化』京都：京都大学学術出版会。
ホン、イブリン　一九八九　『サラワクの先住民――消えゆく森に生きる』北井一・原後雄太訳、東京：法政大学出版局。
パーク、クリス　一九九四　『熱帯雨林の社会経済学』犬井正訳、東京：農林統計協会。
原田一宏　二〇〇一　『熱帯林の保護地域と地域住民――インドナシア・ジャワ島の森』、井上真・宮内泰介編『コモンズの社会学』一九〇―二一一頁、東京：新曜社。
ブルーノ、マンサー　一九九七　『熱帯雨林からの声――森に生きる民族の証言』橋本昌子訳、東京：野草社。
ベルナツィーク、フーゴー・アードルフ　一九六八　『黄色い葉の精霊――インドシナ山岳民族誌』大林太良訳、東京：平凡社。
真実一郎　二〇〇一　『開発と環境――インド先住民族、もう一つの選択肢を求めて』京都：世界思想社。
百瀬邦泰　二〇〇三　『熱帯雨林を観る』東京：講談社。
山田　勇（編）　一九九六　『森と人の対話――熱帯からみる世界』京都：人文書院。
――――　一九九九　『森と人のアジア――伝統と開発のはざまに生きる』京都：昭和堂。
山田勇・山倉拓夫（編）　一九九二　『熱帯雨林を考える』京都：人文書院。
吉田集而　二〇〇〇　「地域研究と熱帯林」『ＪＣＡＳ連携研究成果報告』三：一―五。
渡辺弘之　一九八九　『東南アジアの森林と暮し』京都：人文書院。

Conklin, H. C. 1963. *The Study of Shifting Cultivation*. Washington DC: Pan American Union.
Early, J. D. and T. N. Headland. 1998. *Population Dynamics of a Philippine Rain Forest People*. Gainesville: University Press of Florida.
Graner, E. 1997. *The Political Ecology of Community Forestry in Nepal*. Saarbrücken: Verl. für Entwicklungspolitik Saarbrücken.

Guha, R. 1991. *The Unquiet Woods: Ecological Change and Peasant Resistance in the Himalaya.* Delhi: Oxford University Press.

Headland, T. N. 1997. Revisionism in Ecological Anthropology. *Current Anthropology* 38: 605-609.

Horowitz, L. S. 1998. Integrating Indigenous Resource Management with Wildlife Conservation: A Case Study of Batang Ai National Park, Sarawak, Malasia. *Human Ecology* 26(3): 371-403.

Hutterer, K. L. 1976. An evolutionary approach to the Southeast Asian Cultural Sequence. *Current Anthropology* 17: 221-242.

Kuchikura, Y. 1987. *Subsistence Ecology among Semoq Beri Hunter: Gatherers of Peninsular Malaysia.* Hokkaido Behavioral Science Report. Series E no. 1.

Peterson, J. T. 1977. Ecotones and exchange in Northern Luzon. In Karl L. Hutterer (ed.) *Economic Exchange and Social Interaction in Southeast Asia.* Michigan Papers on South and Southeast Asia. No. 13.

——— 1981. Game, Farming, and Interethnic Relations in Northeastern Luzon, Philippines. *Human Ecology* 9(1): 1-22.

Pookajorn, S. 1988. Archaeological Reserch of the Hoabinhian Culture or Technocomplex and its Comparison with Ethnoarchaeology of the Phi Tong. *Luang, a Hunter: Gatherer Group of Thailand.* Tübingen: Institute fur Urgeschichte der Universitat Tübingen.

Schmidt-Vogt, D. 1998. Defining Degradation: the Impacts of Swidden on Forests in Northern Thailand. *Mountain Research and Development* 18(2): 135-149.

Tuck-Po L., W. de Jong K. Abe, eds. 2003. *The Political Ecology of Forests in Southeast Asia.* Kyoto: Kyoto University Press and Trans Pacific Press.

第一部　森の民の捉え方

森と川の民の交流考古学
――先史狩猟採集社会と農耕社会の相互関係史

小川英文

東南アジアの熱帯雨林に生活する狩猟採集社会と農耕社会とのあいだに今日みられる、食料や労働力の交換関係は広く知られており、こうした状況を具体的に究明しようとする試みも古くから続けられてきた。しかし考古学ではこれまで、狩猟採集社会と農耕社会が隣接し、交流を互いに保持しながら長い間生活しつづけるという状況をほとんど想定してこなかった。考古学が想定してきた人類史は、特定の社会が技術革新によって新たな段階を踏み出したとき、最新の技術は迅速に周辺に伝播し、広範な領域で新たな生業や社会の段階を迎えるというものであった。

しかし輝かしい人類史の裏面で、狩猟採集社会は農耕開始以降、歴史にほとんど登場しない。古い技術段階にとどまる人間集団は、文明史のなかでは一瞬にして過去の人びととなった。農耕社会とともに生きてきた狩猟採集社会の歴史は考古学の議論の枠外に追いやられたかのようである。こうした研究状況のなかで先史狩猟採集社会と農耕社会の相互関係に考古学的にアプローチするには、これまで農耕の開始や複雑な社会への発展過程の研究などで生み出されたモデルを参照しながら、二つの社会の相互関係について新たなモデルをつくり、さらに発掘資料によって検証、修正する作業が必要である。

一　相互依存関係の歴史的深度

まず東南アジアにおける狩猟採集社会と農耕社会の同時存在、相互関係の問題が今日までどのように議論されてきたのかを知るために、三つのモデルをふり返ってみよう。

隔離モデル

この問題の重要性を認識した最初の研究者はハイネ＝ゲルデルンであった（Heine-Geldern 1932）。当時、東南アジアの文化発展についての西欧人の解釈は、文明の光の届かない土地では過去から現在までを通じて文化が停滞していたというものであった。こうした通俗的解釈に対してハイネ＝ゲルデルンは、技術段階の異なる集団が「モザイク状」に混在する東南アジア諸民族の多様性に対する説明として隔離モデルを提示した。東南アジアにおける狩猟採集社会は長期にわたって外部から隔離されつづけた結果、農耕社会に同化・吸収されることなく狩猟採集社会が存続してきたという説明である。その後も長い間、狩猟採集社会と農耕社会が同時に存在することは隔離モデルによって説明されてきたが、七〇年代になると文化生態学的アプローチによって、新たに交換適応モデル（exchange adaptation model）が提示されるようになる（Peterson and Peterson 1977）。

交換適応モデル

ピーターソンらはフィリピン、ルソン島北東海岸パラナン（Palanan）の狩猟採集民アグタ（Agta）と低地農耕社会とのあいだにみられる食料、土地、労働力などの交換を軸とした両者間の社会的関係について民族調査を行い（Peterson 1978）、そのデータをもとにして先史時代から現在までの両者間の交換が狩猟採集社会の存続を助長したと説明している。ピーターソンらが注目したのは、アグタ社会と農耕社会の食料交換によるエネルギーの相互補完性である。パラナン・アグタのほとんどが炭水化物の七〇～一〇〇パーセントを農耕民に、そして農耕民の三分の二がタンパク質の三〇～五〇パーセントをアグタに依存している。また土地と労働力も交換の対象となっており、アグタの焼畑を農耕民が利用する場合や、植付けと収穫作業にアグタが労働力を提供する場合、農耕民は農作物や現金をアグタに支払っている。ピーターソンらはこうした両者間の交換の

写真1　アグタと低地民の老夫婦（左：アグタの奥さん、右：低地民）

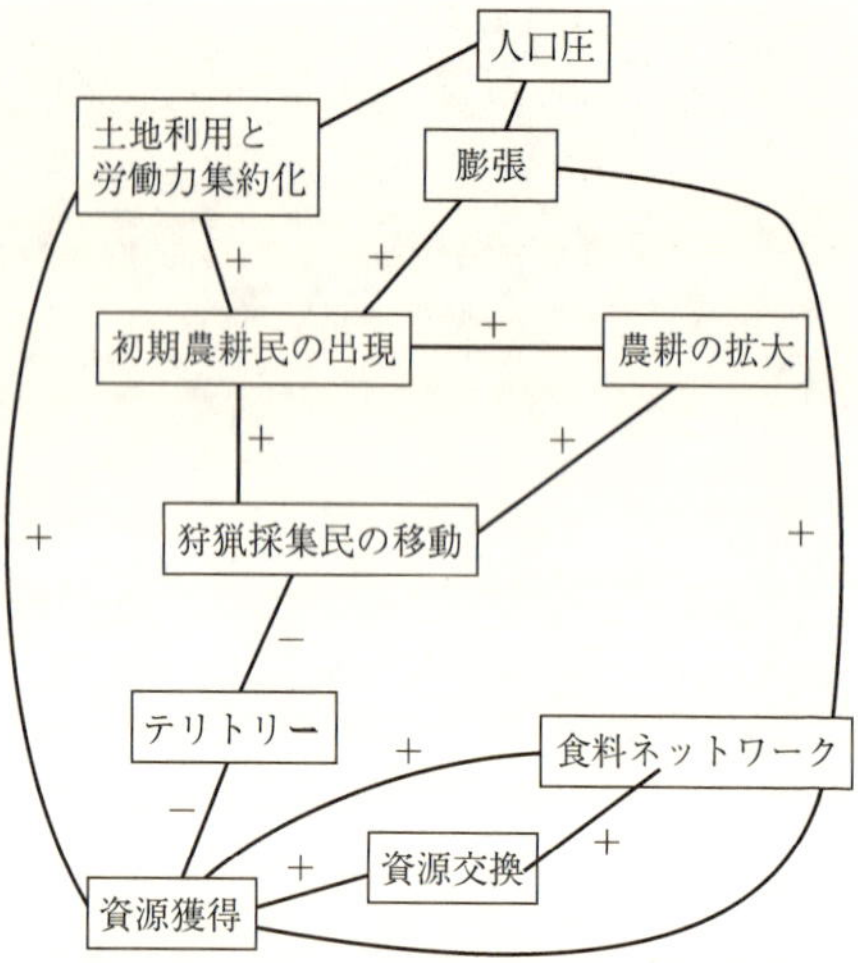

図1　ピーターソンらの交換適応モデル（Peterson and Peterson 1977: 554）

実態を過去にもさかのぼらせて、技術的背景が異なる集団が、それぞれの技術を用いて資源を利用し、互いに競合せずに不足する面を補いあい、結果的に二つの集団がともに適応を果たして今日にいたったという、交換適応モデルを提示したのである（図1）。このモデルがハイネ＝ゲルデルンの隔離モデルと大きく異なるのは、過去から現在にいたるまで狩猟採集社会がつねに農耕社会と交流をもっていたとする点である。そして狩猟採集社会は農耕社会に包括されることなく、また労働投下量を低く抑えることによって、技術革新をことさら推し進める必要もなく、集約化や膨張の方向をたどることから免れることによって、狩猟採集社会が今日まで存続が可能となったと説明したものである。

しかしこのモデルも批判の余地がある。先史時代から現在までの長い時間にわたって、二つの社会が、技術レベルを低くとどめておけるほど安定した状態を維持することが可能かという疑問である。またピーターソンらはアグタ社会と農耕社会の二者間のみの閉鎖系をモデル化しただけであって、長い歴史の流れのなかで外界との関係の連鎖を想定してはいない。交換を軸として正のフィードバック

（集約化）を抑えたとする交換適応モデルは、あまりに安定的・静的であり、外部からの変化の誘因を想定していない点では、形を変えた隔離モデルということもできる（小川　二〇〇〇）。

否定された森の民の自立性

八〇年代後半には、先史時代における狩猟採集社会の自立性をめぐって、熱帯雨林におけるカラハリ論争ともいうべき議論が行われるようになった（池谷　二〇〇二）。フィリピン、ルソン島北東部のカシグランで調査を続けてきたヘッドランドらは、熱帯雨林での狩猟採集社会の自立性に対して疑問を唱え、言語学、考古学、そして炭水化物食料の欠乏という観点から検討した。結論として、熱帯雨林では現在と同様に先史時代においても、自立的に生業を営むことは不可能であり、アグタなどの狩猟採集社会は少なくとも今から三〇〇〇年前には、現在知られているような農耕社会との相互依存関係を確立していたという仮説を提示した（Headland and Reid 1989）。

この仮説とを補強するために、ヘッドランドは言語学者のリードとともに狩猟採集社会と農耕社会の相互関係の歴史がどれくらいの古さをもっているか歴史言語学の立場から検討している。アグタなどの狩猟採集民は、現在すべてオーストロネシア語を話している。低地農耕民もオーストロネシア語を話すが、両者の言語は互いに通じない。これはかつてアグタが農耕民であるオーストロネシア語族との接触や交流において、自らの言語を捨て、オーストロネシア語を受け入れたものの、その後分化して個別に変化したことを示唆している。両者の密接な関係が途絶えた後、アグタの言語は別個に変化のプロセスを辿り、現在の形となったが、このプロセスには言語学的に三〇〇〇年以上の時間が必

写真2　アグタの焼畑農耕

要であると考えられている（Headland and Reid 1989: 46)。

またさらにヘッドランドは、熱帯雨林ではタンパク質よりも炭水化物食料の獲得が困難であることを根拠として、農耕社会との社会的・経済的関係なしに、先史狩猟採集社会が熱帯雨林へ進出することは不可能であったという仮説を提唱している。熱帯雨林は豊富な日射量と高温・多雨という気候条件によって、膨大な生物量や生産量と種の多様性を誇っている。しかし栄養の分解・摂取・循環のサイクルが非常に速く効率的に行われるシステムであるため、人間が食用にできる果実・葉・花などの再生産器官の生産に、栄養が十分に分配されていない。しかも再生産器官は高い樹冠の上に位置し、そのうえアルカロイド、タンニンといった毒やトゲで防御されている。そして植物の栄養分の多くは木質部に蓄えられ、地下の根部にもわずかしか蓄えられていない（Hutterer 1982: 121-2)。さらに、種の多様性は食物利用の可能性を広げているようにみえるが、一定の範囲内で同一種が分散して互いに距離をおいているため、利用の際にはかなりの距離を移動しなくてはならない。このように熱帯雨林に存在する炭水化物を人間が利用するには大きな困難をともなうことから（Hutterer 1982: 135)、ヘッドランドらは先史狩猟採集社会の熱帯雨林への進出が、農耕社会から炭水化物食料を得ることによって成立したとする仮説を提唱したのである。

北部ルソンの考古資料によってこの仮説の歴史的深度を確認すると、農耕社会の存在を暗示するコメの最古の年代が三四〇〇年前（Snow *et al.* 1986）、土器の出現が約四〇〇〇年前（小川　二〇〇四）である。言語学と考古学の資料をもとにして、ヘッドランドらはアグタと低地農耕社会との相互関係が、少なくとも三〇〇〇年前には始まっていたものと考えている（Headland and Reid 1989: 46）。

これらの仮説を提示した後にヘッドランドは、アマゾンでの研究で同様の仮説を提唱したベイレーとともに、先史狩猟採集社会の自立性の是非を問うシンポジウムを開催した（Headland and Bailey 1991）。しかしこのシンポジウムでは、熱帯雨林では現在でも周囲の農耕社会から自立した狩猟採集社会は存在するという意見が多く、二人の仮説には否定的であった。ヘッドランドらと反対者との議論は、ちょうど同じ頃、カラハリ砂漠の狩猟採集社会研究で白熱していた「伝統主義vs修正主義」論争と争点を共有しているともいえる（池谷　二〇〇二）。反対者たちは各々のフィールドで、炭水化物の生産量と獲得・摂取の実態や、考古学、エスノヒストリーの資料を再検討した結果、以下の否定的見解を述べている。

1　熱帯雨林での生態学的調査例が少なく、ヘッドランドらの仮説の前提自体が、資料不足により検討の余地がある。
2　現在も過去においても、熱帯雨林の狩猟採集民は農耕民との関係なしに自活している。
3　仮説を支持できるほど、交換の民族誌の事例自体が十分ではない。
両者の意見が真っ向から対立する結果となってしまったが、それは議論の基礎となる資料の絶対的

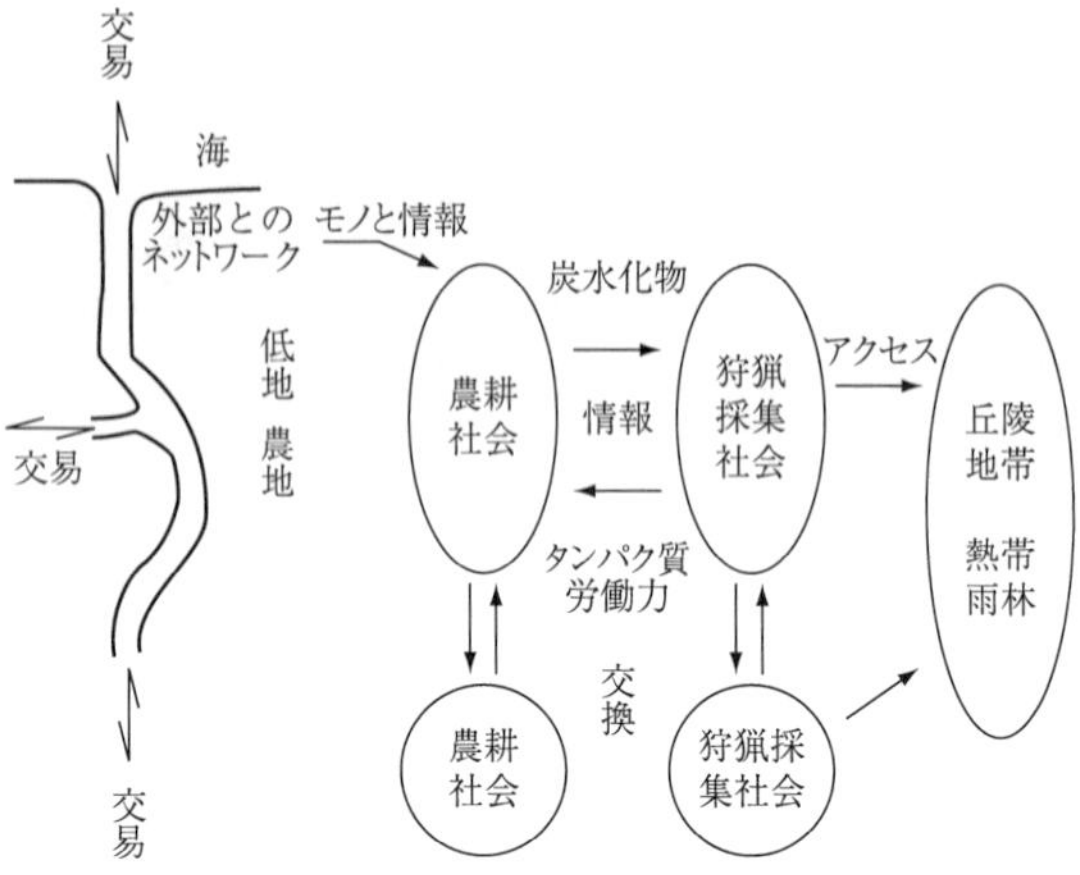

図2　外部世界に開かれた相互依存モデル

不足に起因している。あらためて考古資料の増加による仮説の検証、議論の深化の必要性が再確認された。

外に開かれた相互依存モデル

このような論争のなかで、筆者は相互依存モデルの可能性を考古学的に検証してみようとする立場にある。異論が多いにもかかわらず、依然としてアグタ社会と農耕社会との相互関係が先史時代に溯る可能性も否定できない。そこでヘッドランドの仮説をもとに、先史時代における両者の相互関係の考古学モデルを図示すると図2のようになる。食料や労働力の交換についてはピーターソンらのモデルと変わりはない。しかしそこにヘッドランドが提示した自立性への疑問を発展させると、二者による閉鎖系から、より外部へと開かれたモデルを想定しなくてはならない。狩猟採集社会、農耕社会ともに外部との血縁、友好関係のネットワークを通じて、物資や情報が流入してくる。その結果、両者それぞれが社会関係の再生産をくり返し、社会構造の変化を歴史的に経験しながら、農耕社会はより複雑な社会へと変化する。農耕社会は階層化などの社会構造自体の変化を経験し、より多くのモノと情報が流入するようになったであろう。それにともない隣人としての狩猟採集社会もその影響を直接受けてきたに違いない。しかし農耕社会からの影響はアグタの社会構造そのものを大きく変えることなく今日にいたったものと想定できる。

カラハリ論争と同様に、モデルを検証し、さらに議論を深めるには考古学資料の欠如はあまりにも大きいが、仮説検証の責務は考古学にゆだねられている。そこで以下では、二つの社会がはじめて出会った際にどのような社会的変化が迫られたかについてのモデルを模索する。

二　狩猟採集社会と農耕社会の最初の出会い

先史時代における狩猟採集社会と農耕社会という、生業と社会組織の形態が異なる二つの社会が近接して生活する場合、これらの社会の接点では互いの社会が必要とする食料や資材が交錯する。それはまず両者が平地と山地という特定の環境に居住しており、それぞれのテリトリー内において特定の資源が偏在することに起因している。資源利用のあり方を左右するテリトリーの境界線が、両社会間である程度まで固定化され、資源利用の役割分担が明確化するには、友好的な交流から戦争にいたるまで、平和と対立の出会いがくり返されてきたに違いない。そしてそのような出会いが度重なった結果として、それぞれの社会の内部で、それまで利用してきた物質的資源の生産と、保持されてきた社会関係の再生産のあり方に大きな変化が訪れたであろうことは容易に想像できる。しかしそのような人間行動の軌跡は遺物として残されていないため、見えない部分を想像によって埋める作業が必要で

写真３　狩猟に出かけるアグタ

ある。その際、社会を変化へ導いたと考えられるさまざまな社会的ファクターを検討して、起こりえたであろう最も妥当なモデルを作りだす作業が必要である。そのための手がかりとして、以下では狩猟採集社会と農耕社会との相互関係が始まる、両者が接触した時点についての考古学モデルを検討してみたい。

ヨーロッパへの「先進の波」

先史狩猟採集社会が、居住地選択、資源分布の中心、利用可能な資源分布域（catchment area）などについての情報の収集と交換、処理、分配・共有をどのように行っていたかについては、これまで考古学で十分に議論されてきたとはいえない（Moore 1985: 101）。こうした研究状況は狩猟採集社会と農耕社会との集団関係においても同様である。

これまで考古学が想定してきた狩猟採集社会と農耕社会とが接するフロンティアは、いち早く食料生産を開始した技術的先進集団が拡散を開始し、それまでそこで生活してきた狩猟採集社会のテリトリーを一方的に侵略、占拠するというシナリオが一般的であった。先進集団は農耕の技術力と生産力によって徐々に人口を増加させ、それによって支えきれなくなった余剰人口が母集団から分離して新たな集団を形成し、周辺へと拡散していく。拡散によって農耕社会は、それまで狩猟採集社会が資源を利用してきた領域を占拠し、狩猟採集社会を農耕社会へと包摂しながら農耕を伝播させていったと考えるのが一般的であった。

東南アジアの熱帯雨林から遠く離れた話になるが、ヨーロッパにおける農耕社会拡散のシナリオでは、農耕は西アジアから西漸を始め、三〇〇〇年の間にバルカン半島からブリテン島とイベリア半島までのヨーロッパ全土に広がっていったと考えられてきた（先進の波（Wave of Advance）論[1]、Ammerman and Cavalli-Sforza 1971）。三〇〇〇年という農耕伝播のスピードは考古学者によって速いと解釈されてきた。いったん農耕の痕跡が発見されると、研究の関心は農耕社会の発展に移り、農耕以後の狩猟採集社会というテーマで研究が行われることはなかった。「先進の波」のなかで狩猟採集社会は進出する農耕社会に対してなんらの抵抗も示さず、植民地化されてしまったかのように考古学の議論から姿を消して、その後の農耕社会の発展のみが研究対象となった。

接触のかたち

先史狩猟採集社会が一方的に農耕社会へと呑み込まれていったかのようなイメージを抱かせるヨーロッパ農耕伝播論に対してデネル（Dennel 1985）は疑問を唱え、両者のさまざまな接触の可能性を、考古学データと照合しながら検討している。デネルは考古資料の分析から両者の接触形態を図3のように想定している。両者の交流のあり方が積極的なものである場合は、狩猟採集社会が農耕技術を積極的に習得して農耕社会へと同化するか、あるいは農耕社会が一方的に狩猟採集民を排除し、テリト

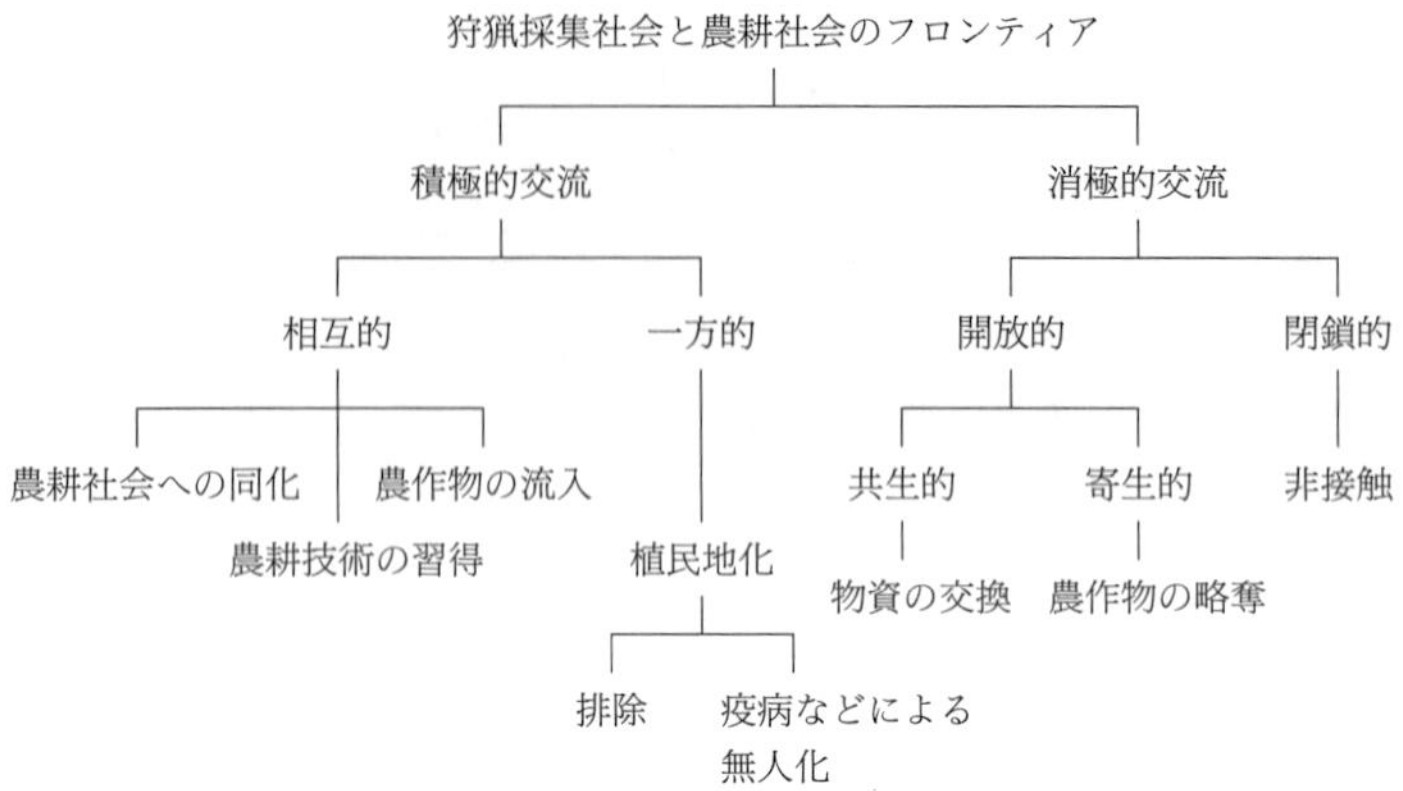

図3　温帯ヨーロッパにおける狩猟採集社会と初期農耕社会との接触タイプの分類 (Dennel 1985)

リーを占拠するような事態が想定できる。いっぽう両者が互いに関心をもたない消極的な交流の場合には、まったく接触をもたないか、あるいは消極的であるが、物資の交換を行うような相互関係を想定した。

デネルは考古資料の検討によって、当時、狩猟採集社会と農耕社会のフロンティアで最も可能性が高い接触形態は、共生的、寄生的のいずれにしろ両者間に物資が往来する交流のタイプだが、積極的に農耕社会を受け入れたり、あるいは農耕社会に一方的に包摂されるようなものではなく、消極的な交流だったと予測している（Dennel 1985: 136）。狩猟採集民のテリトリーに移住してきた農耕社会は、すぐに狩猟採集民の注目の的となったであろう。そして農耕社会への最初の接触は狩猟採集民の側から行われた可能性が高い。定住生活を続ける農耕民よりも行動範囲の広い狩猟採集民のほうが、農耕民の生活様態をより注意深く観察できたであろう。そして農耕民がもつ土器、磨製石器、農作物や家畜には狩猟採集民も大きな関心を寄せていたと考えられる。同時に農耕社会は生産の集約化のため、必然的に労働力を必要としていた。それゆえ消極的ではあるが、両者の交流はまず物資と労働力の交換をとおして開始されたと考えられる。このような緩慢な交流を通じて、狩猟採集民は必要に応じて農耕技術を習得したであろう。そしてデネルは、「先進の波」論のように狩猟採集社会が決して急激に農耕社会へと変化したのではなく、地域差はあっても緩やかな移行であったという見解を述べている（Dennel 1985: 136)。

実際その後の考古遺物の検討により、中石器時代に狩猟採集民が使用していた石器製作技法やクマなどのシンボルには、農耕社会になっても継続性が認められるという指摘もある（Zvelebil and Zvelebil 1988)。狩猟採集社会から農耕社会への移行期において考古遺物に認められる継続性が暗示するものは、決して狩猟採集民の住む地へ農耕社会が植民したというものではなく、フロンティアにおける両者の漸進的な交流によって、狩猟採集社会が徐々に農耕を受け入れていくというシナリオである。

初期接触と移動コスト

次に資源利用のための情報確保の観点から議論を進めたい。狩猟採集社会の資源利用のあり方に直接影響していると考えられるのは遊動性と居住地の選択である。農耕社会との接触を契機として、先史狩猟採集社会の遊動性と居住、そして資源利用のあり方に大きな変化が起こったと推測できる。ある集団は周囲の資源分布についての情報とそれらを採取するための移動計画に必要な情報をつねに収集している。狩猟採集社会間に限定しても、他集団との移動や居住についての情報交換が不十分だと、居住地と利用可能な資源領域が他集団と重複することとなり、移動を余儀なくされるため、その分のコストがかさむことになる。そこへさらに農耕社会が登場し、情報が不足するとその分、大きなコストがかかる。

狩猟採集社会の居住と遊動のパターンは生態的・社会的環境についての知識をベースとしているが、それが農耕社会の出現によって大きく攪乱されることとなる。このことは生業活動と資源分布に関する情報を有機的に統合する社会関係を直接脅かすことを示している。農耕集団がさらに増えつづければ、狩猟採集社会が直面する状況はより複雑となる。こうした複雑な状況下にあって、資源確保により有利な、よりコストの低い居住地の選択と移動パターンを決定するためには、他集団の生業活動パターンについての情報収集が死活問題となる。農耕社会が登場する以前であれば、他の集団についての情報は、狩猟採集社会間で結ばれていた親族関係や友好関係をもとにした社会的ネットワークを通じて入手してきた。しかし農耕社会出現以降は、彼らとのあいだにも円滑な社会関係を結び、生業活動のコストを下げるための情報を確保することが重大事項となっていたと予測できる。

このような情報とコストの問題についてモーアは、先史狩猟採集社会と農耕社会が出会うフロンティアにおいて、互いに移動情報が交換されない場合のコストについてシミュレーションを行っている(Moore 1985)。その内容は、まずコンピュータ上に資源分布が均一な架空の資源領域を作る。集団間には情報交換がないものと仮定し、各集団は資源領域をランダムに占拠するものとする。他集団と占地が重複する場合は、他の場所に移動しなければならない。そしてこの移動はコストとして換算される。また狩猟採集社会は季節的に移動するが、農耕社会は定住しているので移動のコストはかからないものとする。

まず最初に狩猟採集社会のみが存在する場合を想定してシミュレーションを行った。その結果、資源空間全体の半分も占地していない場合でも、占地重複で移動しなくてはならない事例が急増した。これは人口密度が低く抑えられていて、同じ資源領域をともに利用する集団が比較的少ない場合でも、情報交換がない場合には移動のコストは大きくなることを示している。

次にこの領域に農耕社会を登場させてみる。農耕社会は定住しているために居住地の移動がない。その分、狩猟採集社会の占地重複も低く抑えられることが期待できる。しかしシミュレーションの結果は、占地重複と移動コストが増加することには変わりがないというものだった。これは農耕社会が出現しても資源と居住の情報が十分でなければ、狩猟採集社会には移動コストが増加することを示している。

社会的資源としての農耕社会

このシミュレーションでモーアが指摘する重要な点は、農耕社会の出現による先史狩猟採集社会への影響が、単に居住・資源空間だけではなく、狩猟採集社会間に存在した、生業と社会的紐帯についての情報の質や量、そしてネットワークの形にまで及んでいたという点である（Moore 1985: 105）。その影響は何よりも狩猟採集社会の移動コストを抑えるための社会組織上の変化として現れる。狩猟採集社会には、移動性を減少させるような情報処理能力の高い社会組織とネットワークの改編が求められることになる。現実にはこのような社会組織の改編は、季節的な構成員の離合・集散によって資源と居住についての情報が集められ、その情報の分析をもとにしてコストの低い移動がくりかえし検討され、実践されることによって可能となる。そして情報処理能力を高め、的確な移動計画を決定することが移動コストを下げることへとつながっていく。さらに農耕社会との関係において狩猟採集社会が移動コストを下げられるとすれば、それは社会的資源として農耕社会をどれだけ利用できるかにかかっているだろう。

この実践の一例が両者間での肉などのタンパク質食料や労働力と米、イモなどの植物性食料との交換である。熱帯雨林における炭水化物生産量の低さを考えると、この交換は確かに移動コストの減少へとつながる。しかしこの交換は狩猟採集社会の平等原理に基づく交換ではないため、社会的紐帯の再生産のあり方に大きな変化をもたらしたであろうと想像できる。また炭水化物の交換によって、植物採集という性的分業からある程度解放された女性の役割が大きく変化したであろうことも見逃すことはできない。しかし採集活動から解放された分の労力はどこへ配置転換されたのだろうか。現在のカガヤンのアグタには、女性が矢を所有し、狩猟パーティに参加するという事例がみられるが、これも交換によって引き起こされた女性労働力の再配置の一例とも考えられる。

さらに大きな関心事は、両者の関係が不平等なものへと変化していくプロセスについてである。今日の周辺化されたアグタ社会の状況とは異なっていたであろうが、狩猟採集社会が交換財としての肉を確保するために熱帯雨林へ進出する理由には、歴史の過程のなかで農耕社会によってパトロン－クライアント関係に陥れられたことを想定する必要がある。狩猟採集社会にとって農耕社会が社会的資源として重要であるとすれば、両者の関係が政治経済的に不均衡な状態に移行した原因についても、交換関係の深化がかかわっていたものと考えられる。

社会的・政治的関係が保障する生業活動

ヘッドランドが指摘するように、先史狩猟採集社会による熱帯雨林への進出が農耕社会からの炭水化物食料の供給を得てはじめて可能であったとすれば、農耕社会は狩猟採集社会からの森林資源の見返りを期待して、さまざまなサービスを提供したであろう。農耕社会にとっては肉の確保のほかにも、労働力の確保や農地の拡大は死活の問題である。こうした農耕社会の需要に狩猟採集民を動員しつづけるための見返りの提供は炭水化物食料のみではなかったはずである。

さらに農耕社会が提供するサービスのなかで両者の政治経済関係の変化に影響を与えるのは、狩猟採集社会間の紛争調停である。農耕社会との交換によって炭水化物食料の供給が可能となった狩猟採集社会は、熱帯雨林を生業活動の中心的な場とするようになったが、そこで新たな資源獲得競争が始まり、狩猟採集社会間での紛争が惹起する。紛争はこれまでどおり狩猟採集

写真4　アグタの集落にはいつも低地民が訪れている（手前と奥の白シャツが低地民）

社会間の儀礼的ネットワークのなかで調停・解消される場合もあったであろうが、森林資源獲得の利害が絡む農耕社会が調停に乗り出したと考えるほうが妥当であろう。狩猟採集社会間の紛争は同時に農耕社会間にとっても生業上の大きな問題であるため、この調停には農耕社会間での利害の調整も必要であったと考えられる。

狩猟採集社会の熱帯雨林での紛争解決と円滑な活動の保証は、狩猟採集社会の移動コストばかりでなく、農耕社会の生業活動のコスト削減にもつながっている。そして農耕社会の紛争処理能力に対する狩猟採集社会の依存度が増すにつれて、狩猟採集社会の農耕社会に対する負債も増加し、徐々に両者間にパトロン－クライアント関係が構築されていったと推測できる。こうして狩猟採集社会の生業コスト削減は、結果的に農耕社会への政治的依存状態を生みだすこととなり、その後、両者間の社会的不均衡が常態化していったものと考えられる。

三　ラロ貝塚群における初期接触

デネルが先史ヨーロッパの考古資料から提示した狩猟採集社会と農耕社会の緩やかな交流のモデル、そしてモーアが情報とコストの観点から導き出したような、狩猟採集と農耕の二つの社会における相互関係のモデルは、どのように検証可能であろうか。両者間の交換は遺物の出土状況を複雑なものにしている。剝片石器の出土をもって即座にその遺跡が狩猟採集民が営んだものとは断定できないからである。

遺跡の担い手を判断するには単独の遺跡の発掘資料だけでは十分でない。地理的に限定された領域のなかで、広範に分布する遺跡全体の変遷を時期ごとに明らかにし、各遺跡から出土した各時期に属す遺物の種類と量、そしてその変化を追うことによってはじめて遺跡の担い手を判断する材料が揃ったこととなる。ある時代の人間行動の全体を網の目とすれば、一つの結節点が一つの遺物、あるいは遺跡だと考えることができる。情報やモノもその網の目をとおって生産・交換され、消費・廃棄される。このように遺物や遺跡全体に人間行動の網の目を仮構し、それらの分布パターンや時代的変化を総体的に捉えようとする方法は空間考古学（Settlement Archaeology）と呼ばれているが、狩猟採集社会と農耕社会の関係のモデルもこの方法に依拠することによって検証作業に踏み出すことができる（小川　一九九六）。

森の民の足跡

狩猟採集社会と農耕社会の相互関係の歴史プロセスを明らかとするために、筆者はこれまでフィリピンの北部ルソン島カガヤン川下流域五〇キロメートルに分布するラロ貝塚群の調査を継続してきた。ラロ貝塚群の遺跡分布は、カガヤン川両岸の河岸段丘上を中心に貝塚遺跡が立地し、後背地の石灰岩丘陵地帯には洞穴遺跡が分布するという状況にある（図4）。発掘調査の結果、二〇カ所以上の貝塚遺跡から出土した土器群は四〇〇〇年前から一〇〇〇年前までの四つの時期に編年することが可能となった（小川　二〇〇四）。また四つの土器群の前後に土器出現以前の剝片石器群を出土する時期と貿易陶磁の時期を加え、ラロ貝塚群全体の遺跡は第一期から第六期までに編年される（図5）。狩猟採

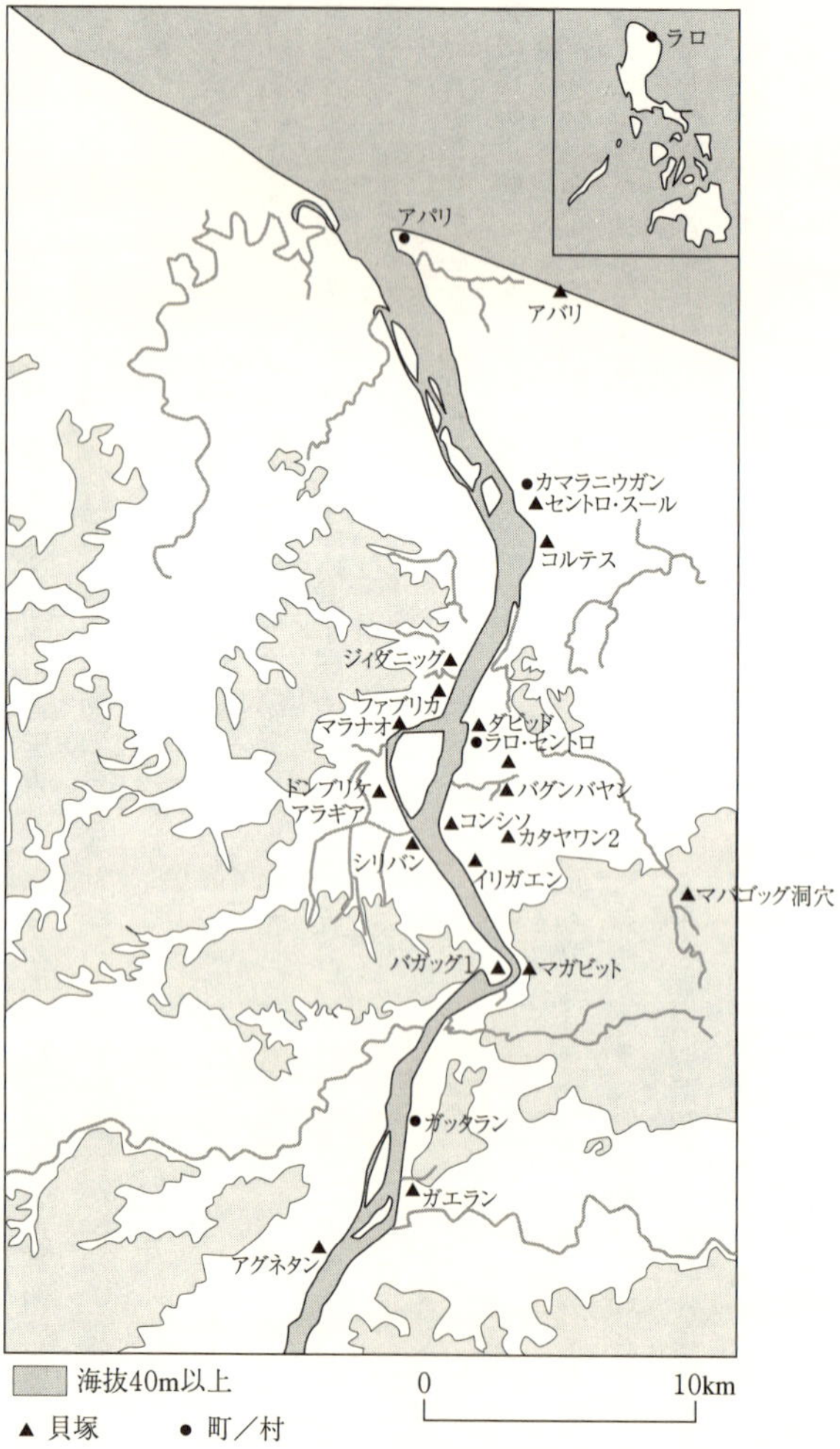
ラロ
アパリ
アパリ
カマラニウガン
セントロ・スール
コルテス
ジィダニッグ
ファブリカ
マラナオ
ダビッド
ラロ・セントロ
ドンブリケ
バグンバヤン
アラギア
コンシソ
カタヤワン2
シリバン
イリガエン
マバゴッグ洞穴
バガッグ1
マガビット
ガッタラン
ガエラン
アグネタン
海抜40m以上
0
10km
貝塚
町／村

図4　ラロ貝塚群分布図

集社会と農耕社会の初期接触にかかわる遺跡は、剝片石器群から土器群への文化層の変化が確認できる遺跡である。こうした移行期の文化層は現在までにガエラン（Gaerlan）貝塚で確認されてる。

ガエラン貝塚は河口から四五キロメートル上流、カガヤン川東岸の河岸段丘上に位置し、淡水産二枚貝を主とする貝層から剝片石器や土器片、動物骨などが出土する。ラロ貝塚群を主体的に構成する淡水産二枚貝の生息域もこのあたりまでを上限としている。文化層はまず、シルト層から剝片石器群のみが出土する時期（第一期：四〇〇〇年前以前）がつづき、次に地表面下六〇センチから貝の堆積層がみられるようになる。貝層下部では剝片石器の出土が約四〇センチ続く（二層）。その上の二〇センチ厚の貝層（一層）から土器片が出土するようになる。これらの剝片石器はこの地域で一般的に出土する不定形な形をした剝片石器である。土器の出土は少量だが、ラロ貝塚群で最初期の土器群である有文赤色スリップ土器群に類似した口縁部をもつ。

こうしたガエラン遺跡の遺物からは、剝片石器を使用していた狩猟採集社会がある時点からカガヤン川で産する淡水産二枚貝を採集し、生活していたこと、そしてそこに農耕民が到来したが、その後も貝を引き続き利用していたことがわかる。ガエラン貝塚以外に低地に立地し、剝片石器群を出土する遺跡は確認されていないが、より下流の、河岸から一キロ離れた、現在水田となっている低地には半径一〇〇メートル規模の貝塚が三カ所存在する。しかしこれらの貝塚遺跡からは動物骨以外、剝片石器も土器片もほとんど検出されていない。まだ発掘調査や年代測定も行われていないので何も明確ではないが、かつてこのあたりがカガヤン川河岸に近かった頃に、狩猟採集民によって貝が利用されていた遺跡であった可能性が考えられる。

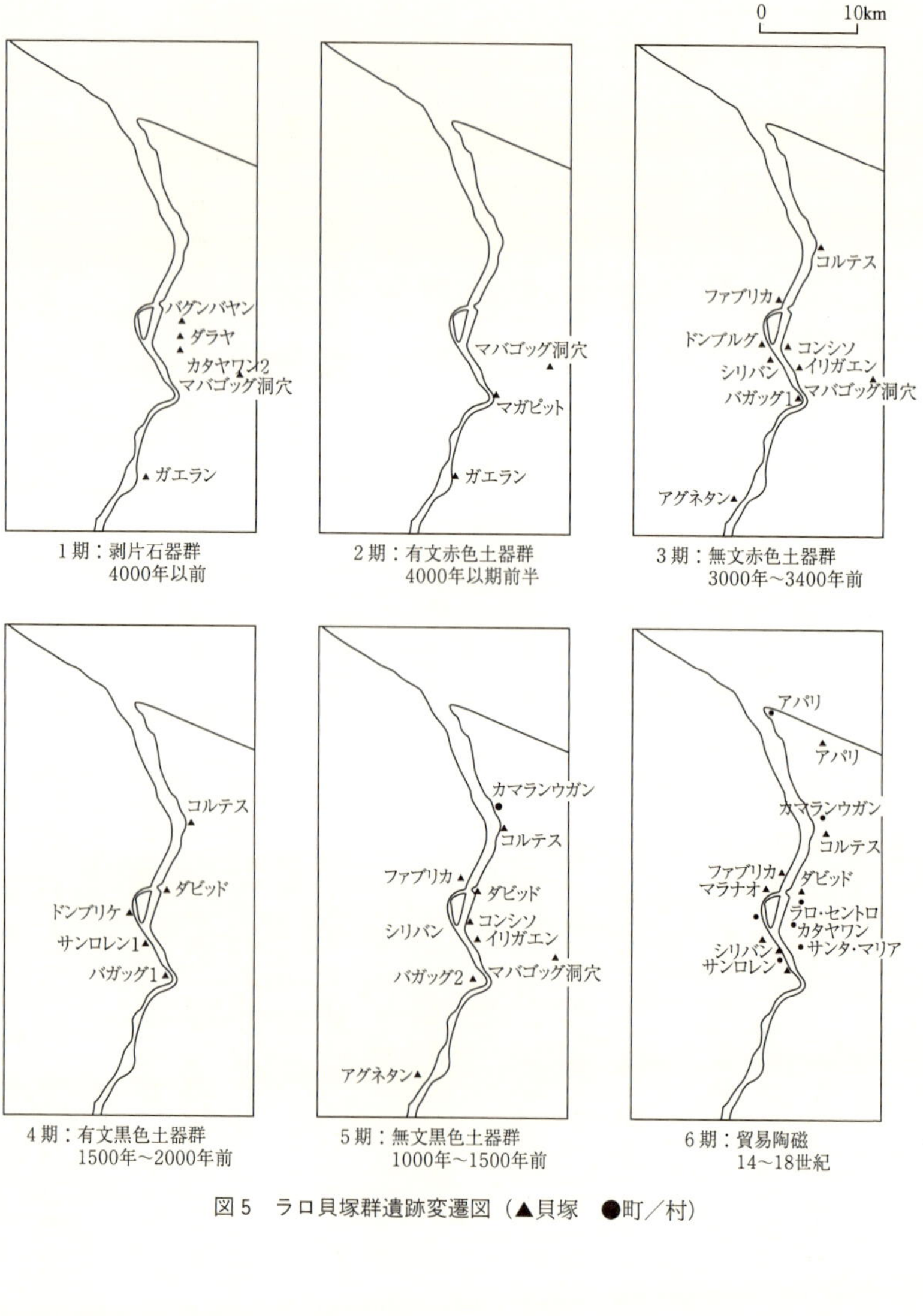

図5　ラロ貝塚群遺跡変遷図（▲貝塚　●町／村）

剝片石器群の時期につづく、有文赤色スリップ土器群の時期は約三四〇〇年前から四〇〇〇年前と考えているが、この時期の標識遺跡であるマガピット貝塚（Magapit）はカガヤン川河口から四〇キロ地点の、河岸に面した石灰岩台地上標高五〇メートルに位置し、他の貝塚同様、淡水産二枚貝で構成され、大量の有文赤色スリップ土器を出土する。磨製石器やシカ、イノシシなどの動物骨も出土するが、剝片石器は出土していない。そして現在までに有文赤色スリップ土器群を出土する遺跡は、マガピット遺跡よりも下流域では確認されていない。

次の無文赤色スリップ土器群の時期（約三四〇〇年前から三〇〇〇年前）には、遺跡はマガピット貝塚よりも下流の河岸段丘上に立地するようになる。しかしこの時期には貝塚が形成されていない。貝塚を形成する淡水産二枚貝が生息するカガヤン川の河床が砂から泥へと変化し、下流域の環境が沼地となったことが可能性として考えられる。しかしこの時期の遺跡はカガヤン川両岸に広く分布するようになり、その後の黒色土器群期の貝塚遺跡と分布が重なっている。この時期の遺跡からは多くの土器片のほかに、わずかに数点の剝片石器が得られている。剝片石器はいずれも完成品のみの出土で、無文赤色スリップ土器群を出土する低地遺跡で製作されたものではない。限られた出土数ではあるが、石器のみが剝片石器を製作する集団から持ち込まれた可能性を示唆している。

いっぽう丘陵地帯では洞穴遺跡を中心とした調査を実施している。これまでの洞穴遺跡の発掘調査により、カガヤン川河岸から直線で東八キロメートルの標高五〇メートルに立地するマバゴッグ洞穴（Mabangog）で、低地貝塚と同じ貝種の淡水産二枚貝で構成される貝層中から剝片石器群と土器群が検出されている（Ogawa 1999）。二×二メートル、三〇センチ深度の調査規模であったが、四〇点の剥片石器と七〇〇点以上の土器片が出土した。層厚が薄いために遺物が混在していて、各土器群の文化層を明確に分けられない状況ではあるが、有文と無文の赤色スリップ土器群の口縁部片が出土している。低地貝塚から、この洞穴のように、剥片石器が土器群とともにまとまって出土した例はない。剥片石器群が狩猟採集民によって製作・使用・廃棄された道具であるとすれば、この洞穴は狩猟採集民によって営まれた遺跡である可能性が高い。そして石器とともに出土する土器や貝は、低地農耕社会との交換をとおして入手したものと考えることができる。マバゴッグ洞穴の遺物出土状況は土層が薄いため、四つの土器群の各時期に対応する形で交流の時期を細かく明らかにはできないが、長期にわたって低地と丘陵の集団が交流していたことを示している。

交換の痕跡

ラロ貝塚群における考古遺物の出土状況や遺跡分布のあり方は、狩猟採集社会と農耕社会の初期接触についてのモデルを、いまだ十分に検証できるものではないが、両者の交流の実態を徐々に明らかにしている。ガエラン貝塚の剥片石器群から赤色スリップ土器群への変化から予測されるように、農耕社会との接触以降、狩猟採集社会は低地から丘陵へと集落を移動し、熱帯雨林を資源とする生業活動を開始したものと考えられる。丘陵への集落の移動は、狩猟採集民が移動コストを抑えるための手段であり、農耕社会を社会的資源として利用し、両者間の交換を可能とする方策である。そしてその後の両者の相互関係は、低地の貝塚遺跡群から出土した剥片石器とマバゴッグ洞穴出土の土器群の出土状況に見られるように、長期にわたって継続したと予測できる。

また、貝塚を形成した人びとが摂取した食料の分析結果によると、シカやイノシシなどの陸上動物の摂取量が多かったことが判明している（小池裕子　一九九七私信）。これは貝塚中の埋葬址から出土した人骨に残るコラーゲンを同位体分析することによって明らかとなった。貝塚を形成した人びとの骨であれば、当然、貝や魚など、水中の動物をより多く食べていたと予測されたが、実際には陸上動物を多く摂取していた。こうした事実もまた、交換を介して農耕社会が狩猟採集社会からタンパク源（肉）を入手していた可能性を示唆している。

おわりに

これまで考古学では、先史狩猟採集社会と農耕社会との相互関係が想定されてこなかった。その状況は農耕社会との接触以降の狩猟採集社会の歴史においても同様である。こうした研究状況にあって、本稿では考古学が得意としてきた経済的側面をベースとする技術・環境論だけではなく、資源や情報の交換によって始動する社会関係の再生産に着目した。具体的にはヨーロッパへの農耕伝播期におけ る狩猟採集社会と農耕社会の初期接触のあり方についてのモデルを参照しながら、居住と移動にかかるコストをキー概念として考察を進めた。その結果、先史狩猟採集社会にとって隣人である農耕社会が新たな情報源となり、ある種の社会的資源として機能し、生業活動における移動コストを下げることに寄与したと予測することができた。

モデルの検証のための調査は現在もフィリピンのラロ貝塚群で継続中であるが、これまでの成果は、初期接触以降、狩猟採集社会の集落が丘陵地へ移動した可能性を示唆している。その後、狩猟採集社会は石灰岩台地の熱帯雨林の資源を利用しながら、低地の農耕社会と食料や道具などを交換してきた様相をうかがうことができた。

初期接触期の後の狩猟採集社会と農耕社会の関係もまた、資源と生業に関する情報をめぐって社会的に規定される。その後、農耕社会の生産拠点が低地一帯へと拡大し、狩猟採集社会の主要な生業領域が熱帯雨林の中へと変化していく背景には、政治経済的な不均衡状態が生み出されたことがうかがえる。その際にも資源と生業活動に関する情報の配分には農耕社会の政治経済的な意図が反映されていたと考えることができる。しかしこの問題に関しては今後の課題としたい。

付記：本研究はフィリピン国立博物館と日本人研究者との共同で実施されている研究成果に基づいている。また本研究は以下の研究助成により実施が可能となった。平成一五、一六年度文部科学省科研費基盤研究A(1)「北部ルソン島ラロ貝塚群の発掘調査——先史狩猟採集社会と農耕社会の相互関係の解明」（課題番号15251005、小川英文研究代表者）、特定領域研究「資源の分配と共有に関する人類学的統合領域の構築」（領域番号606、内堀基光領域代表者）計画研究「生態資源の選択的利用と象徴化の過程」（課題番号14083207、印東道子研究代表者）、平成一四、一五年度高梨学術奨励基金研究助成「カガヤン河下流域における貝塚遺跡群出土土器の編年的研究」（小川英文研究代表者）。

注

（1）ヨーロッパへの農耕の伝播は西アジアを基点として東から西へと広がっていった。農耕社会はその先進性と生産性の優位によって、八〇〇〇年前から約三〇〇〇年の間にヨーロッパ全域へと波状に広まっていったと考えられてきた（Ammerman and Cavalli-Sforza 1971）。そのためヨーロッパの農耕伝播のあり方は「先進の波（Wave of Advance）」と呼ばれている。しかし現在では、あたかもヨーロッパの狩猟採集社会が農耕の波に対して抵抗の痕跡も残さず、社会の置換があったかのような錯覚を起こさせる「先進の波」論に多くの疑問が投げかけられており、実際は緩やかに農耕社会へと変わっていったと考えられるようになっている（Zvelebil and Zvelebil 1988）。「先進の波」論では、農耕技術の先進性ゆえに、それよりも劣った技術体系にある狩猟採集社会は当然、進んだ技術を受容し、自らも進んで農耕民となることを望んだという説明がなされ、そこでは農耕社会は「無主の地」を占拠する近代の植民者のように描かれている。

参考文献

池谷和信　二〇〇二『国家のなかでの狩猟採集民――カラハリ・サンにおける生業活動の歴史民族誌』国立民族学博物館研究叢書4、大阪：国立民族学博物館。

小川英文　一九九六「狩猟採集民ネグリトの考古学――共生関係が提起する諸問題」、スチュアート　ヘンリ編『採集狩猟民の現在』一八三―二二二頁、東京：言叢社。

――――二〇〇〇「狩猟採集社会と農耕社会の交流――相互関係の視角」、小川英文編『交流の考古学』二六六―二九五頁、東京：朝倉書店。

――――二〇〇四「ラロ貝塚群出土土器群の型式学的編年研究」『長野県考古学会誌』一〇五：一―三三。

Ammerman, A. L. and L. L. Cavalli-Sforza. 1971. Measuring the Rate of Spread of Early Farming in Europe. *Man* 6: 674-688.

Dennel, R. W. 1985. The Hunter-Gatherer / Agricultural Frontier in Prehistoric Temperate Europe. In S. W. Green and S. M. Perlman (eds.) *The Archaeology of Frontier and Boundaries*. pp. 113-139. New York: Academic Press.

Headland, T. N. and R. C. Bailey. 1991. Introduction: Have Hunter-Gatherers Ever Lived in Tropical Rain Forest Independently of Agriculture? *Human Ecology* 19(2): 115-122.

Headland, T. N. and L. A. Reid. 1989. Hunter-Gatherers and their Neighbor from Prehistory to the Present. *Current Anthropology* 30: 43-66.

Heine-Geldern. R. 1932. Urheimat und fruheste Wanderungen der Austronesier. *Anthropos* 27: 543-619.

Hutterer, K. 1982. Interaction between Tropical Ecosystem and Human Foragers: Some General Considerations. Working Paper. Environment and Policy Institute, East-West Center. Honolulu.

Moore, J. A. 1985. Forager / Farmer Interactions: Information, Social Organization, and the Frontier. In S. W. Green and S. M. Perlman (eds.) *The Archaeology of Frontier and Boundaries*. pp. 93-112. New York: Academic Press.

Ogawa, H. 1999. Excavation of the Mabangog Cave, San Mariano, Lal-lo, Cagayan, Philippines. 『東南アジア考古学』 19: 93-114.

Peterson, J. T. 1978. *The Evolution of Social Boundary*. Chicago: University of Illinois Press.

Peterson, J. T. and W. Peterson. 1977. Implications of Contemporary and Prehistoric Exchange Systems. In J. Allen, J. Golson and R. Jones (eds.) *Sunda and Sahul*. pp. 567-599. New York: Academic Press.

Snow, B. E., R. Shutler, D. E. Nelson, J. S. Vogel and J. R. Southon. 1986. Evidence of Early Rice Cultivation in the Philippines. *Philippine Quarterly of Culture and Society* 14: 3-11.

Zvelebil, M. and K. V. Zvelebil. 1988. Agricultural Transition and Indo-European Dispersals. *Antiquity* 62: 574-583.

現代の狩猟採集民の経済と社会
——政治生態学の視点から

口蔵幸雄

一　オラン・アスリに対する外部社会の介入と変化

世界の発展途上国における少数先住民族は、国家の、またはそれと結びついた国際的企業による経済開発によって経済的・文化的危機、生存の深刻な危機に直面している（Sponsel 2000）。現在、彼らのおかれている状況と将来は国家の政策抜きには語れないであろう。この意味では、今日の狩猟採集民をはじめとする先住民族の研究には、政治経済学（political economy）ないしは政治生態学（political ecology）の視点が欠かせない（Nicholas 2000）。マレー半島の先住民であるオラン・アスリ（Orang Asli）は、その代表的なものであろう。

国家の介入

オラン・アスリの大部分は、一九五〇年代中頃以前まで、政府による開発計画、政府の政治的統制、市場経済という「近代化」の三つの大きな潮流からは相対的に隔離された森の生活をおくってきた。彼らは、経済的自給と政治的自律を保持し、交易など外部社会との接触を自分たちが望む時に限ってきた。一九四八年のマレー共産党の蜂起による「エマージェンシー」（緊急事態、一九六一年に終結宣言）の際は森林外の収容所への強制収容という悲劇もあったが、マレーシア政府が本格的にオラン・アスリ社会に介入しはじめたのは独立後の一九六〇年代からである。政府は一九六一年に先住民局（Jabatan Hal Ehwal Orang Asli）を拡張し、オラン・アスリの行政全体に責任をもつ機関とした。これによって、オラン・アスリはすべてにおいて先住民局を通じて国家（原則的には外部社会）とかかわることとなった。医療、教育、食料・日用品の援助を受けると同時に、オラン・アスリの活動および外部社会との接触にさまざまな規制がもうけられるようになった。

一九六一年に発表された政府のオラン・アスリ政策は、「究極的な目標は、オラン・アスリの国家への統合、とくにマレー人部門への統合、であるが、これは強制的な同化ではなく、その反対の無理のない統合でなければならず、オラン・アスリの制度、習慣、生活様式、財産、生産活動を保護するための方策がとられなければならない」（Ministry of the Interior 1961）と提唱している。しかし、一九七〇年代中頃、マレー共産党ゲリラの活動が再開されると、政府は遠隔地の森林の中に住む複数のオラン・アスリ集団を統合し、移住させる集団再編定住化計画を開始した。この計画は、特に狩猟採集民、焼畑農耕民、ダム建設による立ち退きを迫られた集団を目標に実施された。第一の目的は、安全保障を理由とした定住化と政治的管理であり、第二の目的はオラン・アスリ経済の「近代化」、すなわち生業経済から市場経済への転換を促進することである。計画は、模範定住村のような基本的施設の提供と、換金作物（ゴム、アブラヤシ、商業用果樹など）の育成への援助が骨子であった。しかし、多くの再編村で経済開発はさまざまな理由により失敗に終わっている。すなわち移住前より生活水準は低下し、栄養・健康の面でも悪化の傾向がみられ、社会的問題も多発している（Dentan *et al.* 1997）。

一九六一年の政策は、オラン・アスリをマレー人部門へ統合することを究極の目標としていたが、オラン・アスリの伝統文化の尊重を明確に打ち出している。しかし、一九七〇年代後半から、政府はオラン・アスリをイスラムに改宗させる計画を開始した。政府は先住民局に対して、積極的にオラン・アスリを改宗させるように圧力をかけ始め、それに応じて、一九八〇年代初頭に先住民局はすべてのオラン・アスリを改宗させるための基本計画を策定した。その一つは、改宗者と非改宗者のあいだでの物質的な援助の「積極的な差別」である。この改宗政策は、政府の目標が「統合」から「同化」へと転換したことを示し、オラン・アスリをマレー人部門へと「吸収」することをめざしている。この同化を促進するために、それまで先住民局一本に絞られていた政府のオラン・アスリへのアプローチも変質してきた。一九九〇年中頃から、先住民局はオラン・アスリに対する経済援助やさまざまな行政サービスを、政府の他の省庁やその他の機関――教育省、保健省、宗教局、および連邦土地統合再開発公社（Federal Land Consolidation Rehabilitatio Authority）、小規模ゴム産業開発公社（Rubber Industry Small Holder Department Authority）――に協力を求めるようになった。すなわち、オラン・アスリの行政は先住民局一局集中から複数機関対応型になったのである（Nicholas 2000: 96–98）。

経済開発の波のなかで

以上のような政府のオラン・アスリに対する政策は、マレーシアの経済開発計画と無関係ではない。一九七〇年代後半から加速されたマレーシアの経済開発は、「エマージェンシー」の終焉とともに大部分のオラン・アスリの生活域である内陸部の資源に向けられるようになった。マレーシア政府の経済開発の究極的な目標は、西欧的工業国なみの、製造業と情報産業に基づく経済であり、基本的な経済開発のモデルは、ロストウ (Rostow 1960) の「経済発展段階」論であった (Nicholas 2000: 44)。すなわち、木材伐採、採鉱、プランテーション農業のような第一次産業によって経済基盤を改善し、製造業への投資のための財を生みだすというもので、第一次産業の拡大を「経済発展段階」モデルにおける中間ステップと政府はみなしている。このような経済開発計画に基づき、一九七〇年代から半島マレーシアでは大規模な木材伐採とプランテーション化の進行、その後の工業地帯や膨張する都市への電力供給を目的とした各地のダム建設、さらには観光開発のためのリゾート建設とそのための高速道路網の建設等々により、広大な面積の森林、すなわちオラン・アスリの伝統的な生活の基盤が消失した。一九六二年には、半島マレーシアの陸地の七五パーセントはさまざまなタイプの熱帯雨林の原生林に覆われ、六〇パーセントを低地熱帯雨林が占めていたが、一九九三年には陸地に占める森林割合は四五パーセント、二〇〇一年には三七パーセントと減少している。

経済開発の推進によって、それ以前はオラン・アスリだけが利用していた土地が開発者側にとって経済的価値をもつ資源となったのである。集団再編定住化計画によってオラン・アスリに与えられた土地は、開発者側にとって「営利的に」重要ではない土地であり、逆に、彼らが住んでいた伝統的な土地は「営利的に」重要な土地であった。そして、与えられた土地は彼らの伝統的な土地よりもはるかに面積が少ないことが特徴である。例えば、パハン州のブタウ再編村に移住したスマイ（Semai）は、以前のテリトリーの一五パーセントの面積に満たない土地での生活を余儀なくされた（Nicholas 2000: 71）。このように、集団再編定住化計画は「経済開発」の名目でオラン・アスリの伝統的な土地を収奪してきたのである。

本章ではオラン・アスリの一つの典型的な事例として、トレンガヌ州のスマッ・ブリ（Semaq Beri）の一集団について、外部社会（国家）の介入と経済開発計画が彼らの社会・生態・経済をいかに変容させてきたか、そして彼らがどのように対処してきたかをみていきたい。

二　スマッ・ブリとスンガイ・ブルア村

定住と開発

スマッ・ブリは、パハン州中央部から北部を中心に、また少数はトレンガヌ州南部の海岸近く、およびパハン、トレンガヌ、クランタンの三つの州が出会う地域に分布する民族集団、人口約二五〇〇人である。スマッ・ブリの生業様式は地域的多様性が大きく（少なくとも一九七〇年代までは）、北部（上流域）では、移動狩猟採集、中部では半移動焼畑、南部では定住農耕が特徴である。しかし、ベンジャミン（Benjamin 1985）が指摘するように、オラン・アスリのなかでもスマッ・ブリの属する南

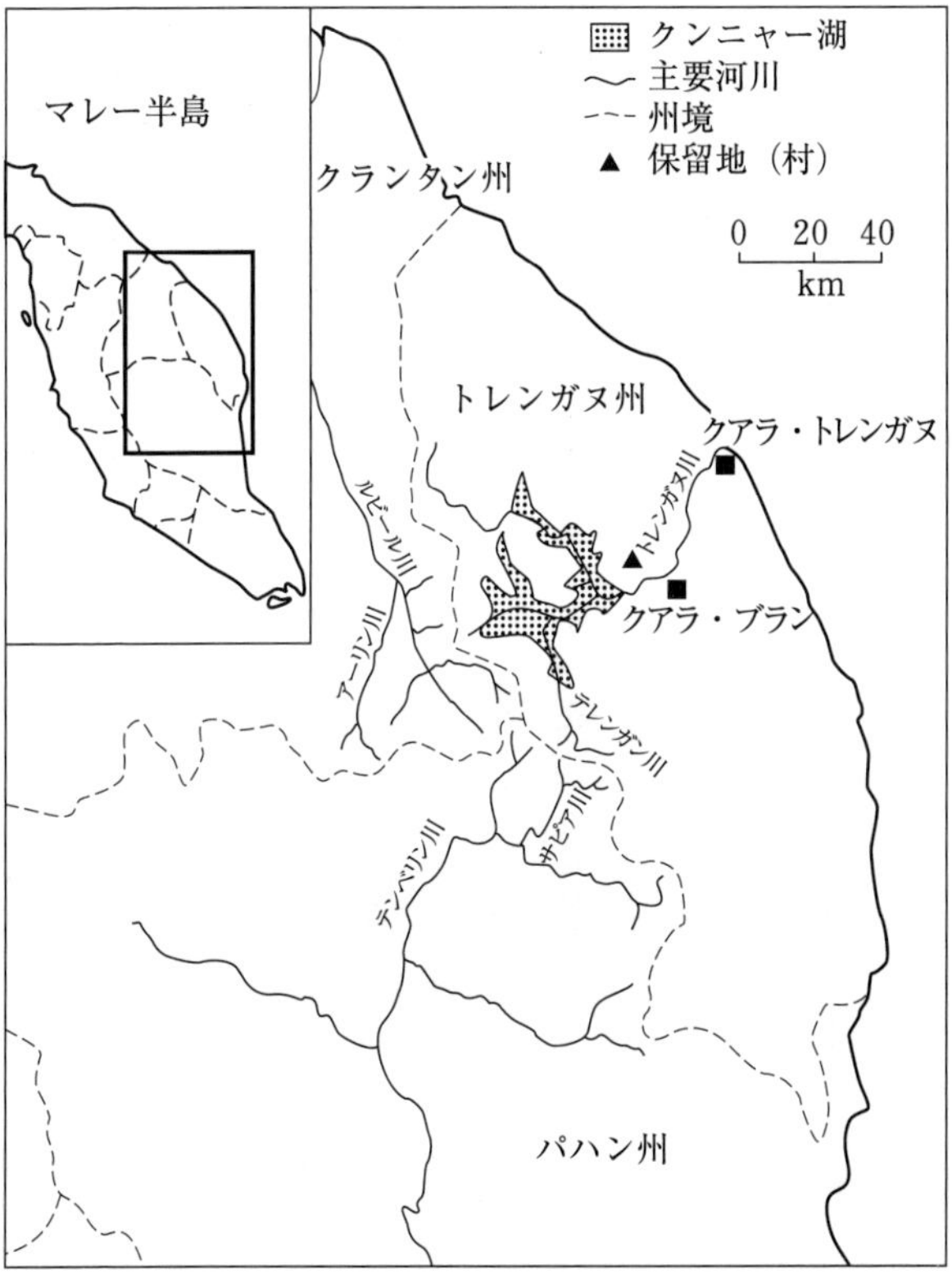
クンニャー湖
主要河川
州境
保留地（村）
0 20 40
km
マレー半島
クランタン州
トレンガヌ州
クアラ・トレンガヌ
トレンガヌ川
クアラ・ブラン
ルビール川
アーリン川
テレンガン川
テンベリン川
パハン州

図1 調査地

アスリ語グループは、外部社会との交易に対して強い指向性をもっている。したがって、どのグループも程度の差こそあれ、交易のために森林の産物の採集に従事している。

テンベリン川の上流域の支流には、いくつかの狩猟採集集団が住み分けていた。このうちのサピア川を本拠地とするグループが本章で扱う集団であり、彼らはクランタン州のルビール川やトレンガヌ州のテレンガン、クルバット、ドゥングン川の上流域にも進出し、狩猟採集に加えてマレー村民との間で森林の産物や労働力と農作物や日用品を交換して生活していた。彼らのあいだに現金経済が入ってきたのは、テンベリン川上流に華人の籐（ラタン、*Calamus* spp.）仲買人が買いつけに入りだした一九六〇年代になってからである。一九七〇年代になるとサピア川の集団は、主な活動の場所をトレンガヌ州のテレンガン川やクルバット川、そしてその支流域とするようになった。サピア川の集団は、一九七六年にクアラ・ブランの西方にあたる森林の周縁部に州が公示したオラン・アスリ保留地（一六五・五ヘクタール）に先住民局によって建設されたスンガイ・ブルア村に定着した（図1）。保留地に入ってからも、雨期（一一月〜一月）を除く季節には、木材運搬用道路を利用して頻繁に奥地に入り、籐採集その他の目的のキャンプ生活を送った。森林と村の二重生活であり、乾期には、村は定住地というより奥地のキャンプと町（籐採集の交渉や買い物）の中継所という役割を果たした。彼らはこの年、保留地に焼畑を開墾し、先住民局の援助を受けて米を中心にトウモロコシ、バナナ、サツマイモ、キャッサバを植え、一九七八〜七九年にはそれらを収穫したが、その後は、キャッサバやバナナを植えるためのごく小規模な畑をときおり作るだけで、本格的な畑作はやめてしまった。

一九八五年にクンニャー・ダムが完成し、それまでの主な採集地であったトレンガヌ川の上流域、クルバット川、テレンガン川流域が水没した。これによって三万八〇〇〇ヘクタールの森林が消滅したが、これは彼らが保留地に入植して以来最大の環境の変化であった。籐や沈香木の資源も大幅に減少したが、支流の最上流域や木材運搬道路が延びていなかった地域へもボートによる接近が容易になり、それまで未開のままであった地域の利用が可能になったことも事実である。籐はイスやタンスなどの家具の材料として、また沈香は香の材料として国内外の産業に用いられる。人造湖の出現によるもう一つの問題は、籐や沈香の採集コストを高めたことである。今や必須となったボートや船外機の設備投資に加えて、移動・運搬の費用（ガソリン代）が急増したため、収益をより上げるために労働強化や採集パターンの変更を余儀なくされた。

開発援助の本格化

一九九〇年に、保留地の一部（七二・四ヘクタール）、村の北部、北西部（森林、アブラヤシ・プランテーション跡地、マレー村落の畑）を含む総面積にして一九五六・七ヘクタールの土地が、土地統合再開発公社によってアブラヤシ・プランテーションとして再開発された。スンガイ・ブルア村はトレンガヌ州集中開発計画地域に含まれており、保留地のプランテーション化という地域経済開発に組み込まれたのである。スンガイ・ブルア村では、他の保留地での模範定住村にみられるような樹木農業（特にゴム）への積極的な援助は行われてこなかった。土地統合再開発公社によるアブラヤシ・プランテーションが最初の本格的な開発援助事業といえよう。それまでの経済開発援助は、村民に対する自給用の果樹の苗・肥料と肥育用ウシの提供くらいであった。政府によるイスラムへの改宗の圧力が

写真１　アブラヤシ採取。採取されたアブラヤシは、土地統合再開発公社のトラックが回収するため農道脇に積んでおく。

強まり、スンガイ・ブルア村の全員が（名目上）イスラムに改宗した一九九四年前後から、ようやくさまざまな経済開発援助や社会サービスが提供されるようになったのである。

商業用果樹園の造成、換金作物（トウモロコシ、野菜、トウガラシ）の栽培、クンニャー湖での囲い網によるテラピアの養殖、四棟のシャレー建設による観光事業が試みられたが、どの事業も運営の不手際から、収益を上げることができず失敗に終わっている。村の基本的施設や基盤整備（先住民局、社会開発省、教育省との共同事業）として、幼稚園と保育所の新設、六年制の小学校の改築、集会所・祈禱所の新築、各世帯への配電と簡易水道、全世帯の家屋の改築（高床式の板とトタン屋根）、村までの道路の簡易舗装などが行われた。

現在、進行中および建設予定の政府援助による経済社会サービス開発は、以下のとおりである。全世帯に対するコンクリート作りの近代的家屋の新設、村内道路の舗装、上水道完備、四一七ヘクタールの保留地の拡張とアブラヤシ・プランテーション化（土地統合再開発公社との共同事業）である。先住民局の計画は、アブラヤシ・プランテーションの拡張（現在の約七倍の面積）による賃労働と配当金の増収、および現在建設中の、クアラ・ブランとクンニャー湖を結ぶ観光道路を利用した観光事業（露店や村での果実や工芸品の販売、吹矢などの実演）の収入により、籐や沈香など自然資源への依存から脱却した経済と定住をめざすものである。

スンガイ・ブルア村の調査

筆者は一九七八～七九年に最初の調査を行い、一九九九年に調査を再開した。彼らが保留地に移住してから現在までの約二五年間に、前記のように彼らの自然・社会環境が大きく変化した。第一は、クンニャー湖の出現という自然環境、第二は、「同化（イスラム化）」政策とそれにともなう社会環境の大変化である。スンガイ・ブルア集団の経済・生態・社会の変化をみるには、この二つの出来事を区切りとして、三つの時期に分けて考えるのが有効であろう。すなわち、保留地への移住からクンニャー湖出現まで（I期、一九七七年～一九八〇年代中頃）、次に、クンニャー湖出現から「同化」政策開始まで（II期、一九八〇年代中頃～一九九〇年代初頭）、そして、「同化」政策開始から現在まで（III期、一九九〇年代初頭以降）、である。次章では、これら三つの時期区分に従い、集団（人口）構造と居住パターン、生業・経済活動、および食物・栄養摂取について、調査資料や聞きとり調査をもとに変化の実態を分析する。

三　社会の変化

定住の強化

前述のように保留地での生活は、雨期以外は、村と森林の二重生活となり、農耕と商業用の森林産物の採集という混合経済を営むテンベリン川中・下流域の住むスマッ・ブリに似た居住パターンになった（Endicott 1975）。クンニャー湖の出現により、ボートが使用されるようになるとそれまで家族連れで行われていた籐と沈香採集は、成人男性のグループで行われるようになった。家族連れだと採集場と船着場との往復の回数が増え、あるいは「ガンパン」と呼ばれる小屋を乗せた竹の筏をボートで曳航しなければならないため、燃料費が嵩むのである。また最初のうちは、村から比較的近く、木材運搬道路を利用できる支流域での採集旅行を家族連れで行うことが多かったが、村の近辺の籐資源が枯渇してくると、ボート使用による遠隔地での採集旅行が多くなった。II期の間に男は村と森林の二重生活、女と子どもは村に滞在という基本パターンができあがったのである。

III期になるとアブラヤシ・プランテーションの開発をはじめ、基盤整備や観光道路工事の労働者、学校の教員、宗教局からの派遣員、先住民局のフィールド・アシスタントなど多くのマレー人が、少なくとも昼間は村に常駐、ないしは出入りするようになった。さらに、人口の自然増および転入家族の増加とともに人間関係がより複雑になってきた。このため数家族から一〇家族以上が、乾期の間クンニャー湖（に注ぐ支流）を本拠地として暮らすようになり、村には滞在しなくなった。彼らは一カ所に二～四週間滞在し、別の場所に移動しながら、籐や沈香の採集に従事し、成人男性だけが、籐仲買人との交渉、沈香売り、そして米などの食料やその他の日用品の入手のために、ときおり村や船着場に出てくる。こうして村民は、これら「キャンプ・グループ」と「村滞在グループ」（男だけが採集旅行する）に分裂し、成人女性と子どもは果実の季節も村に滞在するようになった。一九七八／七九年と一九九九～二〇〇二年の成人男女の村での滞在率を比較すると、成人男性ではほとんど変化がないが、成人女性では明らかに村に滞在する比率が高まっている（表1）。

写真2　採集された籐。一定の長さに切り、束にして運ぶ。

保留地に移住した一九七六年、サピア川の集団は二四（核）家族（うち三家族は配偶者の片方が死亡、または離婚転出）から構成されていたが、二〇〇二年には五五家族に増加した。「創設集団」の系図を辿ると、ベンジャミン（Benjamin 1985）のいう南アスリ語グループの特徴であるところの集団（親族）内婚の傾向が強いことがわかる。しかし、広範な活動域で移動生活を送っていた彼らは、交流のあるオラン・アスリの他集団とも婚姻関係をもっていた。この点で典型的な南アスリ語グループとは違いがみられ、狩猟採集民的要素が加わっていると考えられる。しかし、III期、すなわち本格的な経済開発の開始以降、転入者の子

表１　成人男女の居住パターン（滞在場所）[1]

年	村滞在（%）	長期キャンプ[2]（%）	森林産物採集キャンプ（%）	他村訪問[3]（%）	木材伐採飯場[4]（%）
成人男性：					
1978/79[4]	50.5	—	36.8	10.5	2.2
1999	53.3	10.3	30.9	5.5	—
2000	49.3	13.6	31.6	5.5	—
2001	52.4	18.4	24.6	4.6	—
2002	41.7	19.4	35.6	3.3	—
成人女性：					
1978/79	60.4	—	32.9	6.7	—
1999	88.7	6.5	—	4.8	—
2000	85.2	11.5	—	3.3	—
2001	80.3	18.0	—	1.7	—
2002	75.5	21.2	—	3.3	—

1)　調査対象者の調査期間中の総延べ人数に対する滞在場所における延べ人数の比率。

2)　クンニャー湖に流れ込む川筋でのキャンプを本拠地とする「キャンプ・グループ」。

3)　雨季における飯場の留守番や単純作業。

4)　オラン・アスリの他集団を訪問。

5)　1999-2002年との比較のために乾期のデータを示す。

どもやそれを頼ってきた独身親族の男と創設家族の子どもとの婚姻が増加し、創設家族間の内婚率は急速に低下した（Ⅰ/Ⅱ期、Ⅲ期の内婚率は、それぞれ七三、六三、三三パーセント）。

また、家族数（人口）の増加と集住生活は、スマッ・ブリの社会生活にも影響を与えている。共住集団内での徹底的な相互扶助と食物やその他必需品の分配は、彼らの伝統的信仰に基づいた社会的規範である（口蔵　一九九六）。しかし、これが可能なのは、キャンプのような数家族の小集団においてであり、現在の村の状況では不可能である（一九七八/七九年当時でも保留地ではその兆しが現れていた）。その結果、村では血縁関係によって、いくつかのグループに分化する傾向にあり、家屋の配置、食物の分配、金銭的援助にそれが現れている。名目的ではあるがイスラムへの改宗と集団の膨張により、集団全体の伝統的儀礼も行われなくなった。すなわち、自然環境のみならず、超自然的世界との関係も変容したのである。

人口増加とその要因

スンガイ・ブルア村の人口増加はめざましい。一九七九年八月時点での人口は九五人（二四家族）であった。このうち、その後転出した四家族一三人（一九七九年八月時点）を除く八二人をもとにして、二〇〇二年八月の時点の人口二八九人から、他の集団からの転入者とその子孫、および婚入者の合計二八人を差し引いた二六一人を自然増加とみなすと、二三年間の自然増加率は年平均五・〇五パーセントとなる。しかし、調査を再開した一九九九年（八月）から二〇〇二年（八月）の三年間の年増加率は一〇・九四パーセントと驚異的に高くなっている。人口増加率は、保留地への定着以来漸進的に伸びてきたと考えられるが、III期になってから、すなわち一九九〇年中頃からかなり急上昇したとみることができる。

III期になって始まる急激な生活環境の変化、とりわけ女性の居住・活動パターンの変化がこのような人口増加パターンを生みだしたのであろう。人口増加の第一の要因は出生率の上昇である。生殖年齢を過ぎたと判断される女の平均出産数は、一九七九年では五・〇〇であったが、二〇〇二年では八・三八へと増加した。

乳児死亡率も人口増加に影響を及ぼす。母親のそれまでの時点での産子数に対する死亡した乳児数の平均値は、一九七九年の調査では二〇・〇パーセント、二〇〇二年では一三・〇パーセントと減少しているが、有意差はない。女性の村での定着性の上昇や生業活動の減少（乳児の世話にかける時間の増加）、人工ミルクの一部普及は乳児死亡率の低下に有利に作用するはずだが、乳児死亡率に顕著な低下がみられないのは、日常の衛生面での無関心と病院での治療の拒否に一因があると考えられる。ほとんどの母親は、子どもが病気になってもクアラ・ブランの病院へ連れていかず、大人でもいまだ、病院で治療を受けることを怖がっているのだ。

四　経済的変化

食物獲得活動

スンガイ・ブルアの村民が獲得する自給用食物は、一九八六年以降に植えた果樹からの収穫以外は、すべて周囲の自然環境から得られる野生（または自生）食物である。動物性食物は、吹矢猟と漁撈のほかに、陸生動物の手摑み、棒や山刀を使用した猟によって得られ、ヤムイモ、堅果類、果実、シダ類などの若芽からなる植物性食物資源は採集によって得られる（Kuchikura 1987）。村に滞在中は、購入食物への依存と周辺の森林の減少による資源の枯渇のため、野生食物資源獲得活動の頻度は、年々低くなっている。一九七八／七九年の調査と一九九九〜二〇〇二年を比べると、特に成人男性で極端に低くなった（表2）。一九七八／七九年の調査時、成人女性は主に農耕（収穫、脱穀作業）に従事し、野生食物資源獲得にはあまり貢献していなかったが、畑作をやめてからのI期とII期の時期にその頻度はある程度高くなったと予測される。

一九九九年と二〇〇〇年の調査では、男女とも村では食物獲得活動にほとんど従事していないという結果が出た。行商人がほぼ毎日訪れ、彼らから鮮魚や野菜を購入したからである。しかし、二〇〇一年と二〇〇二年では、行商人が週に一、二度しか訪村しなくなり、毎日の副食を購入できなくなったため、男女とも副食を求めての食物獲得活動頻度が飛躍的に高まった。特に、成人女性の漁撈・採集活動への従事率は一九七八〜七九年よりはるかに上回っている。村の周囲の森林は減少したものの、村の南西には森林が残されており、またマレーの村落周辺にも二次林がパッチ状に存在している。さらに、村の周辺にはクンニャー湖と連結した河川があり、水生資源の枯渇を免れているのであろう。村の周辺にもまだ、緊急避難的に利用できる野生食物資源は残されている。

表2　スンガイ・ブルア村滞在者の食物・現金獲得活動

活動	1978/79[1]		1999		2000		2001		2002	
	男 (%)	女 (%)	男 (%)	女 (%)	男 (%)	女 (%)	男 (%)	女 (%)	男 (%)	女 (%)
現金獲得活動：										
FELCRA 賃労働	—	—	4.9	1.8	4.5	1.6	3.8	0.6	2.8	—
飯場賃労働	—	—	10.4	—	13.2	—	—	—	—	—
籐採集[2]	0.4	—	—	—	3.2	—	4.8	—	—	—
沈香採集	1.1	—	—	—	—	—	2.7	0.7	6.7	1.2
スッポン漁[3]	—	—	0.8	—	—	—	7.8	—	4.5	—
薬草・果実の採集・収穫[4]	—	—	—	—	0.4	—	0.8	—	—	—
小計	1.5	—	16.1	1.8	21.3	1.6	19.9	1.3	14.0	1.2
食物獲得活動：										
狩猟	15.3	0.6	0.2	—	0.2	—	3.4	—	3.9	—
漁撈[5]	8.7	2.7	—	—	—	—	3.1	11.4	5.0	7.9
採集	2.4	2.6	—	0.5	0.4	—	1.1	3.4	3.9	11.5
果樹園作業(収穫・苗の植樹)	—	—	0.4	—	—	1.8	0.4	1.2	1.7	2.7
焼畑	16.3	31.4	—	—	—	—	—	—	—	—
小計	42.7	37.3	0.6	0.5	0.6	1.8	8.0	16.0	14.5	22.1
合計	44.2	37.3	16.7	2.3	21.9	3.4	27.9	17.3	28.5	23.3

%：村滞在者延べ人数に対する活動従事者延べ人数の比率。

1)　1978/79は315日の調査。1999～2002年はそれぞれ14日間の調査。

2)　採集した籐の運搬と仲買業者のトラックへの日帰りの積み込み作業。

3)　販売用の大型スッポンの探索のため遠距離の漁場に行った時、現金獲得活動と分類した。

4)　果実の収穫対象はプタイ（*Parkia speciosa*）で、販売した時は現金獲得活動、自家消費の時は食物獲得活動に分類した。

5)　近距離の河川でのデンタータマルガメ（*Cyclemys dentata*）漁、網漁、釣り漁。

現金獲得活動

住民が、現金収入を得る主な手段としては、籐、沈香、インドシナオオスッポン（*Trionyx cartilagineus*）などの天然資源を採集・捕獲し仲買人に売るほか、土地統合再開発公社のプランテーションでのアブラヤシ採集、木材切り出し労働者用の飯場建設のための任員労働があった。

(1)　籐採集

クンニャー湖が出現するまではトレンガヌ、クルバット、テレンガンの主要河川やその支流沿いが籐の採集地であったが、以降は水没を免れた奥地が採集域となった。籐採集旅行は、数人から一〇数人のグループで行われ、仲買人との交渉役（場所、期間、前借り金など）をリーダーとしてグループが編成されるが、メンバーは固定したものではなく、その都度変わる。また、前借り金や収穫後の支払いは個人を単位として計算される。この際、採集旅行に要するグループ共同のボートのガソリンや食料購入の代金はリーダーが代表して前借りする。各人の前借り金（必要ならば）は、残された家族の食料や日用品の購入に使われる。

一九八〇年代初めまでは、仲買人の要請で籐のなかでも最高品質とされる太い種類のマナウだけが採集されていたが、その後マナウが枯渇したため、品質の劣る価格の安い種類や細い種類も採集されるようになった（表3）。クンニャー湖地域では採集にボートが利用される。村の南東および南西にあたる地域では過去の採集により、単価の高いマナウが減少しているが、採集には仲買人のトラックが利用され移動・運搬コストの負担がないので、純益はほとんど変わらない。しかし、同じ収入を得ようとすれば、品質（価格）の高い種類の籐の減少が著しい地域ほど多くの本数を採集しなければな

表3　採集地／種類別にみた籐の収穫と収入

採集地		チェルグール川（クンニャー湖）[1]			ドラ川[2]			チョモー川[3]		
種類／等級		単価 (RM)[4]	本数 (%)	収入 (%)	単価 (RM)	本数 (%)	収入 (%)	単価 (RM)	本数 (%)	収入 (%)
マナウ[5]	A	3.60	19.5	52.0	3.90	6.3	33.6	3.95	2.3	14.1
	B	1.80	17.0	22.7	1.95	2.6	6.9	2.00	2.8	8.8
	1C	—	—	—	1.40	0.4	0.8	1.45	1.0	2.3
	C	0.45	7.6	2.5	0.50	3.5	2.4	0.50	3.4	3.8
マンタン[6]	A	1.50	8.8	9.7	1.60	4.6	10.2	1.65	2.6	6.9
	B	0.75	3.1	1.7	0.80	2.7	3.0	0.85	4.5	6.2
	C	0.40	0.6	0.2	0.40	1.5	0.8	0.40	1.5	1.4
タナー[7]		0.35	43.4	11.2	0.50	75.4	41.5	0.45	76.2	54.7
バトゥ[8]		0.15	—	—	0.20	3.0	0.8	0.20	5.7	1.8
平均採集本数[9]		49.1			70.5			79.2		
平均収入[10](RM)		66.49			51.10			49.61		

1)　サンプル数126人／日；1999年８月調査。

2)　サンプル数70人／日；2001年８月調査。

3)　サンプル数45人／日；2002年８月調査。

4)　RM＝リンギット（マレーシアの通貨単位）。１リンギットは約30円。

5)　*Calamus manan*.　A：径４ cm 以上；B：径３～４ cm；1C：径２～３ cm；C：径２ cm 以下。９フィートの長さが単位。

6)　*Plectocomia elongata*.　等級と単位の長さはマナウと同じだが、等級Cは径３ cm 以下。

7)　*Calamus balingcusis*.　細い種類の籐。

8)　*Calamus insignis*.　細い種類の籐。

9)　１人１日あたりの採集本数。マナウとマンタンは９フィートの長さ、タナーとバトゥは24フィートの長さに切り揃える。

10)　１人１日あたりの収入。

らないため、労働の強化につながっている。

湖の出現以降の新しい採集地でマナウが減少したことにより、コストと労働の兼ね合いの点から古い採集地も再利用されるようになってきた。一九七八〜七九年調査時の籐採集では、一人一日二八・一本のマナウを採集している。二〇〇二年の価格を当てはめると、一人一日一一・〇リンギットの収入があったことになり、籐採集の現金獲得効率は二倍近くだったことがわかる（表4）。これは、高品質の籐資源の著しい減少を示している。

(2) 沈香採集

沈香は、ジンチョウゲ科ジンコウ属（*Aquilaria*）の樹木の傷害部周辺に樹脂を含んだ部分である。一本の樹木でまったく見つからないこともあるし、大きな塊を得られることもある。集積凝固した樹脂の密度や質によって、価格差の大きな等級がつけられている。すなわち、沈香の収益は場所によって当たり外れが大きいのである。収入が比較的安定していること、前借りができるという理由から、籐採集を中心とし、その合間に沈香も探すというのが従来の沈香採集のパターンであったが、二〇〇〇年にパハン州に住むある一人の仲買人が前貸し金を出して買いつけに来るようになってからは（それまで取引していたクアラ・ブランの仲買人は前貸しをしなかった）、多くの成人男性が籐採集をやめ、沈香採集に専念するようになった。

しかし、この仲買人がこの年で取引を中止する（期待するほど収益が上げられなかった）と、逆に翌年の二〇〇一年には専業者は激減し、籐採集に戻った。二〇〇二年にはクンニャー湖の北側に建設中の東西縦貫道路が未開発の原生林へと伸び、この地域が沈香属の樹木が豊富であることが発見された。

表4　籐採集活動と収入

		1999	2000	2001	2002	平均
従事者数[1)]（人）	専業者	40	9	22	6	19.25
	兼業者	6	2	10	16	8.50
	合計	46	11	32	22	27.75
頻度[2)]	専業者	41.97	46.83	39.94	54.76	42.95
	兼業者	11.90	14.30	30.71	20.09	21.43
	平均	38.04	40.91	37.06	29.55	36.36
従事者の日収[3)](RM)		51.96	46.74	51.29	47.71	50.32
従事者の年収[4)](RM)	事業者	4666.83	4684.11	4383.84	5590.96	4848.92
	兼業者	1323.21	1430.33	3370.75	2051.18	2274.30
	平均	4229.83	4091.97	4067.73	3017.04	3929.06
世帯あたりの月収[5)](RM)		337.80	79.81	235.81	117.69	193.32

1)　籐採集に従事した者（調査期間中の観察と聞き取り）。「キャンプ・グループ」を除く。

2)　調査期間中に実際に従事した日数（キャンプ日数）の比率（%）。「村滞在グループ」の成人男性の数は、1999年：61人、2000年：58人、2001年：53人、2002年：48人。

3)　調査期間中に判明した採集グループの収入を従事した延べ日数で割った数値。ボート使用の場合は要したガソリン代を差し引いた純益。

4)　平均日収に籐採集期間（3～9月の214日とする）における従事日数を掛けた数値。

5)　推定された籐採集の年間総収入（従事者の年収に従事者数を掛けた数値）に基づいて、採集者のいない世帯を含めた村の全世帯（「キャンプ・グループ」）における籐からの収入の推定。

表5　沈香採集活動と収入

		1999	2000	2001	2002	平均
従事者数（人）	専業者	—	31	4	14	12.25
	兼業者	6	—	8	16	7.50
	合計	6	31	12	30	19.75
頻度	専業者	—	52.10	48.21	59.69	53.95
	兼業者	14.29	—	27.68	31.70	27.15
	平均	14.29	52.10	34.52	44.76	43.77
従事者の日収[1]（RM）		14.02	22.62	10.82	21.70	19.83
従事者の年収[2]（RM）	専業者	—	3217.31	1424.06	3476.85	3145.08
	兼業者	546.94	—	817.63	1877.94	1001.57
	平均	546.94	3217.31	1019.67	2651.63	2465.86
世帯あたりの月収[3]（RM）		5.70	176.84	22.17	141.04	92.88

1）沈香は籐と異なり、複数の採集行によって蓄えてから売ることが多い。収入の情報を得るときは、1月あるいは複数月での収入を聞き、月あたりの平均採集日数とあわせて日収を推定した。また、多くの量が採集されたときは1回の採集行で売ることもある。沈香の等級の例（等級Ⅰ：4500～5000 RM/kg；Ⅱ：2000～2500；Ⅲ：1000；Ⅳ：300；Ⅴ：200）。

2）沈香採集可能な期間は2月から10月までの9カ月間（273日）。推定方法は籐採集と同じ。

3）推定方法は籐採集と同じ。

村からバンをチャーターしてこの地域に入ることができるようになったため、この年には再び沈香採集従事者が増加している。このように一九九九～二〇〇二年の間は、籐採集と沈香採集の重要性が年毎に変化した。

沈香採集の一人一日あたりの収入を推定すると、年による変動はあるが、盛んに行われた二〇〇〇年と二〇〇二年ではコストを引いた純益が二〇リンギット強である（表5）。籐採集に比べると半分以下であるが、前借りが可能であったり（二〇〇〇年）、未開発の採集地が発見されたり（二〇〇二年）と、条件が良ければ籐採集より沈香採集が好まれる傾向にある。肉体的に作業が楽なこと、仲買人のスケジュールや諸要求に縛られないで自由に行動できることなどが理由であろう。

(3) インドシナオオスッポン

インドシナオオスッポンを商業用にも捕獲するようになったのは一九九〇年代になってからである（一三〜一四リンギット／キログラム）。生きたままクアラ・トレンガヌの業者までバンをチャーターして運ぶ。二〇〇〇年までは、クンニャー湖での籐や沈香採集の合間に漁（潜水して銛で突く）をしていたが、二〇〇一年からは成人男性の若年層を中心に漁期（四〜九月の六カ月間）の間には専業者が現れた。専業者では一人一日の収入が、ボートや出荷のコストを引くと二〇〜二五リンギットであった。

(4) 賃労働

土地統合再開発公社は、現在使用されていない土地を統合して、規模の大きな換金作物（アブラヤシ、ゴムなど）のプランテーションとして再開発をめざすものである。開発と運営のコストを土地統合再開発公社が負担し、将来の収益からこれらのコストを償還していき、その残りの利益（配当）を土地所有者に配分するシステムである。スンガイ・ブルアの保留地は州が保留地として指定した州有地であり、村民の私有地ではないが、利益配当は村民に支払われることになっている。二〇〇二年の六月の時点ではまだプランテーション造成のコスト償還が終わっていないので配当金はなかったが、他の名目（学用品補助、正月や断食明けのお祝いなど）で、毎年一家族につき一〇〇〜一五〇リンギットが土地統合再開発公社から支払われていた。

村民がプランテーションでの労働で得た収入には大きな個人差がみられた。一九九五年から二〇〇二年にかけての平均月収は、二五〜一六〇リンギットの幅があり、平均で二七リンギットであった。一九九六年からはアブラヤシの生産量も増加し、それにともなって村全体のアブラヤシに関連した賃労働からの収入も増加するはずであったが、作業に参加する人数も平均月収も、順調な伸びを示していない。

また、一九九九年と二〇〇〇年にはタパー村からクンニャー湖にかけての木材運搬道路に沿った木材切り出し労働者用の飯場の建設（基本的には組立て作業）を、一棟あたり二〇〇〇リンギットで請け負った。決まった五人が従事し、労働日の平均日収は三二リンギットであった。

世帯あたりの収入

先述の各現金収入源からの収入の推定値に基づいて、一九九九〜二〇〇二年の世帯あたりの月収を推定する（表6）と、世帯あたりの平均月収は四四〇・二リンギットとなった。賃労働（FELCRAおよび飯場建設）からの収入は約一〇パーセントであり、収入の七〇パーセントは籐や沈香、インドシナオオスッポンなどの野生資源から得た。この点では一九七八〜七九年当時と基本的構造に変化はなく、主に森林資源に依存（現金収入源を含め）して生活をしている。

オラン・アスリの他集団と比較してみよう。ペラ州のスマイ（Semai）は、一九八〇年代から一九九〇年代における調査では、栽培果実、ゴム、森林産物、賃労働から世帯あたり、二〇〇〜四五〇リンギットの月収を得ていたとされる（Gomes 1990; Lim 1997）。いっぽう、同時代、同州におけるスマイの四つの再定住村では、同様な収入源から得た世帯当たりの月収は、わずか二二〜四リンギットに

表6　世帯あたりの月収の推定（RM）

収入源	1999	2000	2001	2002	平均	1978/79
土地統合再開発公社の賃労働	27.82 (5.4)	24.82 (5.7)	14.07 (3.7)	13.95 (3.6)	20.17 (4.6)	—
飯場建設	51.52 (10.0)	61.57 (14.1)	—	—	28.27 (6.5)	2.41 (3.7)
籐採集	337.80 (65.3)	79.81 (18.3)	235.81 (62.7)	117.55 (30.0)	193.32 (44.2)	60.55 (93.6)
沈香採集	5.70 (1.1)	176.84 (40.6)	22.17 (5.9)	141.04 (36.0)	92.88 (21.3)	1.71 (2.7)
インドシナオオスッポン漁	11.51 (2.2)	12.14 (2.9)	30.16 (8.0)	37.43 (9.6)	22.71 (5.2)	—
土地統合再開発公社の配当金[1]	7.46 (1.4)	7.81 (1.8)	7.80 (2.1)	10.45 (2.7)	8.39 (1.9)	—
生活保護[2]	75.19 (14.6)	72.41 (16.6)	66.27 (17.6)	71.09 (18.1)	71.09 (16.3)	—
合計	517.00 (100.0)	435.40 (100.0)	376.28 (100.0)	391.51 (100.0)	436.83 (100.0)	64.67 (100.0)

（　）内はパーセント。

1)　実際には利益配当金ではない。他の名目で支払われる援助金。46世帯を対象。2002年は土地総合再開発公社職員の予測。

2)　月額85リンギットが46世帯を対象に支払われている。数値は総世帯数で割ったもの。

3)「村滞在グループ」の世帯数は、1999年：48人、2000年：47人、2001年：46人、2002年：47人、1978年／79年は16人であった。

すぎなかった（Hasan 1996)。一九九〇年代終わり頃におけるヌグリ・スンビラン州のトゥムアン（Temuan）のある村では、ゴムとドリアンから世帯当たり平均月収五〇七・四リンギットを得ている（信田 二〇〇〇)。スンガイ・ブルアの現金収入は、年代などを考慮すると既存のデータにおける他の集団と大差ない。しかし一九九九年におけるマレーシア全体の世帯当たりの平均月収二四七二リンギットに比べると、オラン・アスリの現金収入の極端な低さがわかる（Department of Statistic 2001)。

食物摂取

スンガイ・ブルアの村における摂取食物のエネルギーとタンパク質について、食物源の構成比、摂取量、食費の変化をみてみよう（表7)。一九七八／七九年の調査では、焼畑作物と政府援助が利用できたため、購入食物の比率がはるかに低い。また、この年は収入に占める食費の比率が低く、仮に焼畑作物と政府援助がなくても購入食物と野生資源により同量のエネルギーとタンパク質を得ることができたと推定できる。一九九九年から二〇〇二年までのデータと比較すると、両者の食物源構成比の違いで最も注目すべき点は、野生植物資源、とくに動物性食物である。前者の時期、狩猟・漁撈による動物性食物の摂取タンパク質に占める比率が、村では三八・一パーセント、キャンプでは五二・三パーセントを占めたのに対し、後者の時期の村では〇〜一九・一パーセントと半分以下になっている。二〇〇一年と二〇〇二年では一九七八／七九年の半分近くまで盛り返しているが、これは前述のように行商人の訪村の頻度が激減したため、副食の入手が比較的困難になり、狩猟・漁撈の努力が増加したためである。いっぽう、一九九九〜二〇〇二年のキャンプでのデータは少ないが、クンニャー

表７　食物源別構成比率

食物	1978/79[5)]		1999		2000		2001		2002	
	E	P	E	P	E	P	E	P	E	P
植物：										
購入	24.8	13.5	95.0	62.5	93.1	60.2	93.5	61.9	83.1	53.7
栽培[1)]	31.9	13.3	—	—	0.7	0.6	0.5	0.4	2.6	2.1
野生・自生	3.0	2.3	—	—	1.4	4.1	1.7	3.2	9.5	8.7
政府援助[2)]	31.0	16.8	—	—	—	—	—	—	—	—
小計	90.7	45.9	95.0	62.5	95.2	64.9	95.7	65.5	95.2	64.5
動物：										
購入	0.8	4.5	4.3	31.1	4.8	35.1	2.0	15.4	2.4	16.5
野生	6.4	38.1	0.7	6.4	—	—	2.3	19.1	2.4	19.0
政府援助	2.1	11.5	—	—	—	—	—	—	—	—
小計	9.3	54.1	5.0	37.5	4.8	35.1	4.3	34.5	3.8	35.5
合計：										
購入	25.6	18.0	99.3	93.6	97.9	95.3	95.5	77.3	85.5	70.2
栽培	31.9	13.3	—	—	0.7	0.3	0.5	0.4	2.6	2.1
野生・自生	9.4	40.4	0.7	6.4	1.4	4.1	4.0	22.3	11.9	27.7
政府援助	33.1	28.3	—	—	—	—	—	—	—	—
摂取量[3)]	2272	68.2	2560	61.1	2521	53.2	2282	49.3	2173	48.4
食費[4)] (RM)	13.70 (21.2)		307.82 (59.5)		269.76 (62.0)		139.92 (37.2)		136.56 (34.9)	

1)　1978/79年は焼畑作物（米、イモ類、バナナなど）、1999年以降は果実。
2)　１、２カ月に一度支給。米、小麦粉、魚缶詰、塩干魚など。
3)　単位：エネルギー（E）はキロカロリー、タンパク質（P）はグラム。成人換算により、成人男１人１日の摂取量。
4)　世帯あたりの１カ月の食費。（　）内は月収に対する食費の比率（%）。
5)　村での摂取食物。キャンプでは構成比が大きく異なる。

湖周辺のキャンプでは水生資源が豊富なので、一九七八／七九年のキャンプ同様、摂取タンパク質の半分は野生動物性食物から得ているとみられる。キャンプでの野生動物性食物の重要性はほとんど変化していない。

いっぽう、野生植物性食物への依存度、とくにエネルギー依存度、はすでに一九七八／七九年において村、キャンプともに摂取エネルギーの五パーセント以下と低かった。狩猟採集民の主食の役割を果たしていたヤムイモはスンガイ・ブルアの住民にとって補助的役割しか果たしていなかった。二〇〇二年に一〇パーセント近くまで依存度が上昇したのは、この年が数年に一度の果実の豊作となり、主食として食する野生のコパラミツや堅果類、および生食される野生の果実が大量に採集されたからである。

エネルギー摂取量（成人男子換算）は、少なくとも村では、一九九九〜二〇〇二年で変動はあるものの、一九七八〜七九年とそれほど変わらないが、タンパク質摂取量と動物性タンパク質の占める割合は明らかに減少傾向にある。しかし、栄養摂取のＦＡＯ／ＷＨＯの基準は満たしている。一方、キャンプでは、エネルギー、タンパク質とも摂取量は増加傾向にある。キャンプは成人男子だけで構成され（クンニャー湖を本拠地とするグループを除く）、籐や沈香の採集に従事する。集団内の他の部分（村に残る女性と子ども、老人）を犠牲にせずに、危険をともなう重労働を担当する成人男性（キャンプ）により多くのエネルギーとタンパク質の配分がなされているとみることができよう。

四　結び

スマッ・ブリの世界観・価値観および社会的規範は、森林と結びついた超自然的存在との関係で成り立っている。開発による森林の破壊は、そこの資源に依存してきた彼らの生活の物質的基盤を崩壊させると同時に精神的基盤をも崩壊させるものである。現在のところ縮小しつつある森林に残された資源に依存した生活を送っているが、ごく近い将来には森林に依存した生活が不可能になることは確実である。政府（先住民局）は、自然環境依存に依存した経済に代わるものとしてさまざまな経済開発援助を行ってきたが、どれも成果を生んでいない。直接の原因としては、事前の相談もなく一方的に押しつけたこと、住民が経験したことのない事業に対して最初の設備投資だけで、運営の知識、技術の指導をしなかったこと、事業の進展をモニターしなかったこと、などがあげられるが、住民側の事情を考慮せずにトップ・ダウン方式で押しつける先住民局の姿勢が問題であり、一方、住民は、開発援助はイスラムへの改宗のための「餌」であるという不信感をもち、事業に対して無関心な態度をとっている（Ramle 2001: 355）。政府の姿勢が変わらない限り、援助事業の成功は望めない。

政府は、隠された政治的意図（ブミプトラ政策の正当化）および経済的意図（オラン・アスリの伝統的土地の開発利用）のもとに、オラン・アスリの「進歩・発展（マレー語の kemajuan）」には、経済的近代化（すなわち、定住小農化や賃労働者として市場経済依存）とイスラーム化（「精神的」向上）が必要と主張している。スマッ・ブリ自身も「進歩・発展」を拒むものではなく、むしろ望んでいる。しかし、彼らのいう「進歩・発展」は、政府の意図するものとは意味が異なる。すなわち、スマッ・ブリは、自由と快適な生活が「進歩・発展」と考えている。「進歩・発展」すれば、より自由に経済活動に従事することが可能になり、食物やその他生活必需品がより簡単に入手できるのである。これに照らせば、現在の状況は以前に比べ、「進歩・発展」に逆行していると考えている（Ramle 2001: 390–391）。

開発とイスラム化（同化政策）がもたらす生存に対する環境・社会文化的危機に対して、クランタン州とパハン州に住む狩猟採集民であるバテッ（Batek）は、三つの異なる反応を示している（Endicott 2000）。第一の反応は、同化に強く抵抗し、伝統的文化を保持する立場である。国立公園の内部に引きこもり、キャンプをしながら狩猟採集と森林産物の交易で生活をおくり、できるだけ外部者との接触を避けている。第二の反応は、その対極にあり、同化政策に従い、保留地に定住し、マレースタイルの生活を送っている。彼らは狩猟採集（周囲の環境では不可能）をすでに放棄している。第三の反応は、大半のバテッがとる中間派である。国立公園の縁に小集落をつくり、狩猟採集活動と外部社会での活動（賃労働や観光収入、森林産物の交易）を交互に行う。子どもには

写真3　制服を着て村内の学校へ通う少女たち。

伝統的な生活技術を教えるとともに、外部社会で生きるために現代の経済において役に立つ技能を学ばせようとしている。しかし、イスラムへの改宗を強く拒否している。

スンガイ・ブルア集団は、一見するとバテッの第二の反応をとっているかのようである。しかし、バテッのように伝統文化の保持を強く意識はしていないが、「キャンプ・グループ」のように、第一の反応をとる者も現れた。彼らはすべて、「名目的」にイスラムに改宗したのであり、マレーへの「同化」は拒否している。すなわち、スマッ・ブリの伝統的文化をすべて放棄するつもりはない。このまま自然資源に依存した生活をいつまでも継続できるとは考えてはいないが、政府の開発計画に対しては消極的である。「村滞在グループ」でも「同化」を強要させられるならば、クンニャー湖の国立公園区域に移住するという者も多い。他方、少数であるが、将来は外部社会で生きざるをえないと考え、子どもに外部社会のなかで生きられるように学校教育を受けさせるのに積極的な親もいる。そこにはバテッ同様に変化と圧力に対する多様な反応が見られ、柔軟性があり、多くの選択肢が開かれたままになっている。

参考文献

口蔵幸雄　一九九六　『吹矢と精霊』東京：東京大学出版会。

信田敏宏　二〇〇〇　「〈上の人々〉と〈下の人々〉――オラン・アスリ社会における開発と階層化」『社会人類学年報』二六：一二九―一五六。

Benjamin, G. 1985. In the Long Term: Three Themes in Malaysian Cultural Ecology. In K. Hutterer, A. T. Rambo and D. Lovelace (eds.) *Cultural Values and Human Ecology in Southeast Asia*. pp. 219-278. Ann Arbor: Center for South and Southeast Asian Studies, The University of Michigan.

Dentan, R. K., K. Endicott, A. G. Gomes and M. B. Hooker. 1997. *Malaysia and the Original People: A Case Study of the Impact of Development on Indigenous Peoples*. Boston: Allyn and Bacon.

Department of Statistics, Malaysia. 2001. *Statistics Handbook Malaysia*. Putrajaya: Department of Statistics.

Endicott, K. 1975. A Brief Report on the Semaq Beri of Pahan. *Federation Museums Journal* 20 (n. s.) 1-23.

Endicott, K. 2000. The Batek in Malaysia. In L. Sponsel (ed.) *Endangered Peoples of Southeast and East Asia: Struggles to Survival and Thrive*. pp. 101-120. Westport: Greenwood Publishing Group.

Gomes, A. G. 1990. Confrontation and Continuity: Simple Commodity Production among the Orang Asli. In Lim Teck Ghee and A. L. Gomes (eds.) *Tribal Peoples and Development in Southeast Asia*. pp. 12-36. Kuala Lumpur: Department of Anthropology and Sociology, University of Malaysia.

Hasan Mat Nor. 1996. *Tanah dan Masyarakat Orang Asli: Kajian Hes di Empat Buah Kampung Orang Asli di Daerah Batang Padang, Pahan*. Bangi: Fakulti Sains Kemasyarakatan dan Kemanusiaiaan, Universiti Kebangsaan Malaysia.

Lim Hin Fui. 1997. *Orang Asli, Forest and Development*. Kuala Lumpur: Forest Research Institute Malaysia.

Kuchikura, Y. 1987. *Subsistence Ecology among Semaq Beri Hunter: Gatherers of Peninsular Malaysia*.

Hokkaido Behavioral Science Report, Series E. No. 1. Sapporo: Department of Behavioral Science, Hokkaido University.

Ministry of Interior. 1961. *Statement of Policy Regarding the Administration of the Aboriginal Peoples of the Federation of Malaya*. Kuala Lumpur: Ministry of Interior.

Nicholas, C. 2000. *The Orang Asli and the Contest for Resources: Indigenous Politics, Development and Identity in Peninsular Malaysia*. Copenhagen: International Work Group for Indigenous Affair.

Rostow, W. 1960. *The Stages of Economic Growth*. Cambridge: Cambridge University Press.

Ramle b. Abdullah. 2001. *Peralihan Ekonomi Masyarakat Orang Aski Terrenggan: Satu Sudut Ekonomi Persekitaran*. Tesis yang diserahkan untuk memenuhi keperluan bagi Ijazah Doktor Falsafah, Universiti Sains Malaysia.

Sponsel, L. (ed.) 2000. *Endangered Peoples of Southeast and East Asia: Struggles to Survival and Thrive*. Westport: Greenwood Publishing Group.

交易と分配
――狩猟採集民の社会人類学

シラ・ダロス／永田脩一

南アジア・東南アジアの狩猟採集民の交易に関する最近の文献批評から、ジャンカーはこれら民族の存在の自立性についてては、研究者のあいだにいまだ一致した意見がみられないことを指摘している(Junker 2002)。存在の自立性を否定する意見は、彼らの生活空間である東南アジアの熱帯雨林は主食となる炭水化物の分布が不規則、不十分であるため、それを補うべく、狩猟採集民は、近隣の農耕民と、森林で採集された産物と炭水化物（おもに米）の交換を余儀なくされている点を強調する。しかし、熱帯雨林での生存が炭水化物不足ゆえに不可能だとする説は、ボルネオ内部でサゴを主食とするプナンや、マレー半島北東部密林でヤムイモに依存するバテッの民族誌によって、ほとんど決定的に論難されている。

他方、食糧自給の問題とは別に、東南アジアの狩猟民は古くから近辺の農耕民とさまざまな関係を維持してきたことが知られている。この関係の主要部分をなすものが交易関係である。

熱帯雨林で自給できるとされた狩猟採集民が、なぜ定住した村落農耕民と交易しているのか。この問題は、狩猟民の需要から解釈されてきた。例えば、森での生活に不可欠な斧・鉞《まさかり》などを、交易によって入手してきたというのである。しかし、マレー半島の狩猟採集民は焼畑農耕を行わないため、斧・鉞を必要としない。必要なのは万用道具であるパランという大包丁である。その獲得のために交易をしたことは十分考えられる。しかしここで注意せねばならぬことは、こうした道具の必要がどこから生じたのかということである。北米の毛皮貿易の歴史からも明らかなように、狩猟民が求めるようになった市場商品の大半――例えば、猟銃のような金属製品に限らず、ウィスキーなどの消耗品――は、狩猟民自身が求めたものではなく、外部からきた仲買人が持ちこんだものであるという事情がある。マレー半島、広くは東南アジアの狩猟民・農耕民の交易関係は、このようななかば強制的に押しつけられた関係とは異なる点を、まず認めることが重要である。

一　狩猟採集民の交易

いかなる事情が狩猟民と農耕民の交易を支えていたのか。この問題を考えるうえで、経済よりも文化的事情を配慮したい。

まず、マレー半島に居住する先住民族オラン・アスリとマレー人の分布を考える（図1参照）。半島の村落定住者のマレー人はおもに、海岸に面した平野で水稲耕作に従事しており、半島中心部を縦断する山岳地帯には、粟の焼畑耕作をするセノイ諸族がいる。これら二大民族の中間に、かつては大

図1　狩猟採集民（セマン）、焼畑農耕民（セノイ）、水稲農耕民（マレー）の分布

部分が放浪生活を送っていた狩猟採集民セマン諸族が分布している。彼らは狩猟採集民の主力ともいえ、山地民でも、丘陵民でもなく、河流渓谷を好み、山裾に多く居住するといわれている（Evans 1937: 310-13）。彼らがこうした「中間的存在」となったのは狩猟民が他民族との接触を重視していたからと考えられる。

どのような接触なのか。狩猟採集民が「鉄製の道具や武器、塩、土器、家畜や海産物」などの生活必需品を農民から入手したことが接触・交易の起因だとされている（Junker 2002: 207; Morrison 2002: 108）。しかし、セマン諸族のなかのラノによれば、こうした交易品などがなくても、昔は生活できたという。

昔、手に入りにくいものはパラン（大包丁）や斧のような道具だけだった（これらは、しばしば、農民から盗んだともいわれる）。それ以外、すべてが森から得られた。水は森の中を流れる小川や木の根から、米、タピオカ、肉も入手できた。食用油は使わない。蜜が砂糖代わり。塩の代わりに、マンゴ。マンゴを茹でて肉と一緒に料理した。唐辛子も塩の代わりだった。野ブタの油。鍋や瓶の代わりに竹筒。火は乾いた枝や草を火打石で点火した。タバコは栽培した。(Dallos 2003: 85)

熱帯雨林における米・芋などの炭水化物の需給については先に述べたが、こうしてみると交易の物資的需要は、じつは農耕民側に強かったのではないかとも考えられる。マレー人が半島入りして、村落の構築にかかわる際に必要な材料は森から調達するものが多い。屋根葺きに使う椰子の葉で編んだアタップ、藤（ラタン）を使った多種多様な綱、材木そのもの等など（写真1）。さらに、蜂蜜や、香辛料・薬草などは必需品とはいえぬまでも、満足できる村落生活には欠かせない。これらの資料を、マレー人は狩猟民から入手するのが慣行だった（写真2）。密林を妖精や野獣の住処として怖れ、森から遠ざかった河川の平坦地にムラを作っていたマレー人は、「森の人（オラン・ウタン）」として、狩猟採集民に神秘的な力を付与し、例えば、時あれば虎を呼んで助けを借りる能力があると信じてい

写真１　マレー農家に頼まれて、アタップを編むキンタク。ペラック州ウルペラック地区、1976年撮影。

写真２　マレー語で　kasai　と呼ばれる薬草の一種、*Liliaceae Dianella Ensifolia* を採集するジャハイ・テヘデー。ケダ州バリン地区、2001年撮影。

た。

こうした文化的なからくりの上に作りあげられた分業関係は、民族性の表現として、長期にわたり、双方で守られていた。交易をうながす需要は定住農耕民側からも生じていた。

近年、マレー人ばかりでなく、他の民族が森に侵入し、森の富を乱獲するようになると、狩猟採集民の生活が脅かされるばかりでなく、彼ら自身の狩猟民族としてのアイデンティティまでもが失われるのではないかという危惧が生じている。民族・種族分業の伝統が無視され、利益という抽象的な数字だけを追求する世界では、伝統的交易の存続はほとんど不可能である。

二 「再分化」した狩猟採集民

前節で述べた狩猟採集民の生活から考えられる重要な問題がある。東南アジアには、はたして、オーストラリア原住民や、アフリカ・カラハリ砂漠のサン（ブッシュマン）のような純粋な狩猟採集民が存在したのかという問題である。ボルネオのプナンは、もとは焼畑農耕民のダヤックの一部が、熱帯雨林の産物の採集と交易に専念するために、森林を放浪する狩猟採集民となった部族だという議論があったが、エンディコットは、交易目的はさておき、こうした狩猟採集民は彼らの祖型として、未分化の狩猟採集と同時に、農・漁業も営んだ混合経済で生活した民族が、後にサゴを主食とする狩猟採集民に再分化したと解釈している（Endicott 2000: 280; 二〇〇二年十二月四日私信）。こうして再分化した狩猟採集民として、タイのムラブリや、マレー半島のスマッ・ブリも挙げられている。しかし、また、その逆の変化、狩猟採集民が定住した挙句、農耕をも含む混合経済となる過程のほうが、過去百年間の有力な傾向であったという（Endicott 2000: 278）。

こうした現象をみると、いったい「狩猟採集民」という社会文化体系の範疇自体が不安定で柔軟なものではないかと疑われる。もしそうだとすると、この柔軟性はいかなる要因に由来するのかという問題が生じる。この問題に対するわれわれの回答は、狩猟採集民の交易活動によるということである。

三　狩猟採集民社会の特徴と交易

狩猟採集民の生活は規則に縛られず、場当たり的、臨機応変的である。約束事は、その場の事情によって、釈明もないまま破られる。政府居留地内の村に表向きは定住した狩猟民を雇用するマレー人や華人の仲買人は、彼らがあてにならぬという苦情をしばしば口にする。給料の支払日に、給料を取りにこないなど、自分たちの利益に反するような行動も稀ではない。狩猟採集のために、森の中を、ある目的地点に向かって進行中、たまたま、枯れたヤムイモの蔓が道端にでも見つかると、皆、途端に立ち止まって、蔓を手繰り、芋を掘り探しはじめる。ときには、このような仕事に一日が費やされ、狩猟採集という最初の目的がすっかり忘れ去られることもある。こうした臨機応変の態度は狩猟採集民の「機会主義（opportunism）」といわれてきた。以下は、ラノにおけるフィールドノートからの抜粋である。

村人が何人か休んでいるところへアイル・カラから来た華人が現われた。彼はカエルが買いたいと村人に言った。カエルの大きさにかかわらず、一キロ一二リンギットで、何匹でも、捕ってきただけ買うと言った。フシンは、家族のことを相談するために弟がタワイから着いたばかりで、自分も昼寝から起きたばかりだったのに、カエルの話をきくとすぐに、カエル捕りの道具を集めに家に帰った。道具は大きな懐中電灯、掬い網、荷袋、パラン、煙草。家から飛びだそうとするところへ、カシムが自分の荷袋を担いで現われた。カシムの傍を通り過ぎながら、フシンは、「ビスと一緒にカエル捕りに行く」と言った。彼が行った後、カシムは、「フシンが家族の相談をしたいからと頼んだから来たんだが、あいつは俺がタワイに明日帰らねばならぬことを知っているはずだ。それなのに、カエル捕りに行く。俺は今日、まだ何も食べていないんだ」と言った。ジャミルもその日の彼のプランを変えてカエル探しに出かけた。ジャミルは今晩私と一緒に言語の仕事をすることになっていたが、今は彼も行ってしまった。全部で六人の男たちがカエル探しのために急いで行き去った。二人組みの男たちが、それぞれ、別々に出かけていった。(Dallos 2003: 68)

一定の目的にとらわれることなく、機会が生じたら、それを逃さず、他の仕事をさしおいてでも追求するという生き方は、農耕に携わらず、環境が多種多様な熱帯雨林で生計を立てる人びとにとっては、欠かせないものである。将来の見通しも立てられない日々の生活、例えば、作物を生育させるというような、事象を創生する生き方と異なり、ものごとが予告なく目前に現われるのに応じて行動する狩猟採集民の生き方では、計画にとらわれない柔軟性が要請される。

「機会主義」は狩猟採集民の社会関係にも現われる。彼らの基礎集団は核家族である。いわゆるバンドは核家族の任意的集まりであり、その構成は核家族の離合集散によってつねに変化している。核家族自体、離婚・死別により崩壊する。彼らが好んで口にする言葉は「スカ・サマ・スカ（好きなもの同士）」、おたがいに好きになった人同士は、ときには身勝手な振舞いをしても制止できないという。この「個人主義」、個人の自律性（individual autonomy）を尊ぶ生き方は「機会主義」とともに、ときには自然または人為の災害による民族破滅の危険から狩猟採集民を守ることもある。

小数の核家族からなるバンドとして、一定地点に集中せず、つねに放浪する狩猟採集民は、疫病などに襲われても、若干は病に倒れる者もいるであろうが、民族全員が滅びる確率は、村に住むセノイ族に較べ、少ない。同様のことが、奴隷狩りの被害についてもいわれている。奴隷制は一八八三年に、時の英国植民政府により、公式には廃止されたが、実際には一九二〇年代まで続いたといわれている。これら奴隷の大多数は森林に住むセノイやセマン諸族であったが、後者は前者に較べ奴隷になった者が少なかったといわれている。これもまた、狩猟採集民の地域的分散と放浪（nomadism）によると解釈されている。

こうした傾向は交易にも適応している。マレー農民との交易は狩猟採集民のバンドのような集団が単位となって行われたのではなく、つねに個人的な、その場限りの相互理解に基づいており、その限り不規則で、予見できない関係として成り立つことが多い。例えば、狩猟民が香木の断片を偶然に見つけて、知り合いのマレー人の村に行き、売りつけようとする。逆に、マレー人が、妻の不妊を治す薬剤の採集を頼む。こうした関係は、双方が組織的に、一定の時間と場所を決めて行うのではなく、必要に応じて、個人的に行われる関係である。確とした約束もないため、交易関係が結ばれずに不発に終わることもある。また、いわゆる「沈黙交易（silent trade）」は交易当事者が面と向かって会うことさえない。狩猟民が森の産物を一定の場所において、交易する農民が現われ、それを持ち去るのを待ち、その後しばらくして、農民がお返しともいえるような、村からの産物を同じ場所において、狩猟民が持ち去るという仕組みだった。「沈黙交易」は狩猟採集民が奴隷狩りを怖れて、マレー農民との直接の接触を避けるために行われたといわれるが、交易関係の不確定・不安定な側面はここにも見られる。

交易が、個人間の、その場限りの関係だということは、交易を組織して一定の統制下におくような権力が欠如していることを示している。市場経済は市場の秩序を維持する政治権力を前提している。狩猟採集民の交易は市場交換ではないから、政治権力の存在は不要である。狩猟採集民社会は「個人主義」の社会で、政治的強制のない社会である。そこでは社会成員が社会内外に構成された権力に強いられて協働するようなことはない。狩猟採集民社会の首長は年齢・経験を積んで、その智恵と理解ゆえに、成員から慕われ、その意見を求められるという人格者である。種族の伝統にくわしく、しばしば伝統医療者として活躍する。現在、定住化した多くの狩猟採集民社会にみられる首長は、居留地を経営する政府が外から導入した制度によるもので、居留民の尊敬の的とはいえないのが実情である。

政治的強制の欠けた社会での交易には、交易の機会をめぐり、周囲の人に知られないように行動する傾向がある。交易の対象となる事物は大半が小規模な、森の中で採集可能なものである。薬剤・香木断片、野生のラン、動物では、カメ・カエル・サルなどその捕獲にあたり共同作業が不要な小動物類だ。個人的な企画で充分な作業は、特に、森の貴重品採集の場合、他人に知られればせっかくの意図が損なわれる危険がある。そこで、人びとは自分たちの交易関係を「秘密裡」に行うという傾向がみられぬこともない。概して、狩猟採集民のみならず東南アジア原住民族では、企図したことを未然に人に知らせると失敗するという考えがあることは広く知られている（Rousseau 1998）。狩猟採集民がお互いの経験を話しあい、分かちあうことがないというのではない。それどころか、猟から帰った人びとはキャンプの小屋の焚き火を囲んで、その日の知見をバンド成員たちと交換する。しかし、そうした過去の経験は話してもよいが、将来の計画について訊ねることは、ラノなどでは禁じられている。

狩猟を小動物に限れば協働が不要だということは、狩猟動物の交易が個人的活動であると同時に、狩猟採集民の社会構造が個人主義を前提としていることから、大動物の捕獲に必要な協力ができないからでもある。狩猟採集民はゾウ、マレーサイ、クマなどには手を出さないが、焼畑農耕民のテミアは象狩りをする協同組織をもっている。

四　狩猟採集と農耕

狩猟採集民の交易に注目して、彼らを「商業狩猟採集民」と呼んだ学者もいる。そのひとり、ヘッドランドは次のように、「商業狩猟採集民」を特徴づけている。

第一に、共生の関係〔……〕第二、時折の散漫な農耕または放牧。第三、狩猟採集民が消費する大部分の植物性食餌は野生ではなく耕作されたもの、その大部分が自分たちの耕地からではなく、交易によって得られたもの。第四、狩猟採集民は農耕民への発展に成功することはない。第五、これらの『商業狩猟採集民』社会は政府の度重なる定住化政策の的であったが、おおかたは失敗している。〔……〕最後に、第六の特徴は多数をしめる農耕民は狩猟採集民が自分たちで農耕を採用する試みを阻止するのが普通である。(Headland 1986: 406)

狩猟採集民が、時折ではあるが、稲作、バナナ・パパイヤなどの果樹の植付けをすることはよく知られている。ただしこの耕作がどの程度、成員の生活に貢献しているかについては多くの疑問がある。狩猟採集民は植付けから収穫まで、時間をかけて結果を待つことはしない。「我々の祖先の時代には、皆持ち物はあまりなかった。植えた後で、収穫したい分だけとり、あとは畑に残したままにしたものだ」とラノは言う。彼らの耕作は散漫で、しばしば収穫を待たずに、作物を放棄して移動する。生計への貢献は疑問視されながらも、農耕を狩猟採集とともに、彼らの生計技術のひとつと考え、こうした経済活動を、東南アジア狩猟採集民の混合経済(mixed economy)と呼ぶ学者もいる。散漫で「機会主義的」な農耕は、水稲農耕民のマレー人や焼畑耕作民のセノイ人とでは重要な違いがある。それは狩猟採集民は耕作のための共同労働をしないということである。ここでも、「個人主義」的傾向が顕著だ。バンド社会の中で、耕作のために開墾する者、しない者。夫婦同士で助け合いながら働くかと思うと、女手ひとつで果樹の手入れをする人。朝から働く人と、夕方になって畑仕事に出かける人、まちまちな耕作活動が狩猟採集民の特徴のようである。

　こうした耕作活動を考慮して、狩猟採集民経済を、「混合経済」とするには、混合しているとされる農耕があまりに脆弱な存在だとしか考えられない（写真3）。それではなぜ彼らは耕作を断念して、狩猟採集に専念しないのか。これは、現在点では回答困難な問題である。既述の如く、東南アジアの狩猟採集民を先史時代の混合経済から「再分化」したと考えるならば、その分化が不完全な故に、効率の悪い農耕がいまだに試みられているといえるかもしれない。これに反して、狩猟採集民は、本心は定住した農耕民に変容したいのだが、さまざまな外的要因によって、その願いが叶えられずにおり、その結果が惨めな農耕なのだという解釈もできる。ラノは、現在のテミアのように、かつては焼畑で陸稲を栽培していたが、交易活動が盛んになるにつれて、採集交易に分化していったのであって、現在の農耕活動はマレーシア独立後の政情不安定のなかでの政策として定住させられた結果であり、フィックスがいうように（Fix 2002）、狩猟採集から農耕に変容したものではない。ラノが定住した現在の居留地での陸稲栽培は、彼らが米食の美味を忘れられ

写真3　キンタクの陸稲の刈入れ。ペラック州ウルペラック地区、1972年　A.R. Walker 撮影。

ぬゆえに始めたが、同時に、居留地のある土地の公私機関による押収から守るためであるという。ラノのケースはマレー半島の他の狩猟民にも適応できそうだ。交易に従事するために、農耕は放棄されたが、農作物はマレー人との交易で得られる。国際貿易の要件といわれる「比較的利益（comparative advantage）」の理論を考えると、非効率な農耕をラノ自ら行うよりも、それを専業としているマレー人に任せて、自らは森林産物の採集に従事する方が、狩猟民・農耕民両者に有益な関係だといえよう。

こうした互恵的な関係をピーターソンはルソン島北東海岸に住む狩猟採集民のアグタと彼らの隣人である農民とのあいだの交換について例証しようとした（Peterson 1978a; 1978b）。ここでは、狩猟採集民の狩猟による動物タンパク質の供給に対して、農耕民が米を交換する。こうした関係のほかに、狩猟採集民は農耕作業に雇用され、低い賃金で働いている。狩猟採集民は自らも森を切り開いて、原始的な耕作をするが、農耕民に脅迫されて収穫前に耕地を放棄する。放棄された耕地は農耕民のものとなる。こうした搾取関係を考慮すると、関係は決して互恵的ではない（Headland 1978）。この例のように、狩猟採集民と農耕民の交易を考える場合、交換関係ばかりでなく、両者を含む、全体的な体系を前提して考慮する必要がある。

五　狩猟採集民の交易と分配

狩猟採集民が農耕になじまない傾向はウッドバーンによって、彼らの「即席報酬（immediate

return)」の生活原理として、農耕に典型的にみられる「遅延報酬（delayed return)」の原理とは背反する原理で暮らしているとされる（Woodburn 1980; 1983)。農耕民は耕作・植付けの農作業の後で、作物が実り、収穫するまでの農閑期を、時間をかけて待たねばならない。即席報酬の経済では、食物その他の資源の獲得とその消費の間に、農耕のような時間的な遅延はない。遅延報酬経済では土地・道具などの生産手段の有無によって不平等が生じるが、即席報酬を求める狩猟採集民は採集物にしても、長い間貯えておこうとしない。干した猿の焼肉を除けば、食糧貯蔵の技術はない。モノは消費するためにあり、蓄積のためにあるのではない。自然の恵みを頼りにして、作物や動物を将来の生産資本として保有することはない。「私有財産」という発想はない。狩猟・採集の基地としての土地は、民族としても、バンドとしても、占有の対象にはならない。狩猟採集活動は人びとに土地の特徴——動物・植物の分布、地形・地質、河川の位置——をくわしく記憶させる。国家の有事には、こうした知識を公的機関をとおして強制的に動員させられることもある。「森の人」として、狩猟採集民は自分たちの文化遺産として、こうした知識を保有している。このような土地と密接した生活をしながらも、狩猟採集民のどの集団も、その土地と自然を自分たちの所有として、排他的に支配しようとしない。「所有権」という考えは狩猟採集民社会にはない。にもかかわらず、狩猟採集民とのあいだに軋轢を起こすのは、こうした考えをもった集団・機関が狩猟採集民の伝統的活動を排除しようとするからである。「所有権」、実際に使ってもいないのに、使おうとする者を排除しようという権利は狩猟採集民には不可解である。即席報酬の世界では、「持てる者」と「持たざる者」の区別はない。「持てる者」は「持たざる者」からの要求を拒むことはできない。食物であれ、道具であれ、お互いに分け合うのが道義である。狩猟の獲物、採集したヤムイモ、タピオカなどは、持ち帰って、相手に恩を着せるという目論見なしに分かち合う。分配の道義は家族内・家族間と、微妙な差異があり、また、分配する材料が限られている場合の分配の優先順位など、複雑な考慮が必要とされるが、その考慮の要件に、材料を分配せずに、蓄えることは含まれない。狩猟採集民のこうした特徴は「平等主義」として捉えられる。

「個人主義」や「機会主義」と異なり、「平等主義」は狩猟採集民の交易に関係がないように思われる。交易は、その場での物々交換でもない限り、交換物の見返りの獲得には余裕をみなければならない。契約とはいえぬまでも、口約束で森林産物を採集し、依頼をした相手に持参しても、相手が不在であったり、居てもその場に交換の見返りとなるものを持っていなかったりで、交換・交易の終結には時間がかかる。こうした事情から、交易は「遅延報酬」の原理に従うと解釈せねばならない。とすれば、「即席報酬」の狩猟採集民社会には、交易はないはずである。さらに、もし狩猟採集民が交易に従事するならば、彼らは「遅延報酬」の原理に従っているはずだから、彼らのあいだには、「平等主義」はあてはまらぬはずである。

最近は森林産物の商品化によって、仲買人が、狩猟採集民個人でなく、集団を単位に、賃労働的な形での労働契約を結ぶケースが広がっているが、伝統的な交易は、個人単位で知り合いの農耕民との相互理解のうえ、口約束で行われた。「交易」によって、余剰利益を獲得するという考慮はない。交易の頻度も限られていた。交易で得られたものは金属性道具、タバコ、袋詰の米、最近では、現金である。小規模とはいいながら、時には交易の報酬はその場で消費できぬものがある。ことに、金属製の道具類は持ち主の知られている所持品となる。ここで注意すべきは、交易で得られた道具やラジオのような耐久消費物は、個人主義の原理に従い、個人の所持品となることである。こうした事情が、交易が「遅延報酬」として、交易に成功した人びとを社会の中で際立たせ、彼らに地位や権力を付与する契機となる。このように、交易と「平等主義」は相容れない。にもかかわらず、交易に携わっている東南アジア狩猟採集民社会には「平等主義」が普及し、守られている。

この問題を解く手がかりは、狩猟採集民社会で、おそらく最も重要な価値、「分け合い（sharing）」である。「分け合い」の原理は互恵性（reciprocity）や、国税のように、政府のような、ある機関に集中的に集められた資財が、その機関の成員の福祉のために結ばれる再分配（redistribution）とも異なる。「分け合い」には返礼の期待はない。「分け合った」成員が仲間から賞賛されたり、高い地位を付与されたりはしない。よくいわれることだが、「分け合い」「ありがとう」という挨拶は他人めいて、狩猟採集民社会のなかでは、ほとんど使われることがない。狩猟採集民の語彙にはこの言葉がないので、「ありがとう」というときはマレー語（terimah kasih）を使う。「分け合う」個人に、目に見える利益がないのに、なぜ自分の努力・苦労で得た獲物を分けてしまうのか。「分け合い」を「即席報酬」社会の原則とするウッドバーンは、「分け合う」個人にとって、「分け合う」行為そのものよりも、「分け合う」モノを独力で、自己の技と知恵によって、勝ち取ったという満足感が動機なのだという（Woodburn 1998: 60）。さらに、この原則は食料分配の規制が目的ではなく、狩猟採集民社会に不平等の発生を防ぐという政治的な目的をもつものであるという（Woodburn 1998: 50, 61）。

この原則が守られている社会に、交易の成果が持ちこまれると、結果はどうなるか。まず、交易者がたとえ多量の食料を得たとしても、分け合いによって、徐々に消費されてしまう。狩猟採集民の住むキャンプには、人の目につかぬように、物を隠す場所はない。「分け合う」ことなく独り占めすれば、仲間はずれにされる。所有主が知られていないわけではない。しかし、所有主も「分け合い」を頼まれれば断れないのが実情である。道具の貸し借りも頻繁に行われる。この場合も、道具の所有主は知られており、借りたければ、所有主に言葉をかける。窃盗という概念はない。物持ちか否かということは話の種にもならない。物持ちになったとしても、所有物に対する他人の借用・使用依頼を断れない以上、物持ちになろうという誘因が消えてしまう。発展途上国の文化についてしばしばいわれる「低い願望水準（low level of aspiration）」が、平等主義の普遍している狩猟採集民社会の特徴でもある。個人的な交易は、時折、思いがけない報酬をもたらすが、その報酬を固持して、将来の交易の拡張にそなえるという仕組みはみられない。概して、近年は森林産物の商品化によって、仲買人から前払いの報酬を受け取り、その後採集した産物を引き渡すという形での「交易」が一般化しているが、これは「交易」よりも賃労働の一形態として捉えたほうが適当である。こうした関係に転落した狩猟採集民は、前払いされた金額を稼ぐために、仲買人に縛られて働きつづける。経済発展の挙句、森林資源が剥奪され、自給自足の生活がほとんど不可能になった現在、多くの狩猟採集民は、こうした賃労働者として搾取されている（Endicott 2002: 7）。

六　狩猟採集民の交易と「修正主義」

南アジア、東南アジアには、旧石器時代に活躍したナウマン象、マンモス象を相手にした狩猟民文化の後継者と思われるような人びと、アフリカ・カラハリ砂漠のサン、オーストラリア草原地帯のオーストラリア原住民のような純粋な狩猟採集民文化はみられない。むしろ、農耕・狩猟・採集・漁撈が未分化の社会から狩猟採集に専門化した社会文化体系が、この地域の狩猟採集民であるという議論が、今から二十年前、ドイツで開かれた第三回狩猟採集民国際会議で唱えられはじめた（Schrire 1984）。

この議論によれば、狩猟採集民社会は近隣の他民族から孤立した、自給自足の社会ではないとされる。この議論は伝統的な狩猟採集民社会の解釈に対する「修正主義（revisionism）」として知られている（池谷 二〇〇二：三）。すでに、一九一五年発行の著作のなかで、ホッブハウスらは、マレー半島やインドにみられる「狩猟採集民の経済生活が定住村落と密接に結びついて、時折、余剰産物を村民と交換したり、ときには賃労働をしたりもする」人びとを「従属狩猟民（dependent hunters）」と呼んで（Hobhouse *et al.* 1915/30: 299）、純粋な「狩猟採集民」と区別している。「修正主義」もこの従属性を指摘する。しかしながら、農耕民との交易に従事する狩猟採集民は、食料、その他の面で、必ずしも農耕民に依存しない。交易で得た米を主食とすることは、それ以外の炭水化物（例えばタピオカ）を利用しないことを意味しない。一般に、「主食」を含めて、狩猟採集民の食材は農耕民に較べはるかに多様性に富んでいる。農耕民の食材の制限は、しばしば、宗教上の禁忌によるとされるが、宗教的考慮は狩猟採集民も守っている。また、くり返すが、少数の集団で、広大な森林に広く分散して生活する狩猟採集民は飢饉や疫病のような、地域的に限られた危機に晒されて、民族全体が滅びるという運命にあうこともなく、生き残ることができるのである。アフリカ・コンゴの密林では、飢饉に苦しむ農民が、森に住む狩猟採集民ピグミーに助けを請うことが知られている。東南アジアの狩猟民の交易は経済的需要を自らの生産活動によらず、他民族、他文化に委ねた結果である。農耕民が狩猟民から得る産物は、農耕民が信じる文化的障壁——狩猟民の「森の人」としての神秘的力——を迷信として無視すれば、労働を厭わない限り、農耕民自身で容易に得られるものである。

実際、こうした変化が伝統的な狩猟民・農耕民関係を破壊しつつある。一九八一年に、マレーシア議会は、農村開発のためケダ経済発展局を設立した。この機関の目的の一つは、マレー農民に森林資源利用、特に、籐（ラタン［*Calamus* spp.］）採集の機会を与えることである（写真4）。これまでは、マレー・華人個人が森林局から許可を得て、許可を得た者が原住民のオラン・アスリを雇用して、籐を採集し、採集された籐を地方の民営籐工場で処理していた。しかし、ケダ経済発展局の籐採集への参入で、個人による許可入手が困難となり、ほとんどの仲買人が籐採集から手を引くことになった。籐工場も、所有主が華人の場合、政府のマレー企業支持政策のあおりをこうむって、原料の籐を得ることが困難となり、籐をインドネシアから輸入して経営を続けねばならなかった。籐採集がマレー人に独占された結果、オラン・アスリはそれまで働いていた森から離れて、さらに遠いところで働く仲買人に頼むか、森の仕事を断念せねばならなくなった。この事態を若いオラン・アスリは、彼ら種族の印（cok meni, Nagata 1971: 6: 56, 59, 61）としての活動をマレー人が奪っていく、民族の抑圧だといっている。マレー人はすでに水田や家畜、果樹園を持っているのだから、森林での籐の採集はオラン・アスリに任せるべきだと憤慨している（Nagata 1997: 23）。

そのような破壊がこれまでみられず、狩猟採集民が彼らの生活様式を基本的に変えることなく今日まで、農耕社会の間隙に存続してきたことは、技術の後進性以上に、両者が民族性に基づいた文化の違いを認めあい、共生してきたためと考えられる。物理的な力では農耕民にはるかに劣る狩猟採集民が先史以来、農耕民社会に吸収されることなく生存してきたのは、両者の「交易」関係が民族性を媒介にしていたからだと考えられる。

修正主義が、狩猟民が農耕社会に圧迫されて、不本意ながら交易を始めたとするのは双方の補完的需要、それにも増して重要な双方の世界観を軽視する危険がある。交易は、狩猟採集民の民族同一性を示す。東南アジア狩猟採集民の他民族との共生を示したのは修正主義の重要な貢献だが、それを「共生」とはみずに、農耕社会の要請から二次的に派生したとの見解には賛同できない。

写真４　ケンシュウの籐採集。ケダ州ブリング地区、1986 年撮影。

世界経済の発展は生産手段の飛躍的進歩と生産関係の地球的規模への展開だといえよう。そのあらわれとしての交易はグローバル化した世界のすみずみに浸透している。この驚異的世界史の発端ともいえる狩猟採集民と農耕社会の交易は異なる民族文化を土台として行われた。異なる民族が棲み分けをした結果、それぞれ異なる産物を生産するようになり、それらを交換したのが狩猟民と農耕社会の交易だった。民族・種族分業が交易をうながす契機だった。このように、経済が文化に規定されるのは前資本主義経済の一大特徴である。

資本主義経済の発展は地域・文化の枠を越えて、世界にまたがる、一元化された市場を形成しつつある。生産も交易・貿易も抽象的な数字で計る「利益」一辺倒になり終わっている。文化の魅惑から解放された（entzaubern）交易は文化の多様性を否定し、世界をマクドナルド／コカコーラ一色で塗りつぶそうとしている。狩猟民・農耕民の交易は、異文化を尊び、その産物を異文化の業績・象徴として味わい、共に生きる多文化世界のあり方を我々に呈示しているのではないだろうか。

参考文献

池谷和信　二〇〇二　『国家のなかでの狩猟採集民――カラハリ・サンにおける生業活動の歴史民族誌』国立民族学博物館叢書4、大阪：国立民族学博物館。

Dallos, C. 2003. *Identity and Opportunity: Asymmetrical Household Integration among the Lanoh, Newly Sedentary Hunter-Gatherers and Forest Collectors of Peninsular Malaysia.* unpublished Ph. D. dissertation. Dept of Anthropology, McGill University.

Endicott, K. M. 2000. Introduction. In R. B. Lee and R. H. Daly (eds.), *The Cambridge Encyclopedia of*

Hunters and Gatherers. Cambridge: Cambridge University Press.

Evans, I. H. N. 1937. *The Negritos of Malaya*. Cambridge: Cambridge University Press (reprinted by Frank Cass, London, 1967).

Fix, A. 2002. Foragers, Farmers and Traders in the Malayan Peninsula: Origins of Cultural and Biological Diversity. In K. D. Morrison and L. L. Junker (eds.) *Forager-Traders in South and Southeast Asia: Long-Term Histories*. Cambridge: Cambridge University Press.

Headland, T. N. 1978. Cultural Ecology, Ethnicity, and the Negrito of Northeastern Luzon (a review article). *Asian Perspective* 21: 129-39.

———. 1986. *Why Foragers do not Become Farmers: A Historical Study of a Changing Ecosystem and Its Effects on a Negrito Hunter-Gatherer Group in the Philippines*. unpublished Ph. D. dissertation. Dept. of Anthropology, University of Hawaii.

Hobhouse, L. T., G. C. Wheeler and M. Ginsberg. 1945/30. *The Material Culture and Social Institutions of the Simpler Peoples: An Essay in Correlation*. London: Chapman.

Junker, L. L. 2002. Introduction: Part II. Southeast Asia. In K. D. Morrison and J. L. Junker (eds.) *Forager-Traders in South and Southeast Asia*. Cambridge: Cambridge University Press.

Morrison, K. D. 2002. Pepper on the Hills: Upland-Lowland Exchange and Intensification of the Spice Trade. In K. D. Morrison and J. L. Junker (eds.) *Forager-Traders in South and Southeast Asia*. Cambridge: Cambridge University Press.

Nagata, S. 1971. Field Notes 1971.

———. 1997. Working for Money among the Orang Asli in Kedah, Malaysia. *Contributions to Southeast Asian Ethnography* 11: 13-31.

Peterson, J. T. 1978a. *The Ecology of Social Boundaries: Agta Foragers of the Philippines*. Urbana: University of Illinois Press.

Peterson, J. T. 1978b. Hunter-Gatherer/Farmer Exchange. *American Anthropologist* 80: 335-51.

Rousseau, J. 1998. *Kayan Religion: Ritua Life and Religious Reform in Central Borneo*. Leiden: KITLV Press.

Schrire, C., ed. 1984. *Past and Present in Hunter Gatherer Studies* (Selections from the Proceedings of the 3rd International Conference on Hunter-Gatherers, held in Bad Homburg, Federal Republic of Germany, June 13-16, 1983). Orlando, Florida: Am̄ademic Press.

Woodburn, J. 1980. Hunters and Gatherers Today and Reconstruction of the Last. In A. Gellner (ed.) *Soviet and Western Anthropology*. London: Duckworth.

———. 1982. Egalitarian societies. *Man* 17(3): 431-51.

———. 1998. Sharing is not a Form of Exchange: An Analysis of Property-Sharing in Immediate-Return Hunter-Gatherer Sociegties. In C. M. Hann (ed.) *Property-Relations: Renewing Anthropological Tradition*. Cambridge: Cambridge University Press.

第二部　変わりつつある森の民

変貌する森林と野鶏
——中国雲南省・ラオスの少数民族

秋道智彌

一　アジア・モンスーン林の人間と野鶏

中国西南部の雲南省からラオス、ミャンマー、タイの低地から山地にかけては、常緑樹・落葉広葉樹からなる亜熱帯モンスーン林が広がっている。これらの地域は海抜高度がほぼ五〇〇〜二〇〇〇メートル帯にあり、ここには多くの少数民族が村落を基盤として分散居住している。人びとは河川沿いの盆地から山地にいたる環境勾配に応じて、水田・焼畑農耕と森林における狩猟・採集、河川漁撈を組み合わせた多様な生業活動を営んできた（図1）。

しかし、人びとの生活や環境利用のあり方は、単に環境条件だけに適応して形成されてきたのではない。じっさい、前世紀中葉から今世紀にいたる過去五〇〜六〇年間に、この地域の政治・経済・社会は特に大きな激動期を経てきたのであり、インドシナ戦争・ベトナム戦争、民族移動と民族間のあつれき、国家政策のゆらぎ、グローバル経済の浸透などを通じて、地域住民と自然環境の関わり方はさまざまな変容をとげてきた。

森林についてみれば、商業的なロギングによる森林の減少、商品作物栽培による休閑地の短縮、野生動物の密猟と違法な商取引の蔓延など、そこに棲息する生物を含め、森林環境の劣化が相当に進行

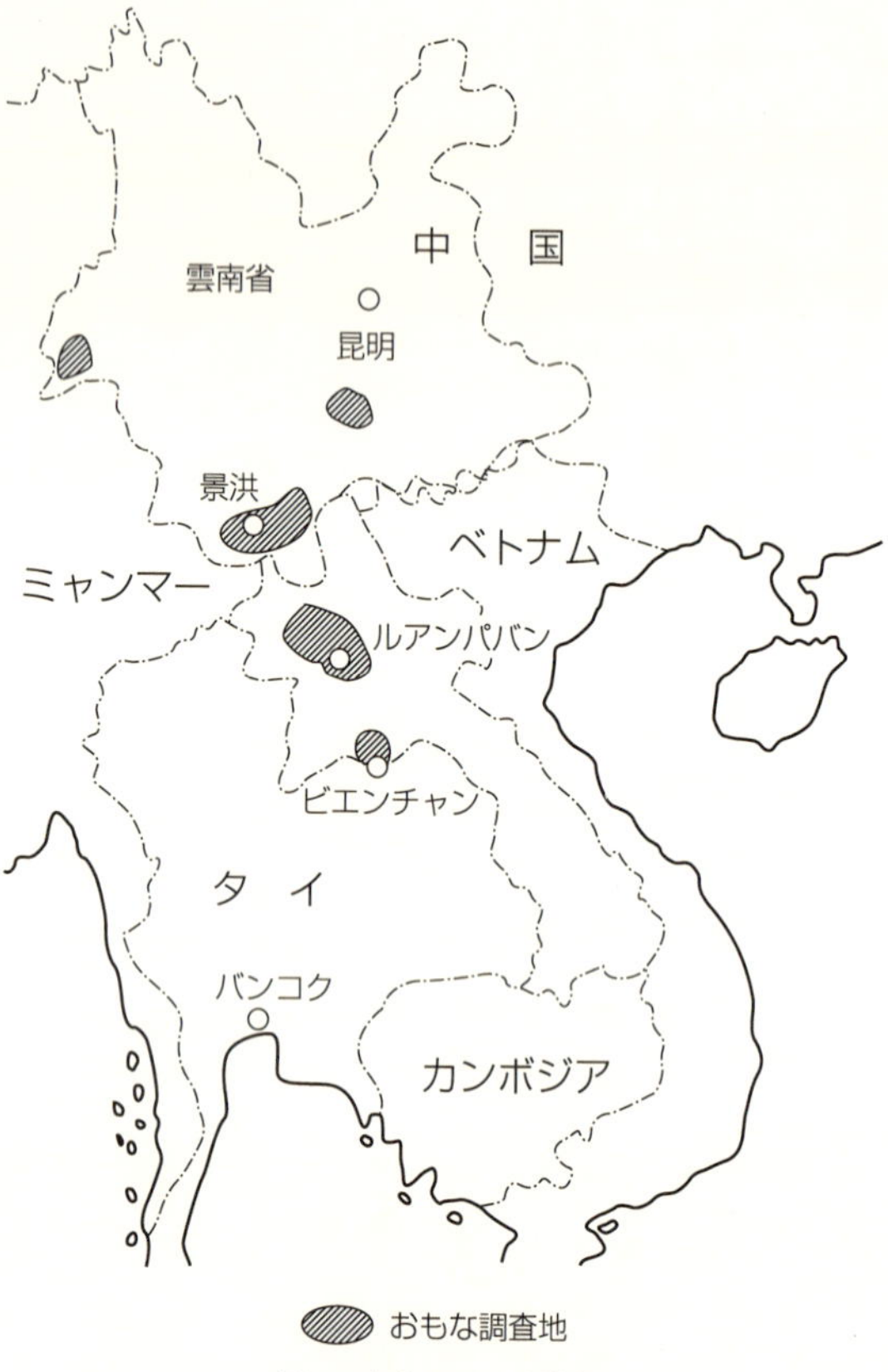

図１　東南アジア大陸部

してきた。その反動として、国立公園や自然保護区の制定、野生動物の狩猟禁止など、自然保護重視の政策が国家により進められるようになった。こうした傾向は、程度や内容、政策実施時期の差こそあれ、本地域において共通して認めることができる。そのなかで、地域住民が従来から育んできた森林や野生動物との関わり方も変質してきた。狩猟や焼畑の禁止、自然保護区への立ち入り禁止などの措置によって、地域住民と森林との関わりが希薄化するようになったのである。以上のような現状をふまえ、本論では当該地域における野生動物と地域住民との関わりを、野鶏の狩猟や利用を事例としてとりあげたい。

なぜ、野鶏なのか。動物地理学的に東洋区・インドシナ亜区に属するアジアの亜熱帯モンスーン林には多種類の野生動物が棲息している。これらの動物は、地域住民により自給用のタンパク源としてだけでなく、地域内外における交易品の原料として狩猟・採集の対象とされてきた。ラオスにおける調査によると、キョン、野ブタ、リス、ジャコウネコ、シカ類、大トカゲ、野鶏、サルなどが主要な食料源として利用されてきた(Duckworth *et al.* 2000)。中国西双版納《シーシュワンバンナ》のチノー族の調査でも、キョン、リス、ハクビシン、野鶏、イノシシなどが主要な狩猟対象とされており、ラオスの例と共通する点で興味がある(阿部 二〇〇二)。また、湿地や河川流域では、魚類や貝類、カメなどの水生動物が食料源として重要である。

これに対して、商業的ないし交易品となる野生動物としては、ゾウ(象牙)、トラ(毛皮と歯)、サイ(犀角)、センザンコウ(皮)、マレーグマ(熊胆)、クジャク(羽根)、ハコガメ(肉)などを筆頭に、多くの動物が医薬品、毛皮、食料、装飾品として捕獲されてきた。これらの野生動物の多くが乱獲や

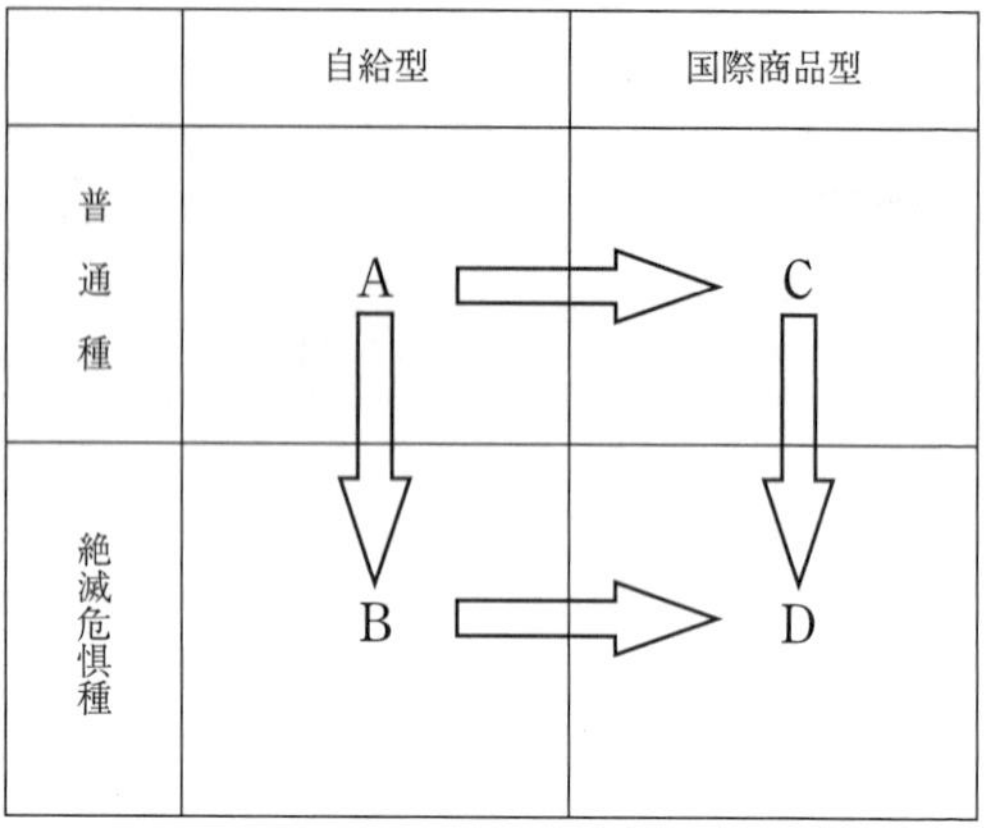

図2　西双版納における野生動物の類型
——経済性と生態

密猟により激減し、あるいは棲息地環境の劣化・減少により、現在、絶滅が危惧される状態にある(Donovan 2003)。メコン河のカワゴンドウやメコンオオナマズも、混獲や乱獲により絶滅の危機に瀕している。

いっぽう、ブタ、ニワトリ(家鶏)、イヌ、水牛、ウシ、アヒルなどが家畜・家禽として飼育されているが、これらの動物は儀礼の際の食料として、あるいは狩猟犬、農耕や運搬用の役畜としての役割を果たしてきた。日常の食料としては狩猟により獲得される野生動物の比重が依然として高い。

図2に示したように、野生動物は大きく、経済的な側面から、村や共同体あるいは周辺地域で消費される動物群(自給型)と、外部社会向けの商品(国際商品型)に、また生態学的な側面からは、普通種と絶滅危惧種ないし希少種に大別することができる。

中国雲南省西双版納を事例としてみると、タケネズミ(*Rhizomys pruinosus*)は自給用の食料として、さらにはチノー族からタイ族への贈答品として狩猟の対象とされてきた(図2のA)(写真1)。トラ、ゾウなどは象牙や薬、毛皮用の国際商品として乱獲され、絶滅が危惧される状態にある(図2

のD)(鄧　一九九七)。西双版納において一九九〇年代に流行したチョウ採集活動は、普通種であるチョウが国際商品化した例である(図2のC)(野中・秋道　二〇〇〇:秋道　二〇〇一b)。野鶏は比較的人間の居住地に近い森林辺縁部に棲息し、焼畑で索餌することもある「なじみのある」野生動物である。しかし同時に、中国では同じキジ科の鳥類である緑孔雀、孔雀雉、白腹錦鶏などとともに狩猟により減少し、国家一級、ないし二級の保護動物となっている(図2のB)(王　一九九七:徐主編　一九九九)。

B、C、Dのグループには、地域内で自給用に利用されてきたAのグループからさまざまな要因で移行した動物が含まれていることに注意しておこう。

写真1　タケネズミ(ラオス北部)

地域内で乱獲されたり、地域を越えて商取引の対象とされることにより絶滅が危惧される状態にいたる場合が想定されるからである。チョウの場合のように、地域で利用されなかった野生動物がいきなり国際商品(C)になることもある。乱獲によりCからDにいたるシナリオは多くの絶滅危惧種で知られている。だが、野鶏は少なくとも国際的な商品となるものではない。地域住民と野生動物の関わりを考えるうえでは、人間の生活となじみ深い存在であり、しかも希少種としての特異な例である(Akimichi, Akishinomiya and Komiyama 2000)。以下の章では東南アジアの中国、ラオス、タイなどに棲息する赤色野鶏（以下、野鶏と称する）に焦点を絞り、これまで行ってきた野外調査をもとにして人間と野鶏の関わりについてとりあげたい。

二　調査地と少数民族におけるニワトリの位置

東南アジア大陸部のなかで主要な調査対象とした地域と期間は、中国雲南省西双版納タイ族自治州（一九九八年八月、一九九九年六月、二〇〇〇年四月、八月、二〇〇一年四〜五月）、ラオス国中部のビエンチャン市および北部のルアンパバン市周辺、ウドムサイ県（二〇〇一年一月、八月）である。補助的な資料を得た地域は、中国雲南省徳宏県タイ族・ジンポー族自治州、玉渓市、元江県新平（二〇〇〇年四月）などである。

少数民族とニワトリ

調査を行った民族は、白モン族、青モン族（モン＝クメール語族）、チノー族、ハニ（タイではアカ族）、プーラン族、ラフ族、カレン族（チベット＝ビルマ語族）、タイ・ルー族（中国では水タイ）、漢タイ族（旱タイ）、花腰タイ族、カムー族（以上、タイ＝カダイ語族）である。このうち、タイ＝カダイ語族系の諸民族は主に水田稲作農耕と水田漁撈を行い、その他の民族は水田農耕や焼畑農耕と狩猟・採集を中心とした生業を営んでいる。さらに、家畜（家禽）として、ブタ、イヌ、ニワトリ、アヒル、水牛、ウシなどが飼育されている。ブタやニワトリ、アヒルなどは日常・儀礼用の食物として利用される。ウシ、水牛は役畜として農耕や運搬用に使用されるとともに、儀礼における供犠獣としての利用もみられた。近年は農耕の機械化によりウシや水牛の比重が相対的に低下し、食肉として利用される傾向がある（高井　二〇〇三）。

ニワトリと少数民族との関わりを以下のようにまとめることができる。まず家禽としてのニワトリには、従来から飼育されてきた地鶏に加えて、外部の市場などを通じて導入されたさまざまな品種がある。一般に放し飼いにされ、一日に一～二回、米や籾、トウモロコシなどの餌が与えられる。

食用以外にニワトリが利用されるのは、闘鶏と占いのためである。特に雲南省西双版納の水タイ族やタイ国の低地ラオ人などは闘鶏専用のニワトリを飼育している。闘鶏用のニワトリは、体高が高く体重も三キログラム級のものが多い。闘鶏は祝祭日などのほか、日常的な博打のためにも行われる。強い闘鶏は一羽あたり数百元（タイでは数万バーツ）で取り引きされ、積極的な飼育と訓練が行われる。また、中国、タイ、ミャンマー、ベトナムでは闘鶏の品種交配が盛んである（赤木　二〇〇〇）。

占いにニワトリを使う慣行は、現在でも広くみられる（秋道　二〇〇〇ａ）。ニワトリを占い師に提供して、交友関係、旅行の是非、結婚の可否などを占う。占いには、ニワトリの頭骨、長骨、顎骨、舌骨、眼窩の骨、卵などが用いられる。占いの技法や判断の目安となる骨の特徴などは、それぞれの民族や集団によって実にさまざまである。

次節でみるように、少数民族の人びとは野鶏の狩猟を行ってきた。現在では、中国やラオスにおけるように、野生生物の狩猟に対して国家からの厳しい抑制政策がとられている。ついで、野生生物の保護政策や、国立公園の制定にともない国立公園内部から住民が強制的に撤去させられるなど、従来から住民が育んできた野鶏とのさまざまな関係は相当に制限されている。また、森林破壊の元凶であるとして伝統的な生業であった自給用の焼畑農耕が、禁止あるいは制限される一方、キャベツ、ナス、サトウキビ、トウモロコシなど（ブタの飼料用）換金用の野菜や樹木栽培（マンゴー、ロンガン、ライチ）が奨励される変化が起こっている。もともと野鶏にとって餌場であった焼畑が現在なくなりつつあるのだ。ゴムやナスは野鶏の餌とはならない。このような状況をふまえて、次節では中国雲南省、ラオスにおける少数民族と野鶏とのさまざまな関わりについて記述してみたい。

三　野鶏と少数民族

野鶏と少数民族との関わりについて、特にここでは野鶏の民俗名称とニワトリ一般、家禽としてのニワトリ（以下家鶏と称する）の名称、どのような場で住民と野鶏が具体的な関わりをもつのか、どのような方法で野鶏を捕獲するのか、野鶏の生態や行動、食性などに関して住民がどのような知識をもっているのか、さらには野鶏と住民の飼育する家鶏との交雑の有無などの点に注目した。記載は各民族集団別にまとめ、さらにそれぞれの民族集団の調査村別に述べることとする。

水タイ族

水タイ族は海抜四〇〇〜六〇〇メートル前後の低地に居住する水田稲作農耕民である。中国では雲南省西双版納タイ族自治州を中心とした盆地や河谷部に居住する。

　景洪市曼景保での調査によると、山地で野鶏を捕獲するのは繁殖期の五～六月であった。ゴム林栽培が導入される一九五八年以前にはたくさんの野鶏を捕獲することができた。また、野鶏のオスが村に来ることがあった。その場合、村で飼育する闘鶏であるカイ・トウ（kai tow）との間の交雑はなかった。野鶏を呼ぶために飼育される特別の家鶏はカイ・エン（kai yeng）と称される。カイ・エンは普通の家鶏よりも小柄で脚も短い特徴をもつ。現在は村で見ることはない。

　景洪市曼謝傣では、野鶏は餌を求めて森を動きまわる四月に最も多く獲れるという。この村では囮用のニワトリ、ガイ・タン（gai tang）を使う家が二割くらいあった。タンは「呼ぶ」という意味を表す。ただし村の畑は野鶏のいる山から遠いため、野鶏と家鶏との交雑はない。逆に野鶏と家鶏が交配すると災いが起こるともみなされていた。

　景洪市曼龍罕では、野鶏はガイ・トウン（gai toung）と呼ばれる。二～三月に周囲の山で鳴きはじめると夕方に山へ行って捕獲した。野鶏と家鶏との交配はない。もしも野鶏が村に入ると村に火事が起こるという言い伝えがある。野鶏を呼ぶための特別の家鶏をここでもガイ・タンと称する。小柄で脚が短い特徴がある。ガイ・タンを篭に入れて山にもっていき、紐につないで木の枝に乗せ、その声に誘われて接近する野鶏を銃で捕獲した。

　雲南省元江県澧江鎮大水平烏扎寨の水タイ族の村では、ニワトリ一般はガイ（gai）、野鶏はガイ・トーン（gai toong）と呼ばれる。トーンは「山林」の意味である。かつては村から八～九キロメートル離れた山林でワナや銃で捕獲したことがある。野鶏が秋に餌を求めて村に来ることがあった。春に

写真２　村の役所にある、国家第Ｉ級・第２級の保護動物のポスター（雲南省新平イ族タイ族自治県）

気候が暖かくなると山から村のほうに来ることもあった。

新平イ族タイ族自治県腰街鎮磨刀中寨社の水タイ族の村でも（写真2）、野鶏はガイ・トウン（gai toung）と呼ばれる。トウンは「野生の」という意味を表す。一〇～一二月の水稲の収穫期に山から餌を食べるためにやってくる。時間帯は夜明け前と日没時であり、昼間に水田で糞を確認して日没時に狩猟に行く。猟には銃や馬の尻尾の毛を使ったわなが利用された。また野鶏が村内に来て家鶏と一緒に寝て、朝に山に戻ることがあるという。

花腰タイ族

花腰タイ族は玉渓市、元江県、盈江県などに居住する水田稲作農耕民である。タイ・ヤー（Tai Ya）、タイ・ヌー（Tai Nu）、タイ・ツォン（Tai Zhong）などの地方名ないし下位名称がある。タイ・ヤーは元江における名称である。タイ・ツォンは由来からみて漢タイ族に近い集団とみなされていた。

元江県澧江鎮大水平村地内に住むタイ・ツォンによると、野鶏はガイ・トーン（gai toong）と呼ばれる。野鶏は三〜四月に、山の谷間にある水場近くの茂みに出現するという。また、かつて野鶏が村の家近くにやってきたことがあった。

タイ・ヤーという自称をもつ花腰タイ族の村（元江県漠沙郷龍河村）では、三〜六月に周辺の山地で野鶏（ガイ・トーン）を捕獲する。六月以降は野鶏が山奥に移動するとともに、木が茂るので見つけにくくなるともいう。漠沙川の川辺に鶏舎を作って置くと、野鶏がやってくるという。花腰タイ族のあいだでは、馬の尻尾の毛を輪状にしたくくりわなを使っていた。また銃も使用されていたが一九九九年に国家により没収された。野鶏を捕獲するのはいずれも食用とするためであった。

漢タイ族（旱タイ）

漢タイ族は盈江県下や景洪市に一部居住する水田稲作農耕民であり、漢族の文化的な影響を強く受けている。漢タイ族にはタイ・ボォー（Tai Bo）、タイ・ナー（Tai Na）、タイ・シェー（Tai She）などの名称があるがその区別は不明であった。ボォーは「泉の出る場所」の意味である。

盈江県新城二村一社における漢タイ族の調査によると、野鶏はカイ・トーン（kai toong）と称され、冬季の一一月から翌年一月まで、寒さのため林の中に集まっているところを捕獲する。特に山に近い畑をもつ村では家鶏が畑の収穫物を索餌する際に野鶏との交雑もありうると人びとは考えている。

盈江県旧城鎮下拉相村では、野鶏はガイ・トーン（gai toong）と呼ばれ、八〜九月の稲の収穫期に山麓の川沿いで獲れる。野鶏と家鶏の交雑は川沿いの村でみられるという。野鶏を呼び寄せるために飼育される特別の家鶏は、カイ・フン（kai fun）と呼ばれる。フンは「家」の意味である。カイ・フンを篭の中に入れて山に連れてゆき、鳴かせて野鶏を呼ぶのである。

チノー族

チノー族は西双版納タイ族自治州の中心地景洪の東方にある基諾山一帯に四五の集落に分かれて居住するチベット・ビルマ語族系の民族であり、焼畑農耕と狩猟・採集、家畜飼育を行っている（阿部二〇〇二）。チノー族はニワトリをヤー（ya）、野鶏をペイ・ヤー（pei ya）と称する。ペイは「野生」の意味である。野鶏は狩猟の対象であり、一二〜五月が猟期である。野鶏は焼畑の作物を食べるためにやってくる。

巴坡村では、三〜四月にイチジクの仲間の実（*Ficus* spp.）が熟する時期に野鶏が実を食べに七〜八羽の群れでやってくるという。この群れのことをペイヤー・アッチュ（peiya acchu）と呼ぶ。アッチュは「群れ」を表す。竹製の呼び笛アペイ（apei）を使うことがある（写真3）。野鶏は春先から四月くらいまでは山の下方に降りているが、五月以降になると山の上方に移動し、しかも分散する。昔は民家のある所まで来たことがあった。

九月ころの焼畑の収穫時期に陸稲を脱穀する場所にやってくる。一一〜一二月になると、森の見通しがよくなり捕まえやすい。しかも野鶏は巣からあまり動かない。夜間は、木の上の枝で寝るが、その寝場所となる木の枝は普段より低い位置にある。

巴卡老寨では四月頃に、野鶏が畑や水田にやってくる。村人は銃やくくりわなで野鶏を捕獲したという。またクワ科のムリスイ（mlisui）と呼ばれる赤い実が熟すると、その実を食べにくる。この時は山の麓や人が通る道ばたに三〇～四〇のわなを仕掛けた。今も村に野鶏がやってくることがある。囮となる家鶏は水タイ族より導入したものでガイ・タン（gai tang）と呼ばれ、かつては村にいたが、現在はいない。ガイ・タンの声は大きくない。狩猟にはガイ・タンのオスを使用した。

巴卡小寨では、野鶏を捕獲するのに銃やわなを使った。くくりわなはウォー・ツェ（wo tse）と呼ばれ、わなの輪の部分は地上から高さ一メートルくらいになるようにし、山の斜面に二〇〇～三〇〇メートルにわたって一直線にはえなわ状につける。小さな家鶏の場合は首が、大きな野鶏の場合には脚の部分がわなに引っかかる。わなをしかける時期は一一月～三月である。捕獲した野鶏は自給用の食料としたり、近くの町へキロ単価で五〇～六〇元で売られた。

写真3　野鶏をおびき寄せるための竹笛（西双版納タイ族自治州・基諾山のチノー族の村にて）

巴漂寨では、ウォ・ツェと呼ばれる竹製のくくりわなと、ス・トウ（se tou）と呼ばれるはねわなを用いたという。ウォ・ツェでは、竹の棒を地面に何本も突き刺して並べ、野鶏が通るように誘導路をつくる。ス・トウには餌となる虫を使う。スは「果実の実」、トウは「餌を食べる時のニワトリの動作」を表す。野鶏の狩猟期は七～一一月である。四月は繁殖期でよく動く。七月には群れを作って出没する。山では草の深く茂った場所に潜んでいる。野鶏のオスが村にやってきて家鶏と交雑する可能性がある。また、野鶏は実のなる木の場所に集まってくることがある。

アイニ（優尼）族（ハニの一支族）

ハニ族は山地に住むチベット・ビルマ語族に属する焼畑農耕民であり、なかには水田稲作を営む村もある。アイニ族はいくつもの支族に分かれており、おもに勐海県や雲南省東部に住む。

アイニ族は野鶏のことをガニ（ngani）と呼ぶ。野鶏猟には、銃、弩（いしゆみ）、わななどを使う。わなはセト（seto）と呼ばれ、竹の内部にいるガの幼虫やアリの幼虫を餌として使う。

勐海県南糯山半坡新寨のアイニ族の場合、ニワトリは一般にヤー（ya）と称される。野鶏はヤンニ（yan-ni）と称される。稲の収穫期の九月に野鶏をわなで獲る。畑の中の野鶏が通る道沿いにわなを仕掛ける。一人当たり一〇数個使う。銃は一九九八年の二月に没収された。銃以外には弩を使う。

同じく勐海県南糯山石頭新寨では、ニワトリは一般にヤー（ya）、飼育されているニワトリはヤチー（yachi）、野鶏はヤンニ（yanni）と呼ばれる。チーは「家」を表す。興味あることにハニ族の村むらでは、ふつう村の入り口に門がある。この村で聞いたところ、野鶏が門から村に入ると、村に火災や病気などの不幸が起こると考えられている。野鶏は自然界の霊の飼っているニワトリにほかならず、その霊が野鶏を媒介として村に災いをもたらすとみなされているのである。ただし、畑や水田に野鶏が入っても災難は生じない。野鶏は銃やわなで捕獲される。野鶏の好む餌は、陸稲やトウモロコシなどの栽培作物である。それとともに野生の果実を好む。野生の果実は、ロト・アシ（アシは果実の意味)、アペパロ・アシ、アチェ・アシ、ロピャ・アシ、ヤチ・ボトゥなどが区別されており、結実期がおおよそ決まっている。

プーラン(布朗)族

雲南省勐海県勐混郷布朗村では、ニワトリは一般にエル(el)、野鶏はエル・フィー(el phi)と称される。野鶏を捕獲するためにヘーウ(heew)と呼ばれるくくりわなが用いられる。餌として虫を使う。

低地ラオ族

ラオス北部のウドムサイ県ホーサイ村に居住する低地ラオ(Lao Lum)によると、野鶏はカイ・パー(kai pa)、家鶏はカイ・バー(kai ba)と呼ばれる。わなで捕獲した野鶏のオスと家鶏のメスを交配して、六~七月に生まれた一〇~一二個の卵のうち、一~二羽しか育たない。四~一一月に野鶏のオスの羽毛が抜けおち、鶏冠も小さくカラスのように黒くなる。一一~一二月、野鶏の羽色は美しく尾羽が長くなる。一~二月になると、羽がもっともきれいになる。この時期、野鶏は収穫後の水田や焼畑(陸稲、トウモロコシ、ゴマ)へ索餌のためにやってくる。狩猟の方法としては、エサなしでヘオ(heo)というわなを一〇~一〇〇程度しかける。見回りは毎日午前一一~一二時に行う。これ以外に、夜間、樹上で寝ている野鶏を網で捕るキョネ・カイ(kyone kai)や囮用の家鶏であるカイ・トー(kai to)のオスを使う方法がある。三つめの方法では、午前五時頃に仕掛けを設置する。囮の家鶏を

写真4　囮のニワトリを用いて、くくりわなで野鶏を捕獲する仕掛け（ラオス北部のカムー族の村にて）

紐で結び、他端には金属製の棒を地面に突き刺して固定する。この棒をラック・ロー・カイ（lak lo kai）と呼ぶ。

白モン族

ラオス北部のフーキャ村の白モン族（Mon Kao）の調査によると、野鶏を意味するカイ・コー（kai kho）はヘウ（heu）と呼ばれるわなを使用して捕獲する。囮は使用しない。果実のなる木（総称でチファカオ：chifakao）の周辺にこの装置を仕掛ける。また三～四月にはクーン（khun）と呼ばれるわなを焼畑にしかける。

カムー族

ラオス北部のウドムサイ県サマキーサイ村におけるカムー族（Kamu）によると、野鶏を捕獲するための囮の家鶏の周囲に囲い（一・六五×二・二メートル）を、中心部から約四メートルのところに円形状に竹製のわな（sum）をしかける（写真4）。合計三七のわなを一八～二〇センチ間隔に設置すると、二～三日で二、三羽の野鶏がかかる。カムー語で野鶏はイェル・ブリ（ier bri）と呼ばれる。

低地ラオ族のあいだでは、闘鶏をカイ・ティー（kai ti）。外来の家鶏をカイ・ラート（kai laat）、囮用のニワトリをカイ・トウ（kai tou）と呼び、野鶏と家鶏の交配雑種は、カイ・パー・ソート（kai pa sot）と呼ばれる。狩猟は、作物の収穫期にあたる五〜六月に野鶏が群れをなしてやってくる時期を利用して行われる。

白タイ族

ラオス中部ウドムサイ県のサムカン村の白タイ族（Tai Kao）によると、村で飼育されるメスの囮用の家鶏であるカイ・メ・バン（kai me bang）を焼畑にもっていく。一〇年くらい前までは、羽色が白以外の（kaai shua、タイ語の kai tou）を囮として利用していた。白タイ族のあいだでは野鶏はカイ・ソート（kai sot）と呼ばれる。毎年、五〜一〇月に焼畑の出小屋で生活をした。連れていく家鶏のための小屋があり、ロッカイ（rokkai）と呼ばれる。

タイ・ルー族

ラオス中部のハードコー村に居住するタイ・ルー族（Tai Lue）の場合、野鶏であるカイ・パー（kai pa）（タイ・ルー語では、カイ・ターン：kai taan）は焼畑の二次林に居住し、七〜八月の播種期（ルー暦で五〜六月）に、種（稲、野菜）を食べにくる害鳥とみなされている。この野鶏をわなを利用して捕獲する。わなには首に引っかけるヘウ（heu）と脚首にひっかけるクオン（kuong）の二種類があり、ヘウのほうが確実に捕獲できるが、野鶏が死んでしまうことがある。一日おきに見回りをする。

野鶏は五〜六月に一番よく獲れ、一日に二〜三羽獲れることもあるが、作物の収穫期にはあまり獲れない。野鶏を飼育するのは一般に難しい。

囮用のカイ・トウ（kai tou）は飼育が困難である。カイ・トウは森が好きでよく遊びにいく。かつては野鶏の狩猟用に銃を利用したが、三年前に政府に没収されてしまった。野鶏を呼ぶために指笛や木の葉を使い、竹製の笛は使わない。モン族の人びとはカイ・トウを使わないが、タイ・ルー族は使う。野鶏であるカイ・パーのオスは通常の家鶏の五〜六倍にあたる七〜八万キープで売ることができる。そのために、カイ・ラート（kai lat）と呼ばれるメスの家鶏を放し飼いにしてカイ・パーとの交配を行っている。

以上の一二の事例から、現在のアジアのモンスーン地帯における少数民族と野鶏の関わりについていくつかの点が明らかとなる（表1）。

（1）タイ・カダイ語族、モン・クメール語族、チベット・ビルマ語族の事例を通じて、ニワトリを野生のニワトリと飼育されている家鶏に二区分する傾向が明らかとなった。野鶏は、「山のニワトリ」「野生のニワトリ」と呼ばれ、「家のニワトリ」「村のニワトリ」と区別されている。

（2）野鶏に関する民俗知識は、野鶏の生態や行動、なき声、形態的な特徴など多岐に及び、なかでも、野鶏の食べる食物についての民俗知識は詳細にわたっている。これは、野鶏が特定の樹木の果実が成熟する時期にその木の周辺に索餌のために集まることと、果実の成熟時期が狩猟にとってたいへん重要な要素となっていることを裏づけている。

表1　野鶏の利用に関する調査結果一覧

民族名	野鶏	狩猟	囮の家鶏	時期	場所
水タイ	gai		gai yeng		景洪市曼景保
	gai toung		gai tang	4月	景洪市曼謝傣
	gai toung	G	gai tang	2－3月	景洪市曼龍罕
	gai toong	GT			元江県大水平烏扎寨
	gai toung	GT		10－12月	新平県腰街鎮磨刀中寨社
花腰タイ(T. tsuong)	gai toung	GT		3－4月	元江県大水平烏扎寨
花腰タイ(T. ya)	gai toong	GT		3－6月	元江県漠差郷龍河
漢タイ	gai toong			11－1月	盈江県新城二村一社
	gai toong		gai fun	8－9月	盈江県旧城鎮下拉相
チノー	pei ya	G		12－5月	基諾山巴坡寨
	pei ya	GT	gai tang	4月	基諾山巴卡老寨
	pei ya	T		11－3月	基諾山巴卡小寨
	pei ya	T		11－7月	基諾山巴漂寨
アイニ	yanni	CGT		9月	勐海県南糯山半坡新寨
ハニ	yanni	CG			勐海県南糯山石頭新寨
プーラン	el phi	GT			勐海県勐混郷布朗寨
低地ラオ	kai pa	T	kai to	1－2月	ウドムサイ・ホーサイ村
白モン	kai kho	T		3－4月	ウドムサイ・フーキャ村
カム	ier bri	T			ウドムサイ・サマキーサイ村
白タイ	kai sot	T	kai me bang/ kaai shua	5－10月	ルアンパバン・サムカン村
タイ・ルー	kai pa	T	kai tou	7－8月	ルアンパバン・ハードコー村

C: 弩, G: 銃, T: わな

（3）　タイ系民族（水タイ、漢タイ、低地ラオ、白タイ）では、野鶏を捕獲するために囮が使用されている。チノー族の例は、明らかに周辺のタイ系の民族より導入されたものである。囮の家鶏は、ふつうカイ・エンないしカイ・トウと呼ばれる。

（4）　野鶏の狩猟には、銃、わな、弩が用いられる。わなは、はえなわ状にしたくくりわなが一般的である。囮の利用も重要な方法である（尹　一九九六）。

（5）　狩猟時期は、野鶏の繁殖期と、焼畑における作物の収穫期の両方の場合があり、集団によって必ずしも猟期の季節は一致していない。

現在、中国、ラオスにおいては野生動物の利用については大きな制限が設けられている。野鶏は野生動物でありながら、村落周辺に出現し、焼畑や農耕地に影響を与えるとされている。赤色野鶏が過去においてどのような過程を経て家禽化されたかが議論の焦点となっている（秋道　二〇〇〇b；秋篠宮　二〇〇〇）。次節ではさらに広い観点から野鶏と狩猟、森林や焼畑との関わりについて検討してみたい。

四　野鶏と狩猟・森林・焼畑

狩猟と害鳥

野鶏が狩猟の対象として捉えられていることは、多くの少数民族集団に共通している。野鶏を積極的に狩猟対象とする要因として、その肉が美味しいことを挙げることができる。

これに対して、野鶏が焼畑の播種時期や収穫時期に焼畑（さらには収穫期の水田）に出現して、まいた種子や収穫物を横取りする害鳥とみなす考え方のあることも判明した。野鶏が人間の食物を食べる有害な側面をもっているので、狩猟で駆除すべきとするのである。実際、焼畑の周囲にわなを張り巡らせることがある。サルやシカ、あるいは野ブタのように、畑の作物を食べる害獣駆除を目的とした狩猟が行われる事例は日本やニューギニアで知られている（小山　一九九二；Akimichi 1998）。しかし、野鶏のような鳥類でも害鳥扱いされることが明らかになった。つまり野鶏の狩猟は焼畑を守る自衛手段であるとみなされているわけである。

もう一点重要な問題は、野鶏が住民の居住地に接近することの意味についてである。チノー族や白モン族などの場合、野鶏が居住地で家鶏と喧嘩したり交雑したりすることを特に異常な現象とはみなしていない。これに対して、タイ族やハニ族の対応は明らかに異なっている。すなわち、野鶏が村にやってくると村に災いや火事が発生するとするタイ族の事例や、ニ（霊）の飼育する野鶏が村の入り口の門を越えて侵入すると村に災いがもたらされると考えるハニ族の事例がこれに相当する。これらの場合、野鶏は住民の生活領域にマイナスの影響をもたらすものと考えられている。

ただし、生業空間である焼畑に野鶏が接近することはなんらマイナスではないと考えられていることは重要である。勐海県のハニ族の調査で、焼畑からの初物を居住地の穀物倉庫に入れる際、家鶏を殺してその血をニワトリの羽根につけ、穀倉の四隅の柱に塗りつける儀礼が行われた。この儀礼は、魂をもつ稲を穀倉に収納する際に、ニワトリを犠牲として捧げるのである。以上のように、野鶏が、美味な肉をもたらす食料であるとともに、害鳥、あるいは災禍をもたらす動物などと、多様な位置づけをされていることが判明する。

森林と焼畑――国家政策と住民の生活文化

野鶏の棲息する空間は森林である。しかし、野鶏は時期や場所によっては人間の生活空間や生業の場である焼畑に接近することもある。昨今、中国をはじめ、ラオス、タイでは森林の保護や野生生物の保護が国家の政策として推進されてきた。中国の場合、銃による野生生物の捕獲はいっさい禁止されている。銃も没収され、それまで住民が営んできた狩猟活動が事実上、禁止された（秋道 二〇〇一a）。国家政策によって狩猟活動が衰退するかどうかは今後の問題であるが、中国では狩猟禁止により伝統的な狩猟活動の継承が危惧されるなか、一六〇〇～三〇〇〇メートルに居住するリス族が弩の競技大会を通じて、その技術の継承を行っている（何 二〇〇三）。

私自身のチノー族における調査の際も、狩猟活動は自分たちの誇りであり、子どもにも継承させることをはっきりと言明する人がいた。別のチノーの村では、国立公園の制定によって、周辺に住む住民として狩猟活動をできなくなった窮状を私に訴える人もいた。

住民の生活を圧迫してまで野生生物を守ろうとする国家の政策は、生物多様性や森林生態系の保護につながる賢明な決断であると、一応の評価を与えることができるかもしれない。ただしその場合、住民の生活が考慮されていないとしたらやはり問題であろう。

現在、野鶏の棲息する森林は急激に失われつつある。森林が伐採される要因は、さまざまである。地域住民の生活にとって有用な建築材や生活資材として、あるいは燃料として木を利用するため、焼畑を造成するため、特定種類の木材を商品として利用するため、さらには道路やダム建設のためなど、木を伐る目的はたいへん多岐にわたっている。

森林の伐採は環境に多くの影響をもたらす。森林は多くの生物の棲息場所を提供し、保水機能を果たすので、いったん伐採されると保水機能の低下による土壌流出、下流部における洪水や氾濫、あるいは生物多様性の減少をもたらす。そのために、森林の伐採を禁止し、住民が行ってきた焼畑に制限を加える施策が推進されてきた。この場合も、国家が森林を利用してきた地域住民の生活や文化を無視して森林を守ろうとした場合、彼らの反発を招くおそれが十分にある。生活に困った住民が密伐採や野生動物の密猟を行わないとも限らない。双方からのある程度の譲歩をもって、適切な政策を実現しない限り、森林を守ることと、住民の生活を守ること、そのどちらも達成できないことになる。森林の一部伐採や生活のための焼畑利用を認め、大規模な商業的伐採、道路建設のための森林破壊を禁止する柔軟な政策が肝要となるのではないか。

五　今後の課題

野鶏と人間との関わりを東南アジアから中国西南部における少数民族の事例をもとに検討してきた。野鶏はこの地域の住民にとり重要な食料であり、森林や焼畑における生業と密接に結びついている。狩猟のためのさまざまな民俗知が発達しており、野鶏は狩猟対象としてだけでなく、害鳥としての意味合いをもつこともあった。とくに播種期と収穫期に野鶏と人間の出会いが実現すること、クワ科植物を中心とした野生植物の結実期における野鶏の索餌行動が人びとの大きな関心の的となっていることを確認することができた。問題は焼畑とクワ科植物の生態学的な関係である。これまでの調査で、クワ科植物が焼畑周辺や村の周囲にも存在していた事実を確かめており、過去から現在にいたるまでのクワ科植物をめぐる野鶏と人間による利用の相互作用を明らかにする必要がある。この問題の解明から、ニワトリの家禽化についても有効なアプローチが可能になるものと思われる。

謝辞：中国、ラオス、タイにおける調査では、多くの人びとのご援助とご理解を得ることができた。なかでも、中国雲南省外事弁公室李小平氏、雲南大学尹紹亭教授、中国科学院昆明植物研究所民族植物学研究室許建初氏、ラオス国立大学藤田弥生氏、国立遺伝学研究所小見山智義氏には格段のご協力を賜った。さらに家禽資源研究会の共同研究者である秋篠宮文仁殿下をはじめとする会員各位の常日頃からのご助言とご高配に対して深謝の意を表明したい。

参考文献

阿部　卓　二〇〇二　「ジノ族村落の農耕・狩猟採集・家畜飼育」、松井健編『講座生態人類学6　核としての周辺』一二一―一五八頁、京都：京都大学出版会。
赤木攻　二〇〇〇　「家禽化と闘鶏」、秋篠宮文仁編『鶏と人――民族生物学の視点から』一一七―一三八頁、東京：小学館。
秋篠宮文仁　二〇〇〇　「鶏――家禽化のプロセス」、秋篠宮文仁編『鶏と人――民族生物学の視点から』四七―六九頁、東京：小学館。

秋道智彌　二〇〇〇a「鶏占いと儀礼の世界」、秋篠宮文仁編『鶏と人――民族生物学の視点から』一三九―一六六頁、東京：小学館。
――　二〇〇〇b「鶏と人間をめぐる現在」、秋篠宮文仁編『鶏と人――民族生物学の視点から』一六七―一九四頁、東京：小学館。
――　二〇〇一a「ニワトリの家禽化と中国の近代化をめぐって――雲南省の調査から」『ヒトと動物の関係学会誌』九・一〇合併号：八二―八七。
――　二〇〇一b「国境を越えるチョウ」『季刊民族学』九七：九六―一〇四。
何　大勇　二〇〇三「中国雲南省傈僳（リス）族における弩弓文化の基層と現代的展開」『比較文化史研究』五：一四―三四。
小山修三編　一九九二『狩猟と漁労――日本文化の源流を探る』東京：日本放送出版協会。
高井康弘　二〇〇三「ラオスにおける牛・水牛の飼育とその変化」（未発表資料）
野中健一・秋道智彌　二〇〇〇「国境を越えるチョウ――中国雲南チノー族の村から」『インセクタリゥム』九月号：一〇―一四。
徐志揮主編　一九九九『雲南野生動物』雲南教育出版社。
王直罕　一九九七「西双版納基諾族輪歇農作区鳥類多様性編目研究」、裴盛基・許建初・陳三阳・龍春林主編『西双版納輪歇農業生態系等生物多様性研究論文報告集』九八―一〇五頁、雲南教育出版社。
鄧向福　一九九七「景洪熱帯山地哺乳動物的快速編目」、裴盛基・許建初・陳三阳・龍春林主編『西双版納輪歇農業生態系等生物多様性研究論文報告集』一二四―一三〇頁、雲南教育出版社。
尹紹亭　一九九六『雲南物質文化　採集漁猟巻』雲南教育出版社。

Akimichi, Tomoya. 1998. Pig and Man in Papuan Societies: Two Cases from the Seltaman of the Fringe Highlands and the Gidra of the Lowland. In Shuji Yoshida and Yukio Toyoda (eds.) *Fringe Area of Highlands in Papua New Guinea*. pp. 163-182. Osaka: Senri Ethnological Studies No. 47.

Akimichi, Tomoya, Fumihito Akishinonomiya and Tomoyoshi Komiyama. 2000. Domestication and Environmental Conservation Politics: Implications from Human and Red Junglefowl Interactions among Ethnic Groups in Xishuangbanna, Yunnan Province, China. *Links between Cultures and Biodiversity: Proceedings of the Cultures and Biodiversity Congress 2000*. pp. 291-299. Yunnan Science and Technology Press, November 2000.

Donovan, Deanna. 2003. Trading in the Forest: Lessons from Lao History. In LYE, Tuck-Po, WIL de Jong and Kenichi Abe (eds.) *The Political Ecology of Tropical Forests in Southeast Asia: Historical Perspectives*. pp. 72-106. Kyoto: Kyoto University Press.

Duckworth, J. W., R. E. Salter and K. Khounboline (compiled). 1999. *Wildlife in Lao PDR Status Report*. Vientiane: IUCN (The World Conservation Union), WCS (Wildlife Conservation Society) and CPAWM (Centre for Protected Areas and Watershed Management).

焼畑から常畑へ
――タイ北部の山地民

増野高司

一　焼畑をめぐる論議

タイでは、一九八〇年代頃まで数多くの山地民が焼畑[1]を主な生業としていた。また、一九六〇年代には大勢の平地の人びとが、人口増加にともない山間部へ流入して、盆地での水稲耕作に加えて焼畑にも従事するようになった。一九七〇年前後のタイ北部において、焼畑に従事する人口が最も多かったのは、主として平地に暮らすタイ族系のコン・ムアン（北タイ人）と呼ばれる人びとだった（Chapman 1978: 222）。しかし、一九九〇年代頃には、多くのタイ族系の人びとが焼畑を放棄した（Rerkasem 1998: 54）。焼畑は現在、タイ北部の一部で行われているが、重要な農業生産の手段ではなくっている（Rerkasem 1998: 54）。

タイにおける焼畑をめぐっては、これまでにさまざまな議論が行われている。まず、焼畑は山地民のかつての主な生業であると同時に、急激に進む森林減少の主要な原因の一つとして注目されてきた。森林減少の要因としては、このほかにも、タイ北部の事例から換金作物が栽培される耕作地の増加、商業的森林伐採、森林内への道路の建設、低地から山地への農民の移住、および人口増加が挙げられている（Delang 2002: 487-490）。また、焼畑後に形成される二次林には、地域住民にとって有用な植物が豊富にみられること、自然林と比べて植物種の多様性が必ずしも低いわけではないことが指摘されている（Schmidt-Vogt 1998: 142-145）。

本章では、タイ北部の山地民ヤオ（ミエン）族の現在の生業の実態を把握し、焼畑から常畑への山地における資源利用の変化の過程とその要因について報告することをねらいとする。筆者は、タイ北部パヤオ県におけるヤオ族の村落において、二〇〇三年十月から十一月、二〇〇四年二月から三月、二〇〇四年七月から二〇〇五年一月にかけて、現地調査を行った。

二　タイにおける山地民と森林政策の変化

山地民の概観

タイの山地民は、タイ北部地域に分布しており、二〇〇三年時点の人口は約九二万人とされている（Technical Service Club and Tribal Museum 2004: 54-59）。これはタイの全人口の二パーセント弱にあたる人口である。タイ北部の主な山地民は、オーストロ＝アジア語族に属するティン族、ルア族、カム族と、シナ＝チベット語族に属するカレン族、モン族、ラフ族、アカ族、ヤオ族、リス族の合計九

人文書院
刊行案内

2025.10

渋紙色

食権力の現代史
――ナチス「飢餓計画」とその水脈

藤原辰史著

なぜ、権力は飢えさせるのか？

史上最大の殺人計画「飢餓計画（フンガープラン）」――ソ連の住民3000万人の餓死を目標としたこのナチスの計画は、どこから来てどこへ向かったのか。飢餓を終えられない現代社会の根源を探る画期的歴史論考。

購入はこちら

四六判並製322頁　定価2970円

リプロダクティブ・ジャスティス
――交差性から読み解く性と生殖・再生産の歴史

ロレッタ・ロス／リッキー・ソリンジャー著
申琪榮／高橋麻美 監訳

不正義が交差する現代社会にあらがう

生殖と家族形成を取り巻く構造的抑圧から生まれたこの社会運動は、いかにして不平等を可視化し是正することができるのか。待望の解説書。

購入はこちら

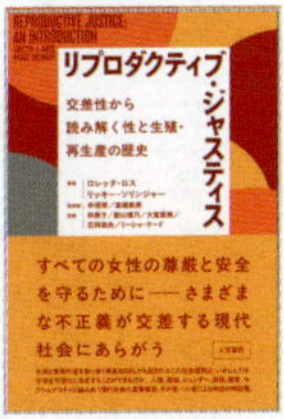

四六判並製324頁　定価3960円

新刊

マルクス哲学入門
——動乱の時代の批判的社会哲学

ミヒャエル・クヴァンテ著
桐原隆弘／後藤弘志／硲智樹訳

重鎮による本格的入門書

マルクスの思想を「善き生」への一貫した哲学的倫理構想として読む。複雑なマルクス主義論争をくぐり抜け、社会への批判性と革命性を保持しつつマルクスの著作の深部に到達する画期的読解。

購入はこちら

四六判並製２４０頁　定価３０８０円

顔を失った兵士たち
——第一次世界大戦中のある形成外科医の闘い

リンジー・フィッツハリス著
西川美樹訳　北村陽子解説

戦闘で顔が壊れた兵士たち

手足を失った兵士は英雄となったが、顔を失った兵士は、醜い外見に寛容でなかった社会にとって怪物となった。塹壕の殺戮からの長くつらい回復過程と形成外科の創生期に奮闘した医師の実話。

購入はこちら

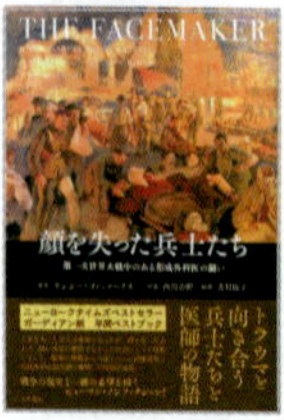

四六判並製３２４頁　定価４１８０円

お土産の文化人類学
——地域性と真正性をめぐって

鈴木美香子著

身近な謎に丹念な調査で挑む

「東京ばな奈」は、なぜ東京土産の定番になれたのか？　そして、なぜ菓子土産は日本中にあふれかえるようになったのか？　調査点数１０７３点、身近な謎に丹念な調査で挑む画期的研究。

購入はこちら

四六判並製２００頁　定価２６４０円

つの民族に大きく区分される。オーストロ＝アジア語族に属する民族の人びとが、タイ北部に比較的古くから生活してきたのに対して、シナ＝チベット語族に属する民族のうち、特にモン族、ラフ族、アカ族、ヤオ族、リス族の多くは一九世紀以降に、タイへ移住してきたといわれている。また、タイ北部におけるオーストロ＝アジア語族に属する民族の人口の合計は約七万五〇〇〇人で、山地民の人口の八パーセントを占めるにすぎない。その一方で、人口の上位にある三つの民族、カレン族、モン族、ラフ族はいずれもシナ＝チベット語族に属し、彼らの人口の合計は約六九万五〇〇〇人で、山地民の人口の七五パーセント以上を占めている。

図1はタイ北部における主な山地民の村落の分布を示している。山地民の分布する地域には、民族ごとに偏りがみられる。オーストロ＝アジア語族に属する民族は、人口だけでなく分布も非常に限られており、ティン族はナン県の東部、ルア族はチェンマイ県やメーホンソン県、カム族はチェンライ県やナン県のラオス国境付近を中心に、それぞれ約四万三〇〇〇人、二万二〇〇〇人、一万一〇〇〇人が生活している。

シナ＝チベット語族に属する六つの民族のうち、カレン族を除く五つの民族は中国南部を中心に分布する民族である。カレン族はミャンマーを中心に分布しており、山地民の人口の四七パーセント以上を占めるタイで最も人口の多い山地民である。彼らはタイ北部ではミャンマー国境沿いを中心に約四三万八〇〇〇人が生活している。カレン族のタイへの移住時期ははっきりしないが、一九世紀以前からタイで生活していたようである。

モン族はタイの山地民の中で二番目に人口が多い民族で、タイ北部に広く、約一五万四〇〇〇人が

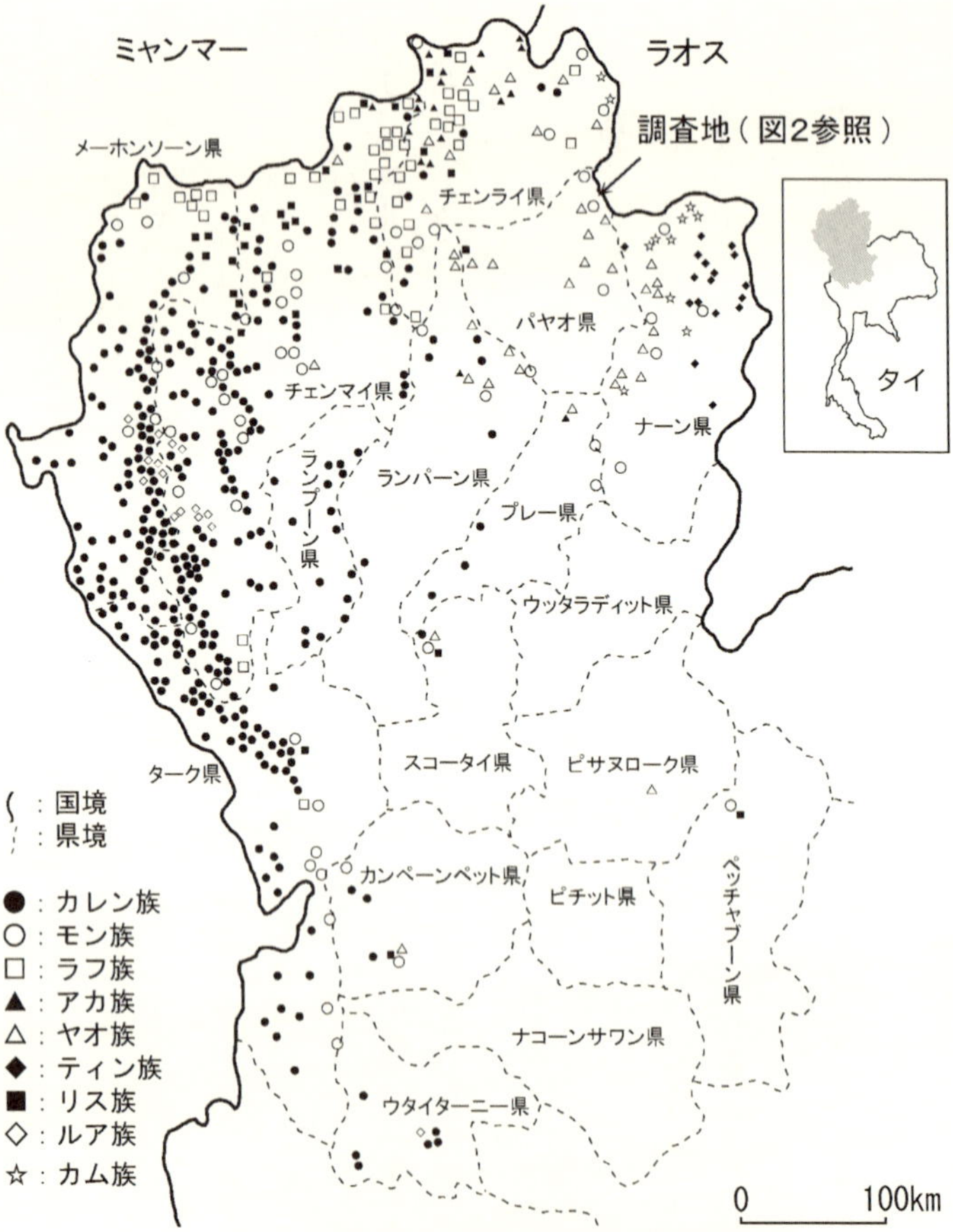

図１　タイ北部地域における山地民村落の分布概略図
出所：McKinnon and Bhruksasri（1983）付図を筆者改変

分布している。ヤオ族は、タイ北部のうちチェンライ県、パヤオ県、ナン県を中心に、約四万六〇〇〇人が生活している。この他、タイ北部にはアカ族が約六万九〇〇〇人、ラフ族が約一〇万三〇〇〇人、リス族が約三万八〇〇〇人が暮らすとされている。

タイの多くの山地民が、タイへ移住する以前も含め、長いあいだ焼畑を主な生業としていた。このため、焼畑は彼らの経済活動の一つであるだけでなく、文化的な側面も含めた彼らの生活全般に深くかかわる生業であった。そのため、焼畑の経営形態の違いによって山地民を類型化する試みが行われたことがある。しかし、焼畑の経営形態は、その焼畑地の土地利用方法、栽培作物と栽培期間と休閑期間などの違いによってさまざまであり、一九六〇年代以降には山地民の生活が急激に変化したこともあって、このような山地民の類型化はきわめて困難になってきている。

政府による政策の変化と山地民の多様な対応

タイ政府による山地民への関与は、開発プロジェクトと森林保護政策によるものの二つに大別される。また、政府による政策は一九八〇年代に変化している。その背景には、「国家の安全を脅かすゆえに開発が必要な存在」から「森林破壊を引き起こす存在」へという山地民に対する認識の変化があったことが挙げられる。

一九六〇年代に政府は山地民を国家の一部に取り込みはじめた。タイでは一九五九年にサリットが首相となり、それ以後、開発重視の経済政策が現在まで続いている。タイ族系の人びとにとって、自分たちとは異なる独自の文化を維持し、山地で生活する山地民の人びとは、不気味な存在だった。政府は、彼らを「国家の安全を脅かす存在」と考えて開発を推し進めるとともに、学校教育への参加など、山地民の融和政策に取り組んだ。一九六四年には、チェンマイ大学構内に、山地民研究センター（のちの山地民研究所）が設立されている。さらにタイ政府は、ケシ栽培の撲滅を目的とした大規模なプロジェクトなどを通じて、山地民に対する関与を強めていった。その結果、これらのプロジェクトは山地民の人びとの生業に大きな転換をもたらした。

例えば、一九六九年から、王室山地民開発プログラム（Royal Hilltribe Development Program）が行われているチェンライ県のヤオ族の村落では、焼畑の常畑化が進み、農業形態がポリカルチャーからモノカルチャーへと変化した。ただし、肥料や除草剤そしてトラクターの利用が農民にとって大きな経済的負担となっていること、村内での経済格差が広がっていることが指摘されている（Jian 2001）。また、チェンマイ県に位置するモン族の村落では、一九八〇年代に開発プロジェクトによってケシから他の換金作物への転換が行われた。しかし、新たに導入された換金作物がケシによる収入を補塡できていないといわれる（Michaud 1997）。

次に森林保護政策による山地民への関与の事例をみてみる。一九八〇年代になると、タイにおける森林の減少が顕在化し、政府のみならず国民もこれを意識するようになった。そして、山地民の焼畑が森林破壊の原因の一つとして注目された。タイ政府は、一九八〇年代後半から森林保護政策の一環として、森林伐採の禁止、国立公園の拡充そして山地民村落の国立公園の外への移転などさまざまな取り組みを始めている。

例えば、パヤオ県のヤオ族のある村では、一九八九年の政府による森林伐採の禁止令を契機に焼畑を営むことが困難となり、焼畑の常畑化が進んだ（吉野　一九九六：一四〇）。その結果、常畑における農耕を維持するための農薬や肥料を購入するために出稼ぎが行われるようになっている（吉野　二〇〇三：一八九）。ランパーン県の二つのヤオ族の村は、一九九〇年にドイ・ルアン国立公園内からの村落移転の危機にさらされ、一九九四年には国立公園の外に移転を余儀なくされた（Ganjanapan 1997: 212-213）。

その一方で、政府による森林保護の取り組みに対して、住民の主体的な対応もみられる。チェンマイ県に位置するモン族の村落では、森林が回復すれば森林局の介入によって耕作が行えなくなるため、村民が植生の更新を阻害していることが報告されている（Delang 2002: 496）。しかしながら、一九九〇年代になると森林の管理をめぐり、地域住民と政府とのあいだで衝突が起きるようになっている。

以上のようにタイ北部における山地民は、政府による開発プロジェクトや森林保護政策によってさまざまな対応を求められてきたといえる。

三　ヤオ族の村の概観とかつての焼畑

タイ北部における山地民の生業の変容には、一九六〇年代以降の政府による開発政策と一九八〇年代以降に始まる森林保護政策が大きく関与していた。これらの政策への対応については、民族や地域による違いがみえてくる。ここでは、山地民の一つであるヤオ族について、パヤオ県の山村の事例を紹介しよう。パヤオ県では、政府の開発政策よりむしろ、水源地の保全を目的とした森林局による森

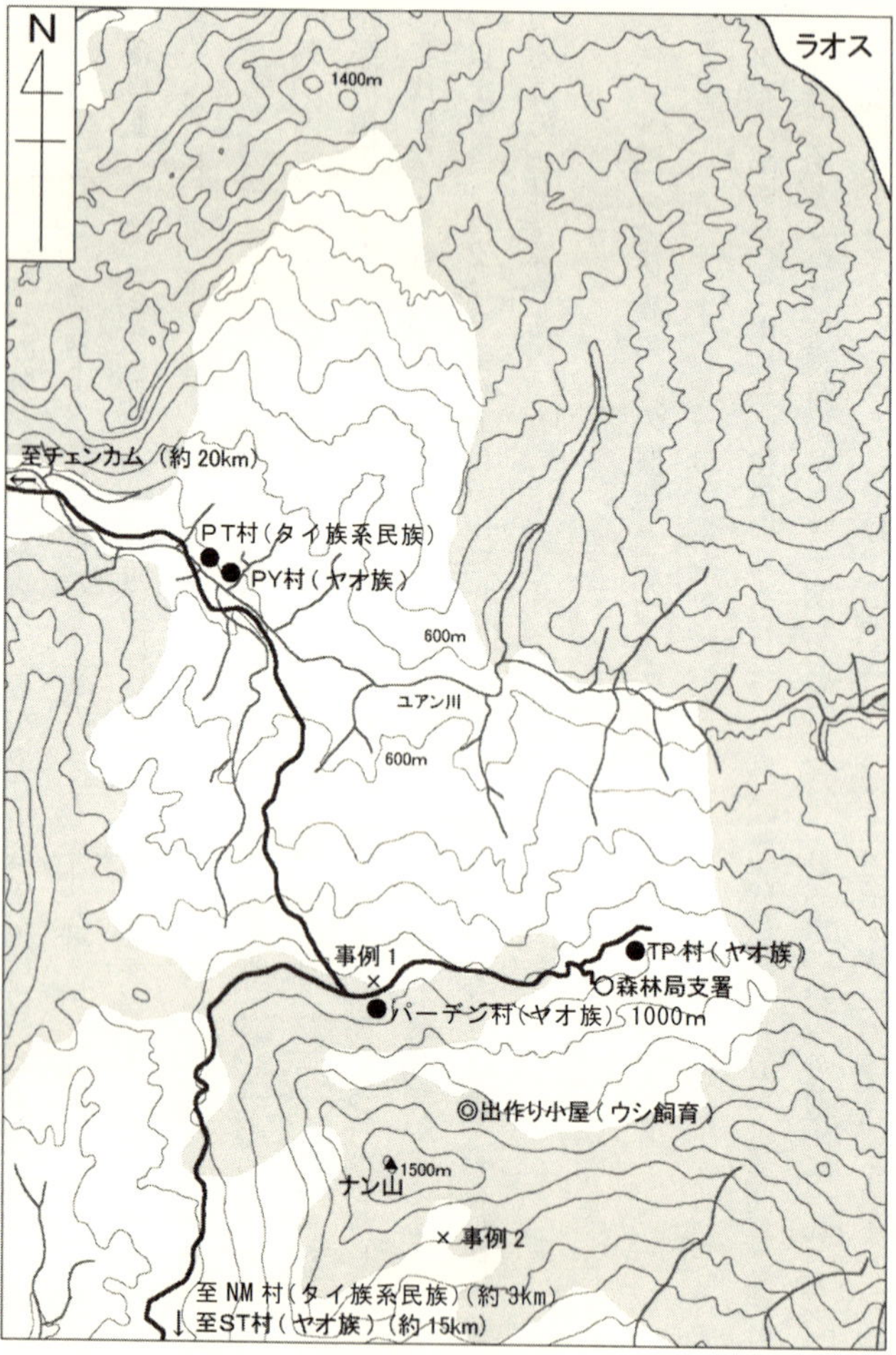

図２　パーデン村周辺概略図

出所：チェンマイ大学 GIS センター提供の GIS データ（2000年）を元に筆者作製

林と農地の区分の影響を受けてきた。
　調査村であるパーデン村は、パヤオ県のラオス国境部、標高約九五〇メートルに位置する周囲を森に囲まれた山村である（図2、写真1）。この村から車で約一時間の所に位置するチェンカムの町がこの地域の経済活動の中心となっている。二〇〇四年三月の調べでは、パーデン村の人口は二〇戸二五世帯、男性七四人、女性五四人の合計一二八人である。ただし、普段は、十二歳から十七歳の若者のほとんどが村を離れ、学校の寮で生活していること、出稼ぎなどで村を離れている者も多いことから、実際に村で生活しているのは約七〇人である。調査では村の全戸に家番号を付し、聞きとりを行った（表1）。

写真1　パーデン村全景
（2003年11月）

　村は開村から少なくとも百年以上が経過している。近年の歴史をみてみると、村とその周辺地域は、一九六八年にタイとラオスのあいだで起きた戦乱に巻き込まれ、複数の村が移転および消滅している。パーデン村も戦乱によって焼失したが、一九七〇年には村民によって同じ場所に再建された。その後、一九九一年には、隣村（ＴＰ村）の近くに森林局の支

表1　パーデン村における就業状況（2004年）

家番号	構成員数（128名）	雇用労働 職種　人数（月収）	出稼ぎ者 出稼ぎ先　人数	耕作面積 [ha]	家畜飼育数 ブタ	ニワトリ	ウシ	狩猟	刺繍 2003年の年収
1	4	村長補佐1（2000バーツ）		5.4	3	8	–	×	–
2	6	区の行政官 1(4000バーツ）		8.8	5	20	–	×	5000バーツ
3	4	–		6.3	4	11	–	×	800バーツ
4	4	村長1(2500バーツ）		6.9	13	30	(8)	×	3000バーツ/月
5	9	–		11.6	4	–	28	○	300バーツ
6	5		バンコク2	6.2	6	7	–	×	–
7	7	区の行政官 1(4000バーツ）		8.1	9	12	–	×	450バーツ
8	6	–		1.8	6	4	–	×	–
9	7	村長補佐1　(2000バーツ）	バンコク2	6.0	3	5	–	○	300バーツ
10	5	–		11.1	16	8	(5)	×	900バーツ
11	3		バンコク2	4.6	11	12	–	×	–
12	7	–		4.8	3	20	9	×	–
13	10	森林局職員1(4500バーツ）	バンコク3	9.6	8	10	1	○	–
14	9		韓国1、台湾1	15.8	5	0	–	○	–
15	7	–		5.5	–	5	–	×	500バーツ
16	6	森林局作業員1(3500バーツ）		2.5	1	7	–	×	–
17	11		チェンマイ1	6.0	4	10	20	×	3万バーツ
18	5		バンコク1	6.9	3	6	20	○	–
19	9		バンコク2	8.4	7	10	13	○	2名各300バーツ
20	4		チェンマイ1	2.3	5	15	–	○	–

注：1バーツ＝約2.8円（2004年2月）。
村全体の耕作面積の合計は約138.6 ha、1戸あたりの平均耕作面積は約6.9 ha である。
ウシの飼育に関しては、表2を参照のこと。請負に出している場合は（　）で示した。
出所：筆者が2004年度に全世帯を対象に行った聞きとり調査およびハンディ GPS を用いた簡易測量による。

署が建設された。そして森林局はパーデン村を含むその周辺地域において、水源地の保全を目的として森林と農地の区分を行うとともに、植林などの取組みを続けている。

一九六〇年代から一九八〇年代にかけては、村では化学肥料や除草剤を用いることなく、焼畑によって主に自給用の陸稲と家畜の飼料に用いるトウモロコシが栽培されていた。さらに常畑でケシが栽培されていた。ケシを播種する前には鍬を用いて、畑の耕起が行われたケシ畑では家畜の飼料に用いるトウモロコシとの二毛作も行われた。ユアン川の周辺で水稲栽培に従事する者もあったが、ごくわずかだった。

焼畑は村周辺だけにとどまらず、ナン山の南側斜面や、ユアン川のさらに北に位置する山の山腹など、村から五キロ以上も離れた地域も利用して行われた。このような村から遠く離れた焼畑では、村人は畑の近くに出作り小屋を建て、そこで寝泊まりしながら畑作業を行った。一九八〇年代までは、前述した戦乱による村の移転や消滅があったこともあり、村の周辺地域には土地が豊富だった。このため、各戸が耕作可能な土地をみつけて焼畑を行うことができた。畑の利用権は焼畑の休閑期間を含めて、森林を伐採し、畑を開いた人がもっていた。焼畑による陸稲栽培の場合、陸稲は毎年畑を移して耕作された。これは、火入れ後二年目以降の畑には雑草が繁茂するため、陸稲の耕作が困難となるからである。トウモロコシは陸稲とくらべ、雑草に強いので、連作も可能だった。しかし焼畑では基本的に連作や輪作は好まれなかった。

一九六〇年代までは、ナン山の山腹を利用してケシが盛んに栽培されていた。この山腹はケシ栽培の好適地だったため、近隣の村からもケシの栽培に来る者があった。村の六十代の男性によると、当時は「ナン山の山腹はすべてケシ畑だった」という。パーデン村はケシから採集されるアヘン販売による収入によって経済的に豊かだった。このようなケシ栽培は、一九七〇年代に政府がケシ栽培の取締まりを始めたことによって、困難となっていった。さらに一九八〇年代中頃に、政府がケシ栽培に対する取締まりを強化すると、ケシ栽培は行われなくなっていった。

ケシ栽培が困難となるいっぽうで、一九八〇年代にはすでに、ケシ以外の換金作物の導入が村人によって試みられていた。例えば、一九八三年と一九八四年の二年間、村内の二戸で換金用のトウモロコシの栽培を試みている。しかし、トウモロコシの成育は悪く、栽培の継続を断念している。一九八四年から一九九〇年にかけて綿の栽培を三年間ほど試みた家も三戸ある。しかし、綿も成育が悪く、綿栽培が村に定着することはなかった。

この他に生業として家畜の飼育が行われており、村の各戸がブタとニワトリの他、移動に用いるウマを飼育していた。

以上のように、パーデン村では一九八〇年代まで、焼畑による自給用作物の栽培と山腹を利用した常畑でのケシ栽培が広範囲に行われていた。しかし、ケシ栽培は一九八〇年代末には、政府の取締まりの目を盗みながら細々と行われるのみとなった。そのいっぽうで、一九八〇年代には、ケシに代わる換金作物の導入が村民によって試みられていた。

四　ヤオ族の畑作、家畜飼育、雇用労働

一九九一年の森林局による森林と農地の区分を契機に、村では焼畑が衰退した。そして、畑作、家畜飼育、雇用労働をはじめとして、狩猟や刺繍の販売などのさまざまな生業が複合的に営まれてきた。しかし狩猟や刺繍の販売は生業としては副次的なものである[2]。ここでは村で観察された生業のうち、畑作、家畜の飼育、雇用労働の状況についてくわしくとりあげる。

畑作

現在の村では、全戸が化学肥料と除草剤を利用し、常畑[3]で主にトウモロコシと陸稲の栽培を行っている。とりわけ収穫されたトウモロコシは、村内でブタの飼料や焼酎の原料としてわずかに利用される分を除き、すべて販売され、村民の主な現金収入源となっている。

二〇〇四年度の、村全体の耕作面積は、約一三八・六ヘクタールだった。この他に未利用地（休閑地）が約一〇・九ヘクタール確認された。耕作面積のうち、トウモロコシ畑がその約八一パーセント、陸稲畑が約一二パーセントを占めていた。トウモロコシは全戸が耕作を行っており、一戸あたり平均で三・八筆、面積にすると、約五・六ヘクタール耕作された。トウモロコシは高収量品種が利用されており、種子は近郊の町チェンカムで購入される。昔から利用されてきた食用のトウモロコシの品種も栽培が続けられているが、必要な分だけわずかに栽培されるのみである。

トウモロコシは、おおよそ五月から九月にかけて、雨季が始まる前から雨季にかけて播種され、十月以降の乾期に収穫される。二期作が行われたトウモロコシ畑は合計三筆のみだった。一期作ではトウモロコシの収穫後、畑は次年度に播種されるまで利用されない。

写真2　穂摘みによる陸稲の収穫
（2003年11月）

二〇〇三年度における一戸あたりのトウモロコシの平均収量は、約二万二六〇〇キログラムだった。二〇〇三年一一月における、トウモロコシの単価は脱穀した状態で一キログラムあたり約四バーツ（約一一円）[4]であり、これをもとに一戸あたりのトウモロコシの販売額の平均を算出すると、約九万バーツ（約二五万三〇〇〇円）となる。ただし、家計収入を考える場合は、ここから種子、化学肥料および除草剤の購入費用などを差し引かなければならない。例えば家番号12の家では、二〇〇三年度には約二・五ヘクタールのトウモロコシ畑を耕作し、その販売額は約四万バーツ（約一一万二〇〇〇円）であった。しかし一方で、少なくとも種子の購入代金として五六〇〇バーツ（約一万五七〇〇円）、除草剤の購入費用として一八〇〇バーツ（約五〇〇〇円）、化学肥料の購入費用として四八〇〇バーツ（約一万三四〇〇円）を支出し、一年間の収益は二万七八〇〇バーツ（約七万七八〇〇円）にしかならない。

陸稲は、二〇〇四年度には、一八戸が栽培を行った（写真2）。陸稲はトウモロコシと同様に雨期を利用した一期作で栽培され、各戸が一筆ずつ、平均約〇・九ヘクタールの耕作を行った。陸稲は現在でも村で古くから利用されてきた品種の栽培が続けられており、種籾の購入は行われていない。収穫された米は自給用に用いられる。陸稲畑をもたない家も、村内に住む両親の陸稲畑の耕作を手伝うことで米を分けてもらっているので、村では基本的に米の自給自足が達成されている。

いっぽう、新たな換金作物として、一九九八年頃からライチーとリュウガンの植栽が始まっているが、これまでのところ、どちらも実が小さく販売はされていない。二〇〇三年にはゴムとミカンの植栽が始められた。この他、一九九〇年代に入ってから綿やショウガの栽培を試みた世帯もあるが、これらは村には定着していない。

農作業では労働交換が行われている。筆者が二〇〇四年に観察したトウモロコシの収穫や脱穀作業では、畑の所有者の家族や親族の他、労働交換によって村内の人びとが共同で作業を行っていた。労働に参加した人は労働交換ではなく現金を要求することもできる。この場合労働交換ではなく賃労働となる。

ケシ畑跡地でのウシ飼育

村では家畜としてウシ、ブタ、ニワトリが飼育されている。ブタとニワトリはほぼ全戸で自給用に飼育されている（表1参照）。これらは、村の重要な供儀動物でもある。いっぽうウシの飼育については家毎に大きな違いがみられる。ここではウシの飼育について説明する。

二〇〇四年のウシの飼育状況を表2に示した。村内では九戸がウシの飼育にかかわっており、村全体では合計九一頭のウシが飼育されている。このうち村民が所有しているウシは五一頭、残りの四〇頭は、他村の者が所有するウシである。

表2　パーデン村におけるウシの飼育状況

	家番号	飼育場所	個人所有［頭］	請負飼育［頭］	飼育数［頭］	備考
	13	ナン山	1	—	1	2003年に20頭を売却
	17	ナン山	20	—	20	
	18	ナン山	5	15	20	PY村に住む親戚からの請負
	19	ナン山	3	10	13	PY村に住む親戚からの請負
	20	ナン山	—	—	—	2003年に20頭全て売却
	5	村の周辺	—	28	28	パーデン村およびPY村村民からの請負
	12	村の周辺	9	—	9	
	4	—	8	—	—	家番号5番が管理
	10	—	5	—	—	家番号5番が管理
合計	9戸	—	51頭	53頭	91頭	40頭がPY村村民所有のウシ

出所：筆者が2003年11月および2004年2月から3月に行った聞きとりおよび観察による

ウシへの関わり方は家ごとにさまざまである。家番号4と10の家は、ウシを所有はしているが飼育は行っていない。これらの家では、ウシをすべて家番号5の家に預けて飼育してもらっている。また、家番号13と20の家は、共同でウシの飼育をしていたが、二〇〇三年に一頭を残してすべてのウシを売り払った。このため家番号20の家では二〇〇四年三月にはウシを所有していなかった。このようなことから、これ以後実際にウシの飼育を積極的に行っているのは五戸のみといえる。ウシの飼育を行っている家のうち家番号12、17の家では各家所有のウシのみ飼育しているが、家番号18と19の家では各家所有のウシとともに、近隣の村（PY村）に住む親戚のウシの請負飼育も行っている。また家番号5の家で飼育しているウシは、すべて請負によるものである。

ウシの請負飼育では、飼育によって増えたウシの半数が飼育を行った者に報酬として与えられ、残りの半数がウシの所有者のものとなる。ウシは村内で役牛や乳牛等として利用されることなく、食肉用に町へ販売されている。成牛は約一万バーツ（約二万八〇〇〇円）、子牛は約四〇〇〇バーツ（約一万一〇〇〇円）で取引きされ、毎年五頭から一〇頭のウシが販売されている。

ウシの多くが、ナン山の山腹に広がる二次林と山頂部にみられるサバンナ状の草地を利用して飼育されており、山腹には、ウシの飼育を行うための出作り小屋が作られている（図2、写真3）。このあたりは、主にケシの栽培が行われていた場所で、現在、森林局によって管理されている。

ウシの放牧は、労力がいらず、農業を行いながら片手間で行うのには非常に割の良い仕事のように思われる。しかしウシの放牧に関して問題も起きている。次に示すのは二〇〇三年に起きたウシによる二件のトウモロコシ食害の事例である。

事例1：二〇〇三年十一月には、家番号12で飼育されるウシが、家番号11所有のトウモロコシ畑（図2　事例1）に侵入し、トウモロコシを食害する事件が起きた（写真4）。この事件の際には、12の家は、賠償金として五〇〇バーツ（約一四〇〇円）を11の家に支払った。この賠償額は村長があいだに入り、被害規模とトウモロコシの成育状況を総合的に判断して決められた。

事例2：二〇〇三年十月には、村民が山腹で放牧しているウシがナン山の南側斜面にある他村（NM村）の畑のトウモロコシを食害する事件が起きた（図2　事例2）。トウモロコシの食害事件の後、山でウシを飼っていた者たちは、被害にあった畑の所有者から総額一万五〇〇〇バーツ余り（約四万二〇〇〇円）の賠償金を請求された。また、この事件に関連して二〇〇三年十一月九日にはその村の人が山腹の出作り小屋までやってきて、ウシを山から降ろすように抗議を行った。この時に、一頭のウシを山から降ろそうとしたが、いうことを聞かなかったため、抗議にやってきた人びととウシの飼育者がその場でそのウシを殺し、肉は切り売りされた。

写真３　山腹の出作り小屋とウシ
（2003年10月）

写真４　ウシの食害にあったトウモロコシ
（2003年10月）

事例1からは、ウシの放牧によって村内において問題が起きていることがわかる。この事例の場合、賠償額は大きくはないが、ウシの飼育者である村の三十代男性によると、同様の事件が頻発しているため、総額でみると賠償額はさらに大きくなるという。

事例2からは、ウシの放牧によって他の村とのあいだにも問題が起きていることがわかる。賠償金の請求額が高額なため賠償額の約半分が未払いのままである。また、被害にあった村の人びとによって抗議が行われているように、ウシによる農作物への食害問題はウシの飼い主と畑の所有者双方にとって深刻な問題であるといえる。

このような食害事件が起きた原因について、ウシの飼育を行っている村の三十代男性二人は、牧草が少なくなったことをあげる。森林局が山を管理するようになって以降、山腹の植生は急速に森林へと回復し、牧草地が減少したものと推測される。

ウシの農作物への食害対策はどのようなものであろうか。家番号5および12の家では、山腹での放牧は行っていない（表2）。これらの家では村の周辺でウシが農作物を食べないようにウシの動きを監視しながら放牧を行い、夕方にはウシを村へ連れて帰っている。また、事件後、家畜号12では畑へ続く農道にウシが通ることができないように竹製の柵を設けている。

雇用労働

村内でみられる長期的な雇用として村長一名、村長補佐二名、パーデン村のあるロムイェン区の行政官二名、森林局職員一名、森林局作業員一名の合計七名が確認された（一五八頁表1）。いずれも公務にかかわる仕事である。村長と区の行政官達は、ひと月に数回チェンカムの町に公務に出るが、普段は村での畑作業に従事している。いっぽう、森林局職員と森林局作業員の二人は、休日を除き、森林局での仕事に従事している。このため彼らは村での畑作業にはほとんど参加しない。彼ら七人の月給は二〇〇〇バーツ（約五六〇〇円）から四五〇〇バーツ（約一万二六〇〇円）となっている。

村内では日雇いの仕事も行われている。日雇いの仕事として最も一般的なのは、農作業における賃労働である。次に示すのは筆者が観察した村内および村外での農作業における賃労働の事例である。

事例3：二〇〇四年三月四日に、家番号13所有のゴム園において、草刈り機を使った下草刈りが行われた。この作業には家番号12と14の家から男性が各一名ずつ参加した。畑の所有者は草刈り機を所有していなかったため、鉈を用いて作業を行った。草刈り機に用いるガソリンは畑の所有者が提供した。草刈りを行った二人には、日当として三〇〇バーツ（約八四〇円）が支払われた。

事例4：二〇〇四年二月二八日には隣村（TP村）でトウモロコシの収穫が行われた（写真5）。作業には、同村から五名、パーデン村から三名、一五キロほど離れた別の村から一八名の総勢二六名が参加した。この日の参加者はすべてヤオ族だった。このうち畑の所有者およびその家族の四名を除いた、二二名が賃労働での参加であった。労働者のうち一四歳以下の子供には大人の日当の半分にあたる五〇バーツ（約一四〇円）が支払われた。また、労働者の村から畑への送迎は、畑の所有者のトラックによって行われた。

　事例3からは村内で農作業における賃労働が行われていること、除草作業に草刈り機が用いられていることがわかる。また、農作業における賃労働の日給の相場が一〇〇バーツ（約二八〇円）であるのに対し、この事例では、日当が高額に設定されている。これは草刈り機の利用料が含まれているのと、作業に危険がともなうためである。

　事例4からは村から他村へ行っての農作業において賃労働が行われていることがわかる。また、同村からの参加者にも賃金が支払われていたことから、この村においても賃労働が行われていることがわかる。さらにこの村から遠く離れた別のヤオ族の村からも参加者を集めていることから、農作業における労働力不足および、その重要性が推察される。

　町から遠く産業のないパーデン村では、雇用労働の場は非常に限られている。このため、現金収入を得るために、タイ国内の都市や国外へ出稼ぎにいく者も多い（表1参照）。二〇〇四年に行った聞きと

写真5　賃労働によるトウモロコシの収穫
（2004年2月）

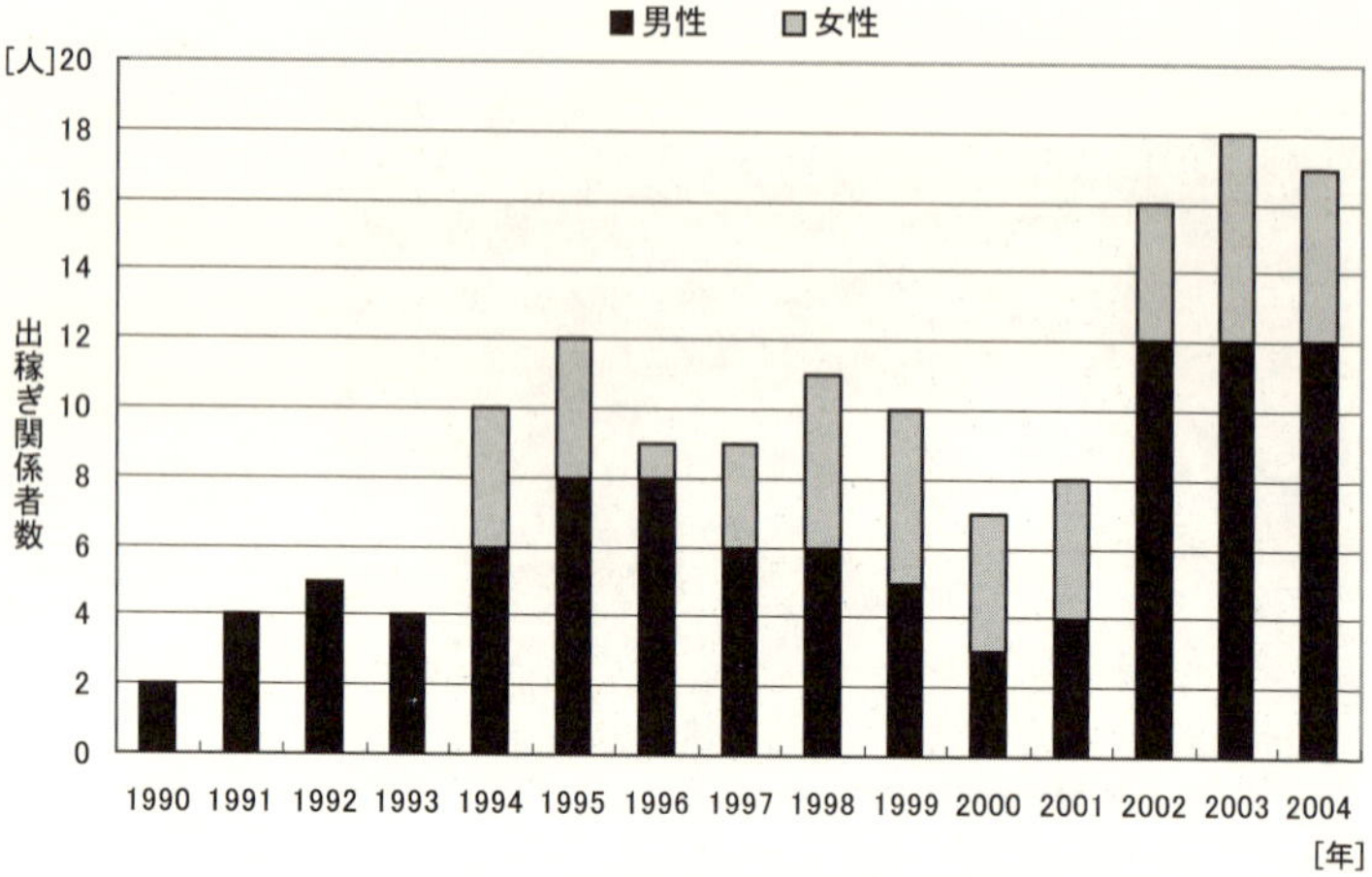

図3　パーデン村における出稼ぎ関係者の人数の年度別推移
注：調査対象は2004年時点の村民であり、それ以前に村から転出した者は含まれない
出所：筆者が2004年2月から3月にかけて全世帯を対象に行った聞きとり調査

り調査では、出稼ぎに出ている者が一六名、出稼ぎを終えて村に戻った出稼ぎ帰村者が二〇名確認された。出稼ぎにかかわった者の三三パーセントが女性だった。図3は村における出稼ぎ関係者数の年度別推移を示している。この図から、出稼ぎが一九九〇年以降に活発になったものであり、一九九〇年の二名から二〇〇四年の一七名へと、出稼ぎにかかわる人は増加の傾向にあるといえる。

出稼ぎ先としては、首都バンコクおよびその近郊へ出る者が多く、村で出稼ぎにかかわった全三六名のうち、三〇名が同地域での出稼ぎにかかわっていた。国外では、シンガポール、ブルネイ・ダルサラーム国、台湾および大韓民国への出稼ぎが確認された。出稼ぎの職種は、運送業、養鶏業、土木作業、工場作業、レストラン給士など多岐にわたっている。肉体労働と考えられる職種が多いものの、特に職業の偏りはみられない。

出稼ぎによる個々人の収入は明らかではないが、帰村後二名が出稼ぎによる収入をもとにバイクを購入している。また、家番号14の家では、四名が出稼ぎにかかわっており、村では数少ない、バイク、冷蔵庫、ガスのすべてを所有する世帯となっている。出稼ぎから帰ってきた者の多くは、帰村後は、村内で畑作業に従事している。確かに出稼ぎによって一定の現金収入を得ることができるが、必ずしも皆が大金を手にしているわけではないことが推察される。

五　「焼畑時期」から「常畑時期」への変遷過程とその要因

ここでは、村における一九六〇年代から現在までの生業の変遷を把握するために、一九六〇年代から一九八〇年代の「焼畑時期」、一九九〇年代以降から現在までの「常畑時期」の生業の比較からその変遷について論じる。

「焼畑時期」には、水稲耕作を行っていたという一戸を除き、村の全戸が焼畑に従事していた。この時代には、村では主に焼畑による陸稲の栽培と、常畑でのケシ栽培が行われていた。しかし、一九七〇年代以降、タイ政府によるケシ栽培の取締まりが行われるようになると、ケシ栽培は徐々に衰退した。そして、一九八〇年代には焼畑で自給用の陸稲を栽培するいっぽうで、ケシに代わる換金作物導入の試みが始まっていた。

村の誰もが従事していた焼畑であったが、一九九一年に森林局が村の周辺地域において森林と農地の区分を行うと急速に衰退した。この区分の影響をみてみると、例えば家番号12では、森林局による区分と植林活動によって、それ以前に利用していた一一カ所あまりの土地の利用権を失った。さらにこの家では、一九九四年に、村に住む息子二名に対して、農地に区分された土地のうち二カ所の土地の利用権を分与した。これらの結果、二〇〇四年度に、家番号12が利用権を有する土地は合計四カ所、面積では約四・八ヘクタールにとどまっている。

このように、森林と農地の区分によって、村内の土地利用は大幅に制限されることとなった。村では一九九三年に村で最後の新規開墾が行われ、村内の農地として利用可能なすべての土地に関する利用権が確立された。そして、その限られた土地の中から親から子への土地の分配が行われるようになっている。このことは、戸別の農地面積の減少をもたらし、村民に常畑化を強いることになった。

次に「常畑時期」の生業についてみてみる。村では常畑化が強いられるなかで、生業に関して様々な試行錯誤が続いていた。そして、一九九五年に家番号10が換金作物として大規模にトウモロコシを栽培し、その販売が成功すると、化学肥料および除草剤を用いた常畑でのトウモロコシの栽培が村内に広まった。同時に、村では陸稲畑においても化学肥料と除草剤が利用されるようになった。その他、一九九〇年代に入ってからは、ウシ飼育や出稼ぎなど、新たな生業が行われるようになっている。

パーデン村では、「焼畑時期」から換金作物であるケシが栽培されていた。そしてケシ栽培の衰退後、村民によってケシに代わる新たな換金作物の導入が試みられたが、ただちに常畑へ移行したわけではなかった。パーデン村における「焼畑時期」から「常畑時期」の変遷に関し、森林と農地の区分による農地の減少が大きな要因だったことが指摘できよう。また、除草剤と化学肥料の導入は、焼畑から常畑への農法の移行を後押ししたと考えられる。生業全般からみると、「焼畑時期」から「常畑時期」への移行に対し、村びとは農法の変化に加えては新たな生業を導入し、生業を多様化させることによって対応したことが指摘できる。

六　東南アジアにおける焼畑衰退以降の多様な変遷

タイ北部の山地民ヤオ族の村において、「焼畑時期」から「常畑時期」への変遷の大きな要因となったのは、一九九一年に森林局が水源地の保全を目的として行った森林と農地の区分であったといえる。焼畑を行うためには、新たに焼畑を開くための土地が必要であるが、すでに土地の利用権が確立されていること、そして農地の面積が休閑地を設けるほどに広くないことの二点が焼畑を困難なものにしている。

現在、村では焼畑が衰退し、常畑での農耕が主な生業となっている。村の周囲は森が豊かであり、かつての焼畑地も森林へと回復しつつある。普段の生活のなかで、森に接する機会は減少し、大きくみると森離れが進行している。しかしながら、山腹の森を利用したウシの飼育など、森林の利用は続けられている。

最後に、本章における焼畑衰退の事例が東南アジアの中でどのような特徴をもつものであるのか、タイの周辺国における焼畑の衰退過程とその要因を紹介する。

まず中国では、一九五〇年頃、雲南省南部の国境地域に焼畑が営まれる地域が広く帯状に分布していたが、一九八〇年頃には焼畑は国境添いのごく狭いエリアで営まれるのみとなった（尹　二〇〇〇：三—四）。一九九〇年代では、雲南省南部の西双版納（シーシュワンバンナ）タイ族自治州チノー部の村落において焼畑が確認されている（阿部　二〇〇二：一五五）。中国最南端に位置する海南島の一部の村では、一九九二年の山焼きの禁止によって、焼畑が禁止された（西谷　二〇〇三：一七—二三）。

ラオスでは、現在、北部山間地域を中心に、自給用の作物を栽培する焼畑が広く行われている。その一方で、南部地域の保護地域内の村では、焼畑が大幅に制限されることとなった（百村　二〇〇一：二九—三〇）。この背景には、一九九〇年代に入り、自然保護地域の指定や農地・森林区分事業が政府によって全国的に進められたことが挙げられる。

インドネシアでは、一九八七年から一九八九年に、東カリマンタン州のクニャー・ダヤク族の焼畑を対象にして、川の上流から下流へ貨幣経済の浸透が進むにつれて、焼畑における休閑期間が短縮し、常畑化が進行していることが報告されている（井上　一九九〇：二五四）。ベトナムでは、北部のソン・ラ県において、一九九〇年代に入り、水稲栽培の普及と常畑においてトウモロコシの高収量品種が栽培されるようになったことによって、焼畑が劇的に減少したといわれる（Sikor 2001: 8–11）。

このようにタイおよびその周辺国における焼畑の変容過程やその要因はそれぞれ異なっている。つまり本章で述べてきたパーデン村における焼畑衰退の事例は、大きくみると森林政策がその衰退の要因となっている点で中国海南島（西谷　二〇〇三）やラオス（百村　二〇〇一）における報告と類似している。いっぽう、焼畑の衰退と換金作物の導入の順序が逆になっている点は、換金作物の導入によって、焼畑が衰退したベトナム（Sikor 2001）やタイ北部（Jian 2001）とは異なる点として指摘できよう。このような違いがみられる背景としては、森林政策によって土地利用が大幅に制限され常畑化が強いられるなかで、村人による試行錯誤の結果、換金作物としてのトウモロコシが村内に広まったことがあると考えられる。

付記：本調査は、総合地球環境学研究所研究プロジェクト（No. 4-2）「アジア・熱帯モンスーン地域における地域生態史の統合的研究：1945-2005」（代表：秋道智彌）によって行われた。

注

（1）焼畑は「ある土地の現存植生を伐採・焼却等の方法を用いることによって整地し、作物栽培を短期間おこなった後放棄し、自然の遷移によりその土地を回復させる休閑期間をへて再度利用する、循環的な農耕である」と定義される（福井一九八三：二三九）。さらに「焼畑で最も重要な点は、栽培期間よりも少なくとも長い休閑期間をもつことである」（同：二三八）とされる。

（2）家番号17の女性は刺繡の販売を長年独自に行ってきた。いっぽう、この家以外の家における刺繡の販売は、NGOの働きかけによって二〇〇三年から始められたものである。

（3）村では現在も陸稲畑とトウモロコシ畑において、四月から五月にかけて火入れが行われている。そして除草後の雑草と収穫後の陸稲およびトウモロコシの葉茎を焼却して畑が整地される。しかしながら、これらのほとんどの畑は、畑を放棄することが想定されておらず、休閑期間をともなわなくなっている。さらに現在は耕作において化学肥料と除草剤が広く利用されるようになっている。これらの点を考慮すると、調査村の畑は、火入れが行われているものの、焼畑とは言い難い。このことから本論では、このような村の畑を常畑として扱っている。
（4）二〇〇四年二月の換算レートは一バーツが約二・八円だった。

参考文献

阿部　卓　二〇〇二　「ジノ族村落の農耕・狩猟採集・家畜飼育――雲南小数民族の一九九〇年代の生産活動」、松井健編『核としての周辺』一二一―一五八頁、京都：京都大学学術出版会。

井上　真　一九九〇　「クニャー・ダヤク族による焼畑システムの変容」『東南アジア研究』二八（二）：二二二―二五五。

尹　紹亭　二〇〇〇　『雲南の焼畑――人類生態学的研究』白坂蕃訳、東京：農林統計協会。

西谷　大　二〇〇三　「野生と栽培を結ぶ開かれた扉――焼畑周辺をめぐる植物利用からみた栽培化に関する一考察」『国立歴史民俗博物館研究報告』一〇五：一五―五六。

百村帝彦　二〇〇一　「ラオスにおける保護地域管理政策の課題――地域における実態を反映した実効性のある政策に向けて」『林業経済』五四（一二）：二一―三三。

福井勝義　一九八三　「焼畑農耕の普遍性と進化――民俗生態学的視点から」、大林太良著者代表『日本民俗文化大系第五巻　山民と海人――非平地民の生活と伝承』二三五―二七四頁、東京：小学館。

吉野　晃　一九九六　「ミエン・ヤオ族の陸稲耕作作業――タイ北部におけるミエン・ヤオ族の焼畑耕作に関する調査報告（1）」『東京学芸大学紀要第3部門社会科学』四七：一三九―一五五。

――　二〇〇三　「タイ北部、ミエン族の出稼ぎ――二つの村の比較から」、塚田誠之編『民族の移動と文化の動態――中国周縁地域の歴史と現在』一五九―一九二頁、東京：風響社。

Chapman, E. C. 1978. Shifting Cultivation and Economic Development in the Lowlands of Northern

Thailand. pp. 222-235. In P. Kunstadter, et al. (eds.) *Farmers in the Forest: Economic Development and Marginal Agriculture in Northern Thailand.* Honolulu: East-West Center.

Delang, C. O. 2002. Deforestation in Northern Thailand: The Result of Hmong Farming Practices or Thai Development Strategies? *Society and Natural Resources* 15: 483-501.

Ganjanapan, A. 1997. The politics of Environment in Northern Thailand: Ethnicity and Highland Development Programmes. In P. Hirsh (ed.) *Seeing Forests for Trees: Environment and Environmentalism in Thailand.* Chiang Mai: Silkworm Books.

Jian, L. 2001. Development and Tribal Agricultural Economy in a Yao Mountain Village in Northern Thailand. *Human Organization* 60 (1): 80-94.

McKinnon, J. and W. Bhruksasri (eds.). 1983. *Highlanders of Thailand.* Singapore: Oxford University Press.

Michaud, J. 1997. Economic Transformation in a Hmong Village of Thailand. *Human Organization* 56 (2): 222-232.

Rerkasem, K. 1998. Shifting Cultivation in Thailand : Land Use Changes in the Context of National Development. pp. 54-63. In E. C. Chapman, et al. (eds.) *Upland Farming Systems in the LAO PDR: Problems and Opportunities for Livestock.* Proceedings of an International Workshop held in Vientiane, Laos 18-23 May 1997. ACIAR Proceedings No. 87. Canberra: Australian Centre for International Agricultural Research.

Schmidt-Vogt, D. 1998. Defining Degradation: the Impacts of Swidden on Forests in Northern Thailand. *Mountain Research and Development* 18 (2): 135-149.

Sikor, T. 2001. The Allocation of Forestry Land in Vietnam: Did it Cause the Expansion of Forests in the Northwest? *Forest Policy and Economics* 2: 1-11.

Technical Service Club and Tribal Museum. 2004. *The Hill Tribes of Thailand Fifth Edition*. Chiang Mai: Technical Service Club.

カースト社会の「森の民」
――マガール人の森林利用と鍛冶師カースト

南　真木人

調査を始めてまもない一九八八年頃のことである。村のマガール人のおばあさんが、病死した夫のグルカ退役年金を遺族への給付に切り替えるため、はじめて首都カトマンズのインド大使館を訪ねたときの話をしてくれた。「驚いたのって、ラフレ（グルカ兵）にはゴラニー（白人女性）もいたんだね。男みたいにズボンをはいたゴラニーが並んでいたよ。」これはインドのヴィザを申請しにきたツーリストの列を、年金受給者の列と混同してしまったのだろう。さらに彼女は「カトマンズにはバン（森林）がまったくないんだね。あそこの人は一体どうやって暮らしているんだろう？」と不思議そうに言った。もし、カトマンズ生まれの人が店一つないこの村を見れば「ここには森林と畑しかないけど、ここの人は一体どうやって暮らしているんだろう？」と、正反対の理由からまったく同じ疑問をもつに違いない。

おばあさんが「森林」なくして人は暮らしていけないと考える、その意味と内実はどのようなものなのか。本稿では、ネパールにおけるマガール人の森林利用と、それを支えるマガール人と鍛冶師の社会関係、鍛冶師が製作する道具や技能をみていきたい。「森の民」の森林利用を論じるのに、一見無関係に思われる、マガール人と鍛冶師の社会関係をとりあげるのは次のような理由による。第一に、マガール人は鍛冶師がつくる鉄製道具を介して森林に対峙しているからであり、第二にカースト社会のネパールでは、マガール人は他のカーストとさまざまな関係をもちながら生活しているが、森林の利用においては鍛冶師カーストが大きな役割をはたしているからである。

「森の民」という言葉から私たちは、ともすれば自然に依存した、素朴で自立的な暮らしを営む人びとをイメージしがちである。だが、ネパールにおいては、森林を利用する人びとの生活は複雑な社会関係に支えられ、森林はさまざまな人びとの生活と技能を育み、結びつける要になっているように思われる。本稿の展望は既存の「森の民」のイメージを拡張し、より豊かなものにすることだが、そのためにまずこれまでのネパールの環境問題に関する議論の方向を整理して本研究を位置づけ（一）、「近代化」にともなう森林と山のイメージの変化をみる（二）。さらに、マガール人の森林に関する知識と利用を紹介し（三）、マガール人と鍛冶師カーストの関係、鍛冶師の技能によって成り立つ森林利用（四）について記述する。

一　ネパールの環境問題

ネパールの環境問題をめぐる議論には、一九七〇年代から始まった「ヒマラヤの環境劣化論」、「私有林国有化法（Private Forest Nationalization Act 1957）の弊害説」に代表される森林破壊の警告論と、一九八〇年代後半から盛んになったそれに対する修正論がある。[1]前者は、人口の急増にともなう耕地の拡大、薪需要の増加、家畜の増加などにより森林が減少し荒廃してきたとして環境危機を強調する立場である。また後者は、森林破壊を歴史（＝準植民地）的現象として、あるいは国家による重税と資源開発によるものとして捉え直したり、データの不確定性を検証することによって、より慎重に森林破壊の問題を議論する立場である。

修正論の意義は「科学的な客観的」真理を信奉する私たちのナイーブさと、そう信じこませる「知」の仕掛けとヘゲモニー、フレーミングの問題（佐藤　二〇〇二）などを提起したことにあった。だが、他方でそれは、それでは何を信じればよいのか、森林破壊はあるのかないのか、あるとすれば、それはどれほど普遍的で深刻なのかという疑問を生じさせた。こうした疑問に対して研究者は、ネパールでは森林の維持管理がうまくいっている地域もあるが、森林の荒廃ないし劣化はかなり一般的な傾向であるということを出発点に、地域性、歴史性、主体となる民族やカーストの違い、国家の政策などをふまえて、森林の荒廃や劣化の問題を議論するようになってきた。

本稿はこうした研究動向をふまえながら、マガール人の森林利用をカースト間関係という社会的関係性、道具と技能という技術論を織り込みながら考察することで、ネパールにおける森林荒廃の問題を別の角度から照射することを目的とする。そして、森林を利用することは自然の問題であると同時に、きわめて社会的な問題であることを明らかにしたいと思う。

二　森の民と山の民

冒頭のエピソードで一つ留意したいことは、おばあさんが生活になくてはならないものを「森林」だと考え、「山（パハール）」とは言っていないことである。日本は開発の余地がないほど発展している、と伝えきくマガール人は「日本には山がない」と思い込んでいる。彼（女）らにとって日本は、インドの平地やネパールの低地（タライ）のように真っ平らな所であるはずだし、そうあらねばならない。なぜなら一九五〇年代以降、人びとは「開発」にとって最大の障害は山だと考えるようになり、自分たちの村に道路がこないのは山のせいだとして諦めているからだ。山は「開発」が進まないことを納得する格好の説明になっており、都市を頂点として低地、山地、高地と高度が上がるにしたがい、道路と電気に代表される「開発」の量は減るという単線的な社会進化のイメージをいだくのに、とてもわかりやすい図式を提供している（南　一九九九）。

もっとも山の生活は、歴史的にみると肯定的に捉えられてきた時間のほうが長かった。ネパールでは標高約三〇〇メートル以下の低地と、山地の川沿いにある平坦地（ベシ）は長らくマラリア汚染地域だったからである（詳しくは、小林　二〇〇二）。マラリアの脅威がほぼ抑えられた一九六〇年頃まで、人びとは低地よりも山地をよりよい居住環境だと考えていた。

私が調査する標高七三〇メートルのボジャ村では、標高一〇〇〇メートル以上の山地上部（レク）にある村のほうが、焼畑で栽培するトウモロコシがよく実り、甘みがあって美味いとされ、レクは農業生産にとっても望ましい所だと認識されてきた。実際一九三〇年代、現在ボジャ村がある所に立地していたラムコット村は、レクの尾根上、標高一〇五〇メートルの所に遷移した。つづいて一九四一年、今より少し低い所にあったボジャ村は、伝染病の蔓延をきっかけにその跡地に移動し今日にいたる（図1参照）。つまり、いずれの村も高いほうへの移動を志向していたのである。ところが、一九六〇年頃から、人びとの理想の生活は標高約三〇〇メートルのカリガンダキ川沿いの平坦地に水田をもつこと、あるいはそこへ移住することに変わった。食生活においても、できれば毎食、焼畑と常畑で栽培するトウモロコシよりも水稲栽培の米を食べたいと望むようになった。

このように山の生活の優位性が少しずつ低下する現象は、マラリアの抑制に端を発し、低地の急速な発展の裏返しとして徐々に進行してきた。今日では、山地は「病院、電気、道路、トラクター、自転車、電話などがない」所、すなわち低地で享受されるさまざまな利便がない所として否定形で語られるようになった。山という居住環境の相対的な価値の低下は「近代化」の普遍的な現象といえよう。だが、他方で自分たちの生活は「森林」によって成り立つという認識は、先のおばあさんの発言にみられるようにかろうじて残っている。今のところ山と、そこに多くある森林とは切り離され、否定的な山のイメージと、どちらかというと肯定的な森林のイメージが交錯しているのである。

したがって、ネパール語のパハーリヤ（山の民）という言葉は、都市や低地に住む人が山地に住む人のことを侮蔑的に話すときに多く用いられ、山地に住む人が自らを指してこれを使う場合は、自嘲的な語りにおいて耳にすることになる。一方、「森の民」に相当する言葉は、ネパール語にもマガール語にもない。直訳すれば近い言葉にバン・マンチェ（森の人）があるが、これはその骨をもってい

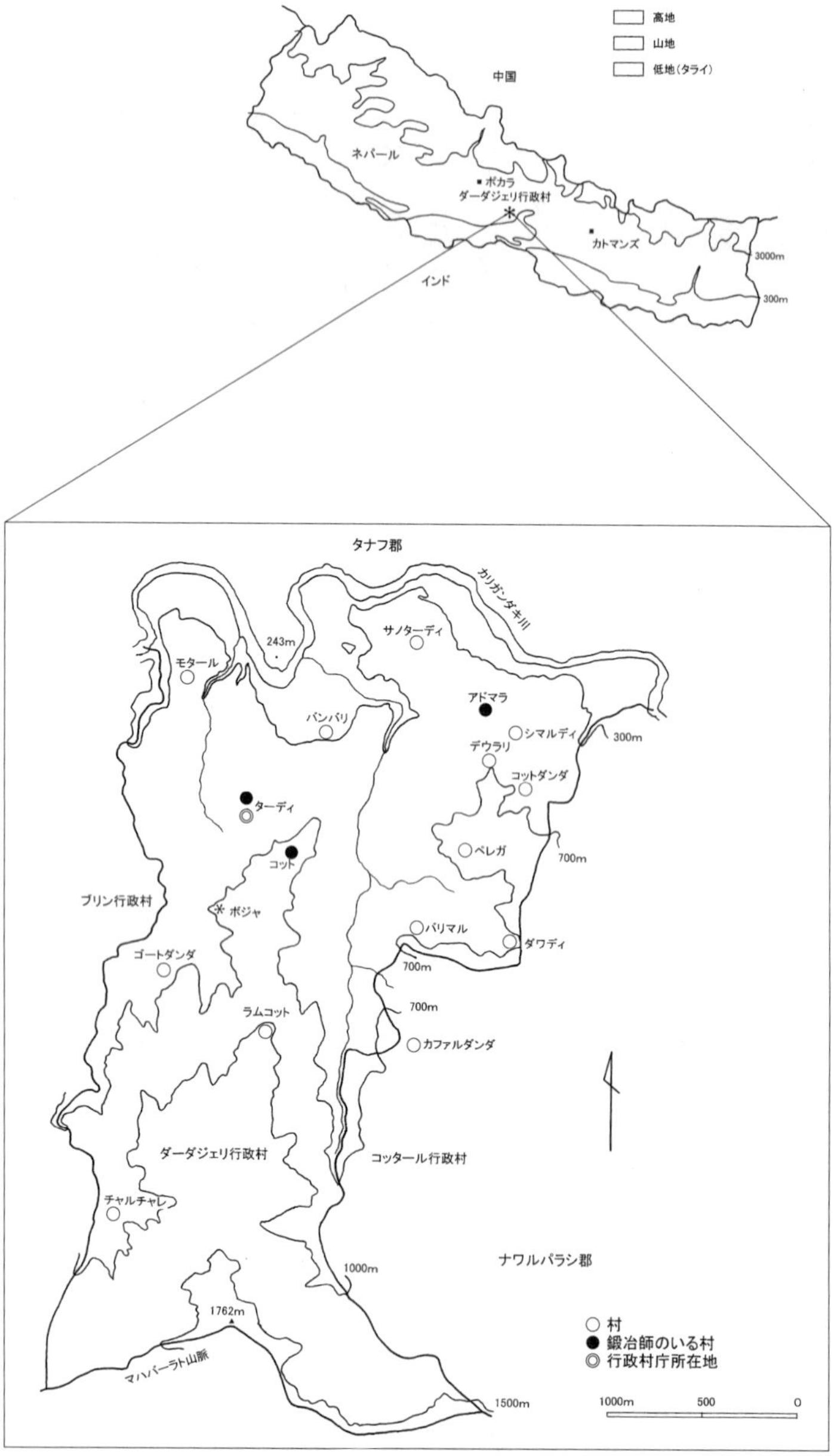

図１　調査地ポジャ村と鍛冶師のいる村

ると幸運になるといわれる、人によく似た伝説上の動物で、野生人ないし雪男（シェルパ語ではイェティ）と訳すべきであろう。他にもバン・ククル（野犬、直訳は森の犬）、バン・タルルー（野生のナガイモ）など、「森の」と形容されるものは栽培ないし家畜化されていない野生の動植物を指すことが多い。これが日本の「天然ウナギ」のように、希少で、養殖モノより滋養に富むものと肯定的に語られる例は今のところネパールでは少ない。

つまり、近代化を推し進めるネパールのような国家においては、「森の＝野生の」がつく表現は遅れた、あるいは飼い馴らされていないという意味で侮蔑語のニュアンスをもつのである。他の民族やカーストから孤立して森林に暮らしてきたクスンダという先住の少数民族を、バン・ラージャ（森の王様）と呼ぶことがあるが、これも彼（女）らを揶揄した表現といえよう。興味深いのは、ボジャ村では森林での密会と情事のことをバン・ボーズ（森の饗宴・ご馳走）と呼ぶことである。人目を憚る逢瀬が文字通り森林で行われることからきた表現であろうが、村と違って「森林」が野生的で、管理しきれず、無秩序な所であるというイメージが言い表されている。森林は資源に満ちた豊穣な所だが、文化的、社会的には妖しくも危険な場所であり、両義的な性格をもつのである。

三　マガール人の森林利用

マガール人とボジャ村

マガール人はチベット・ビルマ語系のマガール語を母語とし、ネパール西部から中西部の山地と東

写真１　ラムコット村への途上から見たボジャ村。手前に藪林、中央斜面に焼畑がみえる。（2001年９月）

部の低地に多く住む人びとである。(2) ネパール政府が認定した五九の民族（ジャナジャーティ）の一つで、二〇〇一年における人口は約一六二万人にのぼり、ネパールの全人口約二三〇〇万人の七・一パーセントを占める。ジャナジャーティのなかでマガール人は最も人口が多く、バウン（ブラーマン）、チェットリ（クシャトリア）というカーストに次ぐ民族集団であるが、ネパールではこのような民族もカースト（ジャート）の一つとみなされる。マガール人は八つの下位集団に分かれ、それぞれは優勢して住む地域に分布する。ここでとりあげる西部ネパール、ナワルパラシ郡ダーダジエリ行政村（村落開発委員会）のボジャ村は、アレ・マガールとタパ・マガールという下位集団の一四所帯一〇八人からなる。

さて、図１に示すようにボジャ村はマハバーラト山脈北面に位置する山村である。標高三〇〇〜八五〇メートルに広がる村の領域は、ほぼ全体が焼畑の休閑地であり、樹高四〜五メートル、胸高直径が五〜一〇センチメートルほどの「藪林＝ブッシュ」が広がる。そして藪林のなかに、集落と菜園、ゆるい斜面につくられた常畑、川沿いの小規模な水田、その年開いた栽培中の焼畑が島のように点在する。唯一ガレ場の尾根筋には、フタバガキ科サラソウジュの高木が優先する比較的濃い「森」がある。藪林はそれぞれに地名がつけられた約一八七の地所に分かれ、各地所は村のいずれかの所帯が焼畑をつくり、収穫し、代々相続してきた焼畑用益地になっている。もっともそれは所有地ではないので、家畜の日帰り放牧や、ヤマノイモ、キノコなど地表にある有用資源の採集は村外の者を含む誰が行ってもよく、大木の伐採など著しい破壊だけが暗黙のうちに禁じられている。

作物は主食となるトウモロコシが常畑で栽培され、その一部でショウガとウコンが間作される。また、陽当たりのよい一部の畑ではトウモロコシ収穫後に、冬作物のホースグラム（*Dolichos biflorus*）、ベニバナ、ケツルアズキ（*Vigna mungo*）、アブラナなどが栽培される。集落に隣接する常畑と菜園では、タバコ、カラシナ、ダイコン、カボチャ、フジマメ（*Lablab purpurea*）などが栽培される。焼畑では在来種のトウモロコシと、一部でカボチャが栽培される。焼畑は基本的に一年使って放棄し、四〜五年の休閑期を経て、藪林となった所をふたたび焼畑に利用して循環させる。稀に二年目に前年の焼畑の一部を伐採して火入れし、キビ、ヒエ、陸稲などが輪作される。水田ではイネの一期作が基本であり、川沿いの平坦地（ベシ）にある水田の一部でコムギの二毛作がみられる。

家畜はウシ、ヤギ、ブタが全所帯で、水牛が一部の所帯で飼われる。ウシとヤギは焼畑の休閑地で日帰り放牧し、水牛は舎飼いされる。労働力に余裕がある所帯は、乾季の一二・一〜三・四月、作物を育てていない常畑に仮設の小屋（ゴート）を設けて泊まり、夜ウシを常畑内につないで糞尿を肥料[3]

図2　マガール人の森林の概念

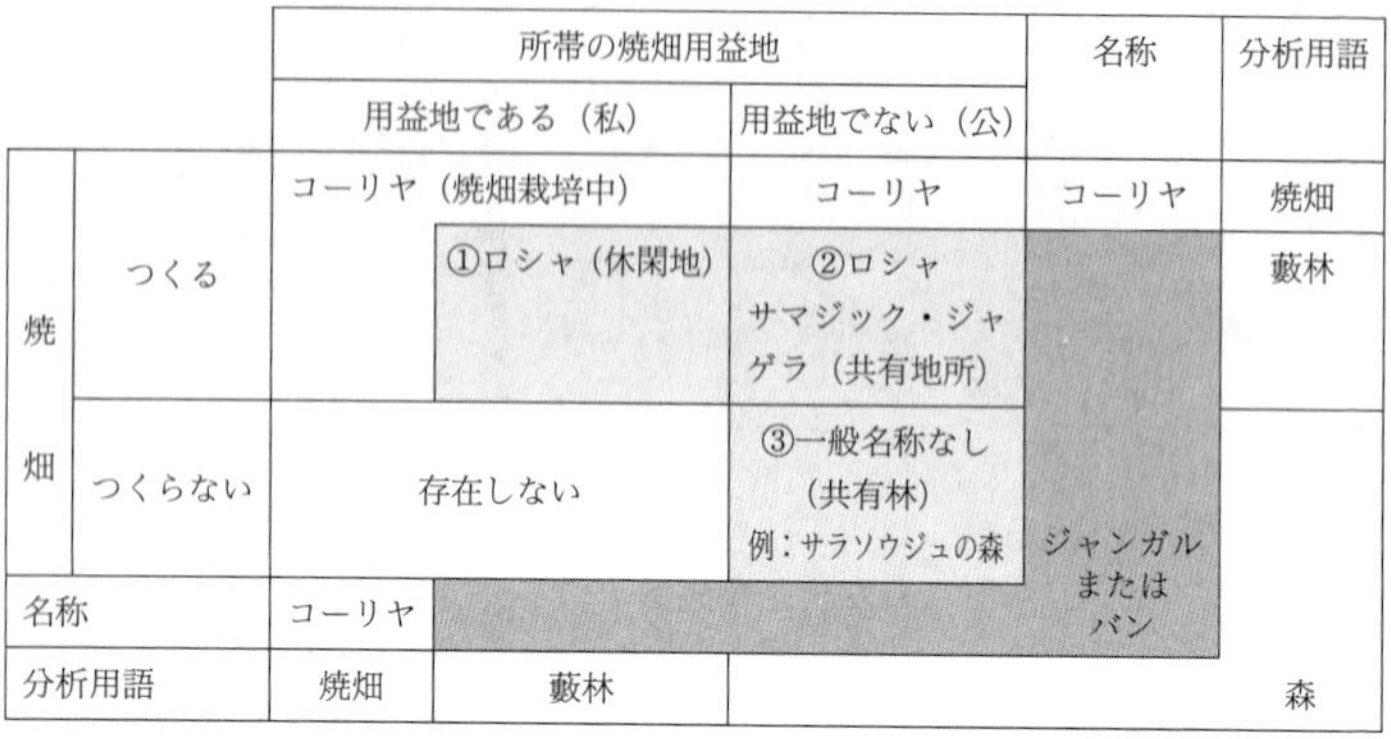

	所帯の焼畑用益地		名称	分析用語
	用益地である（私）	用益地でない（公）		
焼畑 つくる	コーリヤ（焼畑栽培中）	コーリヤ	コーリヤ	焼畑
	①ロシャ（休閑地）	②ロシャ サマジック・ジャゲラ（共有地所）	ジャンガル または バン	藪林
焼畑 つくらない	存在しない	③一般名称なし（共有林）例：サラソウジュの森		
名称	コーリヤ			
分析用語	焼畑	藪林		森

とする。ゴートをつくるか否かにかかわらず、全所帯は畜舎にたまったウシ、ヤギ、水牛の堆肥を常畑と菜園に撒いて唯一の肥料としている。

　ところで、私は焼畑の休閑地を「藪林＝ブッシュ」と呼び、サラソウジュが生育する尾根筋を比較的濃い「森」と表現して藪林と森を使い分けた。だが、じつはボジャ村の人びとは、どちらかというと「森林」を意味し、より広い概念である「バン」と、どちらかというと「藪林」を意味する「ジャンガル」をしばしば互換的に使い両者を必ずしも峻別していない。図2に森林の概念を示すが、バンとジャンガルは村人にとって連続的で互換可能な概念であり、区別されているのは焼畑をつくる所か否かと、ある所帯の焼畑用益地であるか否かである。焼畑をつくらない所は焼畑用益地にならないので存在せず、森林は残る三つのカテゴリーのいずれかになる。すなわち、①ある所帯の焼畑用益地で焼畑をつくる土地だが現在は休閑中の所（ロシャ）、②どの所帯の焼畑用益地でもない共有地所（サマジック・ジャゲラ）で、賃貸料を払って村から借り受けた人が焼畑をつくることができる土地だが現在は休閑中の所（ロシャ）、③サラソウジュの森のようにどの所帯の焼畑用益地でもなく焼畑もつくらない所（一般名称なし）、つまり「共有林」である。これら三つの所はバンないしジャンガルと呼ばれ、栽培中の焼畑はコーリヤと呼ばれる。規模としては、大きい順に①、③、②となり、コーリヤはロシャ全体の一〇～二〇パーセントくらいを占める。

本稿では混同を避けるために分析用語として、休閑期間の長短にかかわらず焼畑の休閑地、すなわちロシャにあたる所を「藪林」（図2の①と②）、いずれの所帯の焼畑用益地でもなく焼畑をつくらない共有林を「森」（同③）、両者を含む森林一般を「森林」と定義して使っていきたい。

植生と森林利用

ボジャ村の森林は、スタイントン（Stainton 1972）、門田と森田（Kadota and Morita 1983）、土屋（一九九七）による植生分類のサラノキ属サラソウジュ林帯（*Shorea robusta*）とヒメツバキ属－シイ属林帯（*Schima*–*Castanopsis*）に対応し、両者のほぼ移行帯に位置づけられる。サラソウジュはともかくヒメツバキ属とシイ属の木はそれほど多く自生しないが、森林の利用の一端をこの代表的な三種類の木からみてみよう。

サラソウジュは尾根筋の高木も、その周辺の林床や裸地に自生する幼木と低木もゆるやかな保護の対象とされている。それは、有用樹として利用はするが、他の木で代替できるような用途ではむやみにサラソウジュを使わないという保護である。この木は、建築用材、犂床・唐臼・ブタの餌入れなど大型の木製品の材料として重要であり、葉は儀礼などで用いる使い捨ての食器・灯明皿をつくる材料になる。また、若葉と小枝はウシ用の副次的な飼料になり、樹脂は香とするために採集される。

四〜五〇年に一度建て替える家の建築では、間口五メートル、奥行き三・五メートル、高さ三・六メートルの標準的なサイズの切妻づくりの家で、柱、棟、桁、梁材として胸高直径約二五センチメートルのサラソウジュの木が二二本必要とされる。その内訳は、長さ七ハット（約三メートル：ハットは長さの単位で、肘から指までの長さ）の材が一〇本、八ハット（約三・四メートル）が三本、九ハット（約三・九メートル）が二本、一一ハット（約四・七メートル）が二本、一二ハット（約五・二メートル）が四本である。家は村人自身が建てるが、サラソウジュの伐採は現在、村内の全所帯で構成される森林管理委員会に申し出る許認可制にして管理されている。

マガール語でギャーシン、ネパール語でチラウネと呼ばれるヒメツバキ属イジュ（*Schima Wallichii*）の高木は切らずに残され、藪林や、段々畑の境（段差）にところどころみられる。こうした高木は私有物であり、所有者は「苅敷（シャウラー）」として用いるためイジュの枝葉を三・四月頃切り落として干しておく。五・六月、ショウガとウコンの植えつけ後、苅敷は乾燥予防と施肥のため畑一面に厚く敷かれる。

シイ属インドクリガシ（*Castanopsis indica*）は標高一〇〇〇メートル以上の森林に自生し、ボジャ村では段々畑の境に私有の木として栽培される。村内に数本あるインドクリガシの小高木からは、誰もが所有者に断ることなくその葉を採集することができる。これは、干した葉を主脈から半分に裂き、タバコの葉を包んで葉巻タバコのビリーをつくるためである。枝葉は、畜舎、物置、鍛冶場などの屋根葺き材（これもシャウラーと呼ぶ）として最良で、若葉であれば飼料にもなる。

このように三種類の有用樹の用途をみるだけでも、森林が多様な労働を通じてさまざまに利用されていることが推しはかられるであろう。藪林は循環的に焼畑として利用され、サラソウジュの森もつねに人の手が入っており、ここには手つかずの森林（天然林）などない。むしろ、森林は人びとが地所名に対応させ、どこに何の植物が生えているかを熟知しているような空間なのである。ボジャ村の森林は、名前も知らないような木々の集合体ではなく、名称、生活史、用途などを知り尽くした木々が記憶どおりに配置されている「文化的自然」だといえる。

写真2　藪林を伐採して焼畑をつくる。ついでに放牧中のヤギに採餌させる。（2001年2月）

この「文化的自然」を形づくり、維持・継承するのに重要な働きをしているのが焼畑づくり（コーリヤ・キャムケ：焼畑の伐採）である。焼畑の地所の分布や循環についてはすでに書いたのでふれないが（南　二〇〇二a、二〇〇二b）、焼畑はトウモロコシの栽培を目的にしつつも、休閑期の二次的な利用を含めてさまざまな副産物をもたらす。まず、伐採中や火入れ後には、ヤマノイモ属カシュウイモ（*Dioscorea bulbifera*）、テンナンショウ属のイモなどが食用に採集され、燃え残った木は家に持ち帰って二〜三カ月分の薪になる。トウモロコシの栽培中は焼畑自体が小動物の狩猟場になり、収穫後トウモロコシの茎は集められて飼料とされる。

休閑期においても焼畑の跡地は、ウシとヤギそれぞれの日帰り放牧（マーラ・ヌケ：放牧行き）に最適の場所を提供する。休閑一年目の雨季、そこには草本が繁茂し、切り残した木の切り株から若葉が一斉に芽を吹くからである。放牧は雨の日や来客の多い祭礼の日であってもほぼ欠かさない日課である。だが、それだけでは餌が足りないといわれており、舎飼いの水牛ばかりかウシにも（ヤギは少量でよい）、朝晩二回、採集した飼料を与える。そのため朝一番の仕事は、男女ともに飼料の採集（ガース・チェケ：飼料刈り・切り）になる。

飼料木

採集する家畜の飼料は大別して三種類ある。雨季の五・六～九・十月にかけては、もっぱら段々畑の境や森林において刈った下草（ジャル・ガース：草の飼料）が飼料とされる。乾季の十・十一～四・五月までは、藪林のなかでも焼畑の循環サイクルからしばらく外れ、外観上「森林」に更新しているような所で、家畜が好む木の葉と小枝（ダーレ・ガース：枝払いした飼料）が木に登って切り落とされる。一・二月になると、しばしばボジャ村より標高が高いラムコット村の藪林でダーレ・ガースは採集されるが、咎められることはない。第三は、段々畑の境（ディク）に挿し木、あるいは種から苗木を育てて移植された、私有の栽培飼料木である。これもダーレ・ガースだが、森林から採集したものと区別してコーツォ・ガース（育てた飼料）とも呼ばれる。最近植えたばかりの低木から高木まで一所帯には、一～二〇〇本の栽培飼料木があり、約一～二カ月分（最も多い所帯で三カ月分）の飼料が確保されているといわれる。

栽培飼料木は、雨季か乾季を問わず、飼料採集に行く人手が都合できない特別の日や機会のための備蓄である。例えば、田植、イネの脱穀と運搬、過去には魚毒漁を行う日など家族全員が朝から忙しい日や、不意の来客で外出できない日、女性が実家に戻る祭礼の日などは、家の近くの栽培飼料木の枝葉が家畜に与えられる。また、特定の飼料木は、犂を引き田畑を耕す雄ウシに勢力をつける、あるいは搾乳中の水牛や雌ウシの乳量を増やすことを目的として与えられる。

石井（一九九二：一九五―一九六）は、畑地の木は乾季の終わり三・四月頃の農繁期のためにとっておかれると述べるが、ここでも二・三～四・五月のトウモロコシ作付け前に犂で常畑を耕す雄ウシのために、滋養があるとされる栽培飼料木がとっておかれる（後述する表1の13と21）。栽培飼料木は一年をとおしてみると、乾季の終わり三～四月頃にかなり集中して利用される。それは雨季が近づき、この時期、そろそろ備蓄が不要になるため栽培飼料木を使い切ることや、近場の森林の飼料木の枝葉を取り尽くし、遠出しなければ飼料が採集できなくなることに起因すると考えられる。

ボジャ村でおもに利用されるダーレ・ガース（飼料木）二〇科二三属二八種（不明二種）を表1に示す。このうち一五種は家畜が好み、乾季の終わりまで落葉しないのでよいとされる飼料で、残る一五種は副次的に与えられるマイナー飼料である。最も評価が高い飼料は、6のムラサキモクワンジュ、13のイチジク属の木（*Ficus lacor*）、16のカンラン科の木（*Garuga pinnata*）、18のハマビワ属の木（*Litesa monopetala*）、21のツルマンリョウ属の木（*Myrsine capitellata*）、23ハマクサギ属の木（*Premna barbata*）、29マガール語名パルキヤ（不明）の七種である。このなかでムラサキモクワンジュとハマ

表1　ボジャ村で利用される主な飼料木

	学名		和名	マガール語［ネパール語］	備考（他の用途）
1	*Acacia catechu*	マメ科	アカシア属アセンヤクノキ	khayar［khair］	飼料（堅いので農具の柄材、炭材）
2	*Aegle marmelos*	ミカン科	ベンガルカラタチ属ベンガルカラタチ	jo［bel］	マイナー飼料、（苅敷）
3	*Albizia chinensis*	マメ科	ネムノキ属	bareya［siran］	マイナー飼料：ヤギに与え過ぎると腹が膨れ、息が荒くなる
4	*Albizia julibrissin*	マメ科	ネムノキ属ネムノキ	bareya［siris］	飼料：ウシが好む、ヤギも多少食べる
5	*Anthcephalus cadamba*	アカネ科		karamba［kadam］	マイナー飼料：ヤギのみ食べる
6	*Bauhinia purpurea*	マメ科	ハマカズラ属ムラサキモクワンジュ	kugan［tanki］	飼料：最良。犂耕する雄ウシ、搾乳中の家畜に与える（葉・花序・豆は食用、挿し木）
7	*Brassaiopsis hainla*	ウコギ科		khasareya	マイナー飼料：水牛は食べるが、よい飼料ではない
8	*Careya arborea*	サガリバナ科		thopsing［bhorla］	飼料、焼畑内の高木（実は炒って食用）
9	*Castanopsis indica*	ブナ科	シイ属インドクリガシ	jiro［katus］	マイナー飼料：若葉のみ（苅敷、屋根葺き材、葉巻タバコ・ビリーの葉）
10	*Diploknema butylacea*	アカテツ科		churi［chiuri］	マイナー飼料
11	*Ficus auriculata*	クワ科	イチジク属	dongolya［tothone］	飼料
12	*Ficus hispida*	クワ科	イチジク属オオバイチジク	butu［nimaro］	マイナー飼料
13	*Ficus lacor*	クワ科	イチジク属	gosibhal［kabro］	飼料：最良。5月に犂耕する雄ウシ、搾乳中の家畜に与える（3・4月に若葉を食用、挿し木）
14	*Ficus religiosa*	クワ科	イチジク属インドボダイジュ	pipal［pipal］	マイナー飼料
15	*Ficus semicordata*	クワ科	イチジク属	arkot［khanyu］	マイナー飼料
16	*Garuga pinnata*	カンラン科		raprakeya［dabdabe］	飼料：最良。年に3－4回新葉が出るので乾季最後まで採取可、乳量が減るので搾乳中の家畜には与えない（挿し木後3年で採取可）
17	*Grewia subinaequalis*	シナノキ科	ウオトリギ属	jalma ghans	飼料
18	*Litesa monopetala*	クスノキ科	ハマビワ属	kutmero［kutmero］	飼料：最良
19	*Mallotus phillippiaeusis*	トウダイグサ科	アカメガシワ属クスノハガシワ	raini［rohini］	マイナー飼料：若葉のみ（苅敷）
20	*Myrica esculenta*	ヤマモモ科	ヤマモモ属	kyambu［kaphal］	マイナー飼料（3・4月に実を食用）
21	*Myrsine capitellata*	ヤブコウジ科	ツルマンリョウ属	bakaleyagan	飼料：最良。3・4－4・5月に犂耕する雄ウシに与える（若葉・実は食用）
22	*Oroxylum indicum*	ノウゼンカズラ科		totol［tatelo］	マイナー飼料
23	*Premna barbata*	クマツヅラ科	ハマクサギ属	gandeyari［ginderi］	飼料：最良。犂耕する雄ウシ、搾乳中の家畜に与える
24	*Radermachera sp.* (*Sterospermum sp.*)	ノウゼンカズラ科	センダンキササゲ属	paderi［padari］	飼料：乾季の3・4月まで落葉しないのでよい飼料
25	*Shorea robusta*	フタバガキ科	サラノキ属サラソウジュ	phosing［sal］	マイナー飼料：若葉、ウシのみ食べる（炭材、建材、葉で食器製作、樹脂は香）
26	*Terminalia alata*	シクンシ科	モモタマナ属	dalsing［sajh］	飼料（焼畑用益地の境界目印として高木）
27	*Villebrunea frutescens*	イラクサ科	ハドノキ属イワガネ	chipleya［chiple gan］	マイナー飼料：ウシが便秘の時に与える下剤（若葉は食用）
28	*Woodfordia fruticosa*	ミソハギ科		jhaleya［dhaeri］	マイナー飼料：多少ヤギに与える
29	?			parkiya	飼料：最良。乾季2月の最適の飼料
30	?			dapdakeya	飼料：raprakeyaより劣る

クザギ属の木（23）は、雨季に草の飼料（ジャル・ガース）があっても、こちらが食べられるほど家畜に好まれ、他はジャル・ガースに比べると飼料として劣るそうだ。

ところで、これらがそれぞれどこで採集されるのか、すなわち段々畑の境（栽培種）か森林（野生種、半栽培種）かは重要である。だが、藪林と森林が連続的な概念であるのと同じ理由で、両者を分かつことは難しい。一見すると「森林」である所が、以前焼畑で使われていたり、常畑であったり、仮設の小屋が建てられていたりして、人為的な環境であることも多いからである。それでも、ムラサキモクワンジュとカンラン科の木（16）は、森林の中ではまずみられず、もっぱら段々畑の境で栽培されている飼料木のようである。この二つの木とイチジク属の木（13）は、挿し木で簡単に増やすことができるので、バナナの木とともに段々畑の境でみかける最も一般的な木だといえよう。個々の飼料木の性格は表1の備考欄に示したが、ボジャ村の人びとはこのような植物に関する知識を背景にして、森林を利用しているのである。

飼料の量に目を転じると、水牛とウシには一頭につき毎日一・五ムタ（束）の飼料が与えられる。飼料木の場合、一ムタの湿潤重量は五〜六キログラムであり、一・五ムタは約八キログラムに相当する。ボジャ村では成獣と幼獣合わせて一所帯平均水牛が二・五頭、ウシが四・六頭飼育されているので（南 二〇〇二b：二〇三）、一所帯は一日に平均一〇ムタ、約五七キログラムの飼料を採集し、村まで運搬していることになる。

大事なことは、ボジャ村では今のところそれが可能となっており、それだけの飼料を供給する広さと質を兼ね備えた森林が維持されていることである。森林の利用のなかで、とくに飼料木に注目してきたのは、森林および栽培飼料木からどれくらいの飼料が得られるかが、飼育できる家畜数を決定し、家畜の数はその堆肥を唯一の肥料源とする常畑の耕作できるサイズを決定するからである。化学肥料に依存しない、ボジャ村の常畑の耕作面積は、家畜の数（＝堆肥の量）、森林のサイズと質および栽培飼料木の本数（＝飼料木の質と量）と相関関係にあり、森林は生業の基盤であると同時に、多様な生業の結節点となっているのである。

四　マガール人と鍛冶師カーストの関係

カースト間関係

マガール人と鍛冶師カーストの森林をめぐる関係をみるにあたり、両者の日常のつきあいを表すボジャ村でのエピソードを紹介したい。

〈エピソード〉　朝一〇時、早朝の一仕事を終えて家族が家につどう頃、ギリンゲ・ブロ（ギリン村出身のおじいさん）と呼ばれている鍛冶師カーストの老人が、私の泊めてもらっているマガール人の家にやってきた。老人にとって朝の仕事は、息子が修理した金属製品を配達しに、御用聞きを兼ねて近隣の村むらの顧客（後述）を訪ねることなのである。すでに配達先で心づけに酒をふるまわれてきたらしい老人の目の周りは赤く、呂律もまわっていない。老人はいつものように前庭の隅にうずくまって世間話をはじめたが、まもなく家の主人に縁側の土間に座るようすすめられた。

家族が縁側でめいめい食事をはじめるなか、老人はなかなか腰を上げない。家の四～五歳の子どもは、そんな老人に「何しにうちへ来たの？」、「どうして自分ちに帰らないの？」と容赦ない質問を浴びせる。そのうち、家の主人は「ご飯を食べるか？」と尋ねて老人の返事を聞きただし、「カミ（鍛冶師カースト）は乞食カーストだから……」と私に小声でささやきながら、家の人に朝食を出すよう指示した。食事が終わると老人は、自分の使った食器を洗って返し、それを受け取った妻はこれみよがしに、ふたたび水で食器をゆすいでから家のなかに入った。

ボジャ村に滞在していると、ネパールがカースト社会であることを思い出させる、このような出来事にときどき出会う。不可触カーストとされてきた鍛冶師は、カースト体系で中位に位置するマガール人の家の中に入れてもらえず、老人世代は縁側にも招かれてからでないと座らない。都市部では珍しくなってきたが、よその家や食堂で、使った食器を自ら洗うことも不可触カーストの人にのみ課せられた慣習である。鍛冶師カーストの人びとはマガール人から、マガール人の客であればまずありえないような差別的な言動にさらされている。

さて、ギリンゲ・ブロはマガール人のどの家でも訪問して、食事をご馳走になっているわけではない。老人が訪ねる家は、自分のことを「収穫物（を与える）家（の）鍛冶師」（バーリー・ガール・カミ）と呼んで継続的な関係を結ぶ、顧客（ビスタ）の家に限られる。この地域では、ほぼすべてのマガール人の所帯は特定の鍛冶師に年季報酬を与え、その都度手間賃を払うことなく金属製品を修理してもらっている。インドのジャジマーニー体系[4]に類似するこのカースト間関係を「顧客－鍛冶師関係」と呼んでおこう。

報酬の基本はバーリー（収穫物）と呼ばれる籾米、あるいはそれがない所帯ではトウモロコシやシコクビエである。鍛冶師はこれを稲の収穫後十一・十二〜十二・一月頃に顧客を一軒ずつ訪ねて集める。その量は所帯の実労働者（一五歳以上の男女）一人につき一パティ（四・五六リットル）が目安とされる。ボジャ村の場合、全所帯がギリンゲ・ブロの息子（後述する表2のB）の顧客だが、一九九九年におけるバーリーの量は三〜八パティと幅があり、一所帯の平均は五・二パティであった。(5)

第二の報酬はバーグ・マッカイ（分け前のトウモロコシ）である。鍛冶師は九・十月に顧客の焼畑を訪ね、持参した背負いかごに一杯分の房つきのトウモロコシを受け取る。これは穀粒に換算すると約五パティから六パティになる。(6) この他に鍛冶師には、特定の祭礼と顧客所帯の結婚式、男児が誕生したときの儀礼、葬式において、精米一マナ（〇・五七リットル）、蒸留酒（ビール瓶半分）、ブタ・ヤギ・水牛いずれかの肉一塊（約四〇〇グラム）、塩、ウコン、トウガラシが与えられる。また、受け取りにきた鍛冶師には、蒸留酒、肉のおかず、揚げパン、ときには食事がふるまわれる。特定の祭礼とは、マーグ・サンクランティ（一・二月初日の祭り）、ティーズ（八・九月の女性の祭り）、ダサイン（十・十一月のヒンドゥー教の大祭）、バイ・ティカ（ダサイン二週間後の祭り）の四つである。(7)

日常の修理と違って新品の注文の場合は、これらとは別に謝礼が必要となる。顧客はふつう町から車の板バネを買ってきて、新しい品物の製作を鍛冶師に頼む。このとき、両者はその手間賃をアディヤ（折半）か、ボーズ（饗宴・ご馳走）で払うかを相談する。アディヤとは顧客が持参した材料鉄の半分を鍛冶師に与えることであり、ボーズは品物が完成したとき、鍛冶師とその子ども一人を顧客の家に招き、蒸留酒、肉のおかず、食事を満腹になるまでご馳走するものである。マガール人はご馳走するほうが安くすむことからボーズ型を選び、鍛冶師にとって望ましいといわれるアディヤ型はほとんどみられない。

ダーダジェリ行政村における顧客－鍛冶師関係

それでは実際、調査地における金属製品は何人くらいの鍛冶師によって修理・製作されているのか。ボジャ村を含むダーダジェリ行政村における顧客－鍛冶師関係をみてみよう。二〇〇一年現在人口が二八一〇人、三〇六所帯のダーダジェリ行政村は、マガール人が二五一七人で約九〇パーセントを占め、チェットリが一二四人、仕立師兼楽師のダマイが五七人、鍛冶師のカミが五三人、皮細工師のサルキが三六人、カリガンダキ川で渡し舟を操るボテ人（bote）が七人、ネワール人が七人から構成される。基本的に全所帯が農業に従事し、三つの職人カーストのなかには零細な農業とカーストの伝統的な仕事を兼業する者もいる。

表2に鍛冶仕事を行う七人の鍛冶師が、それぞれどの村に何人の顧客をもっているかを示す。鍛冶師は、行政村にある一六の村（集落、自然村）のうちアドマラ、ターディ、コットという三村に居住し（図1参照）、マガール人とチェットリとのあいだに顧客－鍛冶師関係を結ぶ。[8] 最も多いのは六村に五七所帯の顧客をもつA1である。一部顧客数が不明のA3を除く六人の鍛冶師の顧客数は、二一～五七所帯で、平均顧客数は三八所帯である。また、顧客は四～八村に分布しており平均は六・五村である。ただし、顧客－鍛冶師関係は行政村内で完結していない。隣の行政村や郡の鍛冶師が参入し、

表2　ダーダジェリ行政村における顧客－鍛冶師関係

鍛冶師 村名	アドマラ在 A1	 A2	 A3	ターディ在 B	コット在 C1	 C2	 C3	顧客 数合計	所帯数a)	よその 鍛冶師
モタール					2			2	38	b)
デウラリ	19	4						23	21	
コットダンダ		2	多い					?	12	
シマルディ		3	少い					?	5	
アドマラ	3	7						10	12	
サノターディ	11	9	3					23	25	
ペレガ	13	4						17	15	
バリマル	3	2	1		1	9		16	14	
ダワディ	8				1	1		10	22	
ボジャ				14				14	12	
ゴートダンダ				8		4		12	10	
ラムコット				2	1	7		10	16	c)
チャルチャレ				8			17	25	32	d)
ターディ				13	2	3	1	19	18	b)
バンバリ				1		1	2	4	11	b)
コット				3	3	11	1	18	28	b)
(カファルダンダ)e)					20	2		22	?	
合計	57	31	?	49	30	38	21	226	291	
村数	6村	7村	4村	7村	7村	8村	4村			

［1999年］

a）　ネパール政府のマラリア撲滅協会が1992年に調査した資料に基づく。2001年の国勢調査ではダーダジェリ行政村の全所帯数は306である。

b）　残る所帯はタナフ郡ビルコット村の鍛冶師の顧客である。

c）　ラムコット村のマガール人が多少の鍛冶仕事を請け負う。

d）　残る所帯は西隣のブリン行政村の鍛冶師の顧客である。

e）　東隣のコッタール行政村に属するが、鍛冶師の顧客総数をみるため記載。

こちらからも隣の郡に進出していることは（カファルダンダ村の例）、表2の注から明らかになろう。大雑把にいえば、そのような鍛冶師を含めて、約一〇人の鍛冶師が約三〇〇所帯のマガール人の金属製品の修理・製作を請け負っていると考えられる。

鍛冶師にとって顧客の数と顔ぶれは、基本は世襲であるが固定的なものではない。近場の顧客の仕事が忙しく遠方の村へ出張する余裕がなくなると、しばしば顧客のほうから関係を絶つ。逆の事例もある。例えば一九九一年、C1の顧客であったモタール村の九所帯はトウモロコシの分け前を払わず、喧嘩になって鍛冶師のほうから関係を解消した。また、一九九四年にC3が甥のBから、一九九八年にC2が父のC1から独立したが、このように親族の鍛冶師が開業すると顧客の一部を相続させるため、関係を結ぶ相手が変わる。

報酬の量をみると、鍛冶師は平均三八所帯の顧客から、平均五・二パティの籾米（バーリー）と約五パティのトウモロコシ（バーグ・マッカイ）を得ているので、あわせて年間三八八パティの穀物が入手される計算になる。一パティの穀物は、四～五人家族が一日で消費するくらいの量であり（ネパールでは一日二食）、この行政村の所帯の平均人数は八・五人なので、穀物消費量は一日一所帯約二パティである（濁酒、蒸留酒づくりの消費分は無視）。つまり、鍛冶師は顧客の年季報酬から平均して年間一九四日分の穀物を得ていることになる。これを多いとみるか、少ないとみるかは議論の分かれるところであろう。もとより鍛冶師が「貧しい私たちが、同じように貧しいマガールの所帯から無理に穀物を取り上げることはできない」と述べるように、約束の量と実際にもらえる量とは必ずしも一致しない可能性もある。

写真3　鉈鎌クルパの新品を製作するコット村の鍛冶師（1999年2月）

森林をめぐる関係

鍛冶師が製作しマガール人が利用する金属製品は、鉄を主として最近ではアルミニウムの古物を溶解し再加工した調理用具まで多種多様である。表3にターディ村の鍛冶師Bがつくり、ボジャ村で使われている主な金属製品を項目ごとにより普及しているものから順に挙げた。ここでは三七品目にのぼる生産財と生活材が、往復二日かけてわざわざ低地の村へ出かけることなく、地元で入手され修理されているわけだ。[9]

このなかで森林を利用するのに最も重要で、修理と製作の依頼が最も多い道具はクルパという鉈鎌《なたがま》（鉈のように厚刃の鎌）である。これに加えて、三種類の鍬（ウル）、犁の刃先（ファリ）、それを止める釘（カルワ）、斧（アルワ）が全所帯に必ずある品目であろう。クルパは戸外に労働に出かけるとき、男女とも必ず腰の後ろに結んだホルダー（クルパテヤ）に下げていく。[10] そのため、一五歳以上の実労働者はみな自分用のクルパを一本以上もっている。他の地域で一般的な草刈り用の鎌（ハシヤ）と違いクルパは、胸高直径が七～八センチメートルの木まで切り倒すことができ、焼畑の伐採、飼料や苅

表3　ターディ村の鍛冶師が製作する主な金属製品

分類	和名	マガール語［ネパール語］	用途・形状
生業・生産用具〈15〉	鉈鎌	khurpa	焼畑の伐採、草刈り、薪・木材切り、料理、食肉加工など
	鍬（薄刃・幅広）	ur[kodali]	常畑の耕起、除草、畦切り、屠ったブタの毛をこそぎ落とす
	鍬（厚刃・幅広剣先）	ur	常畑の耕起、溝掘り、灌漑・道路づくり
	手鍬（厚刃・幅細）	ur[kodalo]	焼畑の点播、ヤマノイモ掘り、瀬替え漁で川底を掘る
	犁の刃先	phali	木製の犁に差し込む。常畑の耕起・中耕、田の耕起
	犁の刃先止めの釘	karuwa	コの字型
	斧	aruwa[bancaro]	薪切り、材木切り、焼畑の伐採、木工、建築、丸木舟づくり
	掘り棒	khanti	柱や杭用の穴掘り、ヤマノイモ掘り
	鋸鎌（薄刃）	ariya[ari]	稲刈り専用、鋸歯が刻まれる
	鋤	koraha	稲株を押し切りし、脱穀場を整地する
	手鉤	guri	ヤマノイモ掘り、瀬替え漁で川底を掘る
	釣針	balchi	
	編針	jip	漁網編み・修理
	先込め銃	banduk	狩猟、祭礼時の空砲
	銃弾	goli	哺乳類の狩猟用（鳥類は布に包んだ鉄片の散弾）
工具〈4〉	手斧	basola	木工、建築、犁づくり、丸木舟づくり
	のみ	rabho	木工、犂づくり
	彫刻刀	[jyaba]	木工：鉈鎌の木製ホルダーや喫煙用竹パイプに模様を彫る
	金槌	hotoro	
調理・飲食用具〈10〉	五徳	odhan	
	火バサミ	cimta	
	小刀・ナイフ	[churi]	食肉加工、ブタの去勢
	鉄製平鍋（パーン）	tawa	無発酵パン（ロティ）焼き
	鉄製両手鍋	phari	ミルク沸かし、おかず調理、揚げ物鍋
	鉄製片手鍋	tapke	おかず調理
	アルミ製片手鍋	tapke	アルミ古物を溶解してから鍛造（以下アルミ製品は同じ）
	アルミ製おたま	dadu	
	アルミ製飯べら	panyu	
	アルミ製食器	bela	どぶろく・おかず入れ
生活用具〈5〉	錠前	[saco]	家のドアに取り付ける（現在は既製品に置き換わってきた）
	錠用の鎖	sangla	観音開きのドアの両側に取り付け、梁に錠前で鍵をする
	釘	kanti	木工（家の建築では木材どうしを竹で番線のようにして結ぶ）
	毛抜き	[cimti]	男性の髭抜き
	はさみ	[kaici]	散髪
呪具〈2〉	足輪・指輪	pancaratnya	病気治療
	ハーケン型のナイフ	kardha	呪医が失せもの探しで床や地面を掘る
楽器〈1〉	鈴（足輪）	jharla	踊り手の男女が足首につけ、リズムをとる
	〈計37〉		

敷とする枝葉切り、薪取り、家畜の解体、野菜切り、竹細工など多くの用途をもつ。

鍛冶師によれば鍛冶仕事の多忙期は、マガール人の農事暦に合わせて年に三度ある。一つは焼畑の伐採が始まる直前の二・三月であり、クルパを鍛え直して刃をつける作業と新品クルパの製作が主となる。第二は常畑のトウモロコシの除草時期をむかえる四・五月で、伸びたトウモロコシの間を耕起しながら除草するため（中耕）、幅広で薄刃の鍬（ウル、コダリ）と幅広の剣先で厚刃の鍬（ウル）の修理や製作が増加する。第三は五・六月で、焼畑にトウモロコシの種を埋めていくため、柄が短い、幅細で厚刃の手鍬（ウル、コダロ）を修理・製作するピークをむかえる。

このように鍛冶師が製作する道具は、マガール人の農作業に細かく適合したものが適期に提供されている。ボジャ村の人びとは、焼畑の伐採に耐えるクルパはここでの用途を熟知した地元の鍛冶師にしか製作できないと断言する。経験上、低地の町で売られている既製品のクルパや、焼畑をつくらない地域である、カリガンダキ川をはさんだ対岸のタナフ郡に住む鍛冶師がつくったクルパは、簡単に折れたり、刃が欠けてしまい使い物にならないことを知っているからだ。地元の鍛冶師はそうならないように、クルパを高温にしてから刃線のわずかな範囲だけにヤカンの水を注いで「焼入れ」し、硬い刃をつけた後、全体を「焼き戻し」してクルパ本体に粘りをもたせる（朝岡　一九九八：二〇五―二〇八）。すなわち、「焼入れ」と「焼き戻し」の微妙な加減によって、刃こぼれせずよく切れるが、かといって折れないクルパを製作するのである。クルパの大きさと重量はもとより、この適正な技能が用途を熟知する地元の鍛冶師ならではの作業になる。

その代わり、地元製のクルパは「焼入れ」部分が小さいので、そこが磨耗するたびに、新たに鍛え直し「刃をつける作業（焼入れと焼き戻し）」をくり返さなければならない。地元の生業に適合した地元の道具は、このようなメンテナンスが不可欠であり、ここに顧客－鍛冶師関係がこの地域で堅固に維持されている理由を見出すことができる。森林を利用するマガール人の生活は、地元の鍛冶師が焼畑づくりという生活経験を共有していることを前提に、鍛冶師の適正技能、生業に適合した道具、不可欠なメンテナンスとそれを保証する顧客－鍛冶師関係という多様な関係性から成り立っている。マガール人はそのような鍛冶師の重要性を強く認識しており、だからこそ「鍛冶師だけはなくてはならない（カミ・タ・ナバエ・フンナ）」と表現するのである。[11]

このようにマガール人と鍛冶師カーストの関係は、エピソードで紹介した差別的で非対等な関係という側面を認めながらも、共生と呼べるような相補性で成立している。両者の利害は一致するので、人びとは森林の減少に危機感をいだきながらも、鍛冶師が共有林（森）や顧客の焼畑用益地（藪林）で炭焼き用の木を切ることに寛大である。今のところ鍛冶師の炭焼きに関して何ら制限はなく、おもにアセンヤクノキ（*Acacia catechu*）から二週間に一度のペースで背負いかご一杯、重さにして約二五キログラムの消炭がつくられつづけている。

さらに、顧客と鍛冶師の相補的な関係を考えるうえで興味深いことがあった。それは、ある日ギリンゲ・ブロがボジャ村にやってきて「鍛冶場の屋根を葺くためにシイ属インドクリガシ（*Castanopsis indica*）のシャウラー（枝葉）を集めてください」と顧客たちに頼みにきたことである。「ボジャにはジロの余分がないから、他の村のビスタに頼みな」と最初は渋った人びとだが、「これに応じないようではビスタのイジェット（沽券）にかかわる。用意しよう」と言いだす人が現れて、皆協力することを承諾した。鍛冶師によれば、顧客が果たすべきとされてきたこのような義務は、だんだん履行されなくなってきているという。だが、ここでは少なくとも「顧客の義務」という通念がしっかり根づいているのである。

病気治療師としての鍛冶師

ところで、マガール人と鍛冶師カーストの関係はこれだけに留まらなかった。あるとき、思ってもみない場面で鍛冶師の名が挙がったのである。マガール人は身体の具合が悪くなるとマガールの呪医ラマに原因の診断と治療の儀礼をしてもらう。軽い病気であれば、ラマは呪文を唱えながら患部に息を吹きかける（ムトゥケ）だけだが、場合によっては日をあらためて供犠をともなう儀礼を行い、血をかけた護符などを授ける。患者はそれを折りたたんで布で包み縫い、ネックレスにして首からぶら下げる。

こうした習慣があるなかで、食欲がなくなり衰弱しやせ細っていくような、子どもに多くみられるある種の病気に対して、ラマが神の託宣として「炭の悪霊に取りつかれている（ゴル・マシャンレ・ベテコツァ）」と診断することがある。これを聞いた病人の家族は、謝礼として精米一マナ、現金四〜五ルピー、儀礼に使うニワトリ一羽をもって家の鍛冶師を訪ね、パンチャラトネーという悪霊払いのお守りをつくってもらう。パンチャラトネーとは「五つの宝物」を意味し、鉄、銅、真鍮の針金をよってつくった輪に少量の銀と金をつけた、五つの金属からできた足輪のことである。実際には銀や、まして金が使われることはなく、代わりに加工のときに使う水を含めて五つの物質でできているともいわれる。

さて、依頼を受けた鍛冶師は手持ちの金属片からパンチャラトネーをつくり、サラソウジュの森のなかに一人で入って秘密の儀礼をする。そして、供犠したニワトリの血がついたパンチャラトネーを鍛冶師が病人の右足首につける。これは正確には輪でなくΩ状のものなので、子どもの成長とともに径を広げていき、自然に折れるまでつけておく。気をつけてみると、村の子どもの約半数は足首にこの輪をしており、大人の場合は足輪の代わりに指輪をつけている。

パンチャラトネーの製作と儀礼は、サーウン（七・八月）とプース（十二・一月）にはしてはならず、残る十カ月の間に月に平均一〜二回は依頼があるそうだ。鍛冶師にとってそのたびに得るニワトリは、わずかの精米や現金以上に価値がある。大きさにもよるがニワトリは一羽一〜二〇〇ルピーし、この地域ではマガール人も月に一〜二度しか口にできないご馳走だからだ。

炭の悪霊がどのような姿形をしているのかは誰に聞いてもわからない。だが、これがどうして特定の人にだけ取りつくのかという災因は広く知られている。先に述べたように、鍛冶に欠かせない木炭は鍛冶師が自らつくる。鍛冶師は森林で樹皮に傷をつけ立ち枯れさせておいた木を切り、その場に浅い穴（直径一メートル、深さ二五センチメートル）を掘って炭を焼く。森林のなかには、こうしてできた製炭跡の窪みが、新しいものから古くてはっきりそれとわからないものまで、点在することになる。森林へ飼料や薪を採集に行った女性が、その窪みに気づかずに誤って足を踏みいれてしまった場合、その女性から生まれるすべての子どもは、いつの日か炭の悪霊に取りつかれるのだという。すなわち、炭焼きの窪みがあたかも地雷のように災いをもたらし、それを取り除くために炭をつくり扱う鍛冶師による儀礼とパンチャラトネーの製作が欠かせないのであった。

マガール人と鍛冶師カーストの関係は、炭の悪霊による災厄とそれを治める鍛冶師の儀礼というローカルな信仰の側面にまでひろがる。もとより両者は、顧客が鍛冶師を家（縁側まで）に招き、ブタ肉、酒、食事をふるまうという親密なつきあいをしており、顧客の義務という通念までが顧客－鍛冶師関係を強化している。さらに、鍛冶師は顧客がいる近隣の村むらを定期的に巡回しているので、噂話に通じた情報通でもある。そのためマガール人にとって鍛冶師が家にやってくることは、口でいわれているほどには嫌われていない。鍛冶師は、本業の鍛冶ばかりか、病気治療師、情報の伝達者などとしてマガール人の生活と多面的にかかわっているのである。

五　カースト社会における「森の民」の特徴

本稿では、マガール人の森林利用を飼料木の採集を主として提示し、あわせてマガール人と鍛冶師カーストの多様で複雑な相補的な関係を、鍛冶師の製作する道具や技能の側面を含めてみてきた。最後に論点を総括し、カースト社会における「森の民」の特徴を考察したい。

マガール人の森林観

まず、マガール人がバンとジャンガルという言葉を互換的に用い、両者を連続した概念として認識している森林観をとりあげたい。ボジャ村における森林は、焼畑（コーリヤ）の休閑地であるロシャ

（図２の①と②）と、焼畑をつくることができない土地でどの所帯の焼畑用益地でもない「共有林」（同③）の二つを指す。ロシャと「共有林」はこのように権利関係がまったく異なり、人びとはその違いを認識し区別している。だが、両者はバンまたはジャンガルという同じ言葉で表現され、その植生や立地の違いについては気に留められていないかのようである。明確に区別されているのは、そこが焼畑をつくることができる土地か否か（斜面／尾根筋）と、焼畑用益地であるか否か（コーリヤ⇕ロシャ／「共有林」）、現在焼畑がつくられ栽培中か否か（コーリヤ／ロシャ）だけなのである（図２参照）。

私たちはここから三つのことを読みとることができるであろう。第一は、バンとジャンガルという言葉には、元来森林の状態（形態や質）を示す属性がなく、両者とも森林一般を指していた可能性である。私は本文で、バンはどちらかというと「森林」の意味に近く、ジャンガルはどちらかというと「藪林」の意味に近いと述べた。確かにネパール語一般ではそうなのだが、ボジャ村ではそれが明確に意味づけられておらず、あくまで「どちらかというと」なのである。これは、バンとジャンガルという概念に森林の状態を示す属性が付与されるようになったのが、一九五〇年代以降に近代的な森林行政が始まり、森林の保護が喧伝されるようになってからのことで、きわめて新しい現象だからだと思われる。森林局がバン・ビバーグと命名され、森林（バン）の保護がうたわれるなかで、管理しきれない密林（jungle）のイメージが西洋経由で逆流した「ジャンガル」というローカルな言葉[12]は、森林行政においてその使用が慎重に避けられてきた。ボジャ村では今でも、ロシャであろうがサラソウジュの「共有林」であろうが、森林に行くことを「ジャンガルに行く」と表現されるが、それは教育を受けていない老齢の女性たちが用いることが多い。他方で、教育を受けた男性ほどバンを森林的な、ジャンガルを藪林的なニュアンスで使い分けるようになってきている。

バンやジャンガルと同じようにロシャも森林の状態を示さない。ロシャは焼畑の四〜五年の循環サイクルから外れれば、藪林から林学でいうところの「森林」に遷移する。だが、森林の状態は変わってもそこはロシャと呼ばれつづける。つまり、ロシャには休閑一年目の草地的なものから、焼畑の循環サイクル内の藪林的なもの、そこから外れた森林的なものまでが含まれうるのである。したがって、第二に、マガール人の森林観の特徴は、森林の状態に関心が向かず、森林を連続した実体と捉えていることにあると考えられる。その代わり彼（女）らの関心は、焼畑をめぐる森林の権利関係と森林のなかの植物一つひとつの性格・用途に向けられてきたのである。

第三は、人びとの森林に対する関心が焼畑をめぐって編成され、焼畑の命題である植生の遷移が身体的な知識として理解されていることである。マガール人は先に述べたように、森林の状態でバン、ジャンガル、ロシャを区別することなく、三者を連続したものとして捉える。これは人びとが森林を遷移のなかのシークエンスとして、言い換えると森林をフローの実体として連続的に理解しているからだと思われる。

いっぽう、自然科学的な思考に染まった私たちは、遷移という知識をもちながら、あるいはもつが故に、森林をその状態ごとに分節化して命名し価値判断を加える誘惑にかられ（例えば分析用語として使った「藪林」）、挙句は森林のあるべき姿（ゴール）として固有の実体まで見据えようとする。だが、遷移を身体的な知識として理解し、実際に焼畑づくりでその恩恵を受けているマガール人は、森林をそのように分節化してみない。むしろ、森林を連続した実体として捉え、あるはずのない森林の静止した状態（固有の実体）など求めないのである。

森林を状態によって分節化しないということは、森林が格づけされないことを意味する。そこでは、ある状態の森林だけが「後世に残すべきものである」とか、「地球環境のために大切である」というように特別視され、特別扱いされることがない。マガール人にとって藪林やサラソウジュの森は、それぞれ別の用途で大切なのであり、どのような状態の森林もそれなりに利用する手段と知識がある者だけが、このような森林を連続した実体として捉える森林観をもつことができるのである。マガール人をもし「森の民」と呼ぶことができるとすれば、その理由はこの森林観に求められよう。

人と森林の関係

このようにマガール人の森林観は、森林あるいはその遷移を利用することによって形成されているが、逆にいうとそれは人と森林の距離がきわめて近く、人と森林の関係が多様で深いことを示している。地を這うような焼畑の共同作業、毎日の日帰り放牧、飼料採集、シャウラー（苅敷、屋根材）切り、薪取りなどを通じて、人びとは森林や動植物に対する関心、知識、技能を育み継承してきた。村の成員に共有された知識と実践は、森林を熟知し徹底して利用する生活に結びついている。ボジャ村の森林は人の活動の痕跡がみられない所は皆無だといえるほど、知り尽くされ、記憶され、使われつづけてきた「文化的自然」なのである。

段々畑の境に植林された栽培飼料木と、森林で採集される野生ないし半栽培の飼料木が、いくつかの種（栽培飼料木である *Bauhinia purpurea* と *Garuga pinnata*）を除いてどちらにも共通してみられることも、森林が「文化的自然」であることを裏打ちする。ボジャ村の森林は、人にとって有用な樹種が選択的に残されてきた人為的な環境であり、そうした森林の存在が全国平均を上回る数の家畜を飼育することを可能にしている（南　二〇〇二b：二〇一）。森林が薪や建材を得るため、あるいは焼畑をつくるために欠かせないものであることはいうまでもない。だが、ネパールの事例でより重要だと思われるのは、森林の質と大きさが家畜の飼育数＝堆肥の量を介して、常畑の耕作規模を限定することである。その意味で森林はマガール人にとって生業の基盤であり、森林はさまざまな生業の関係性のなかに存在するといえる。人と家畜、人と常畑、さらには人と人とが、森林を結節点として労働と技能を介して結びつけられているのである。

人と人の森林をめぐる関係

人と人の森林をめぐる関係として、本稿ではマガール人と鍛冶師カーストの関係をかなり詳細にみてきた。ここでは、顧客（ビスタ）であるマガール人が特定の鍛冶師に年季報酬を払うことで、日常的に金属製品の修理を依頼できる「顧客－鍛冶師関係」が結ばれている。市場経済化が進んだ今日においても、このような関係が維持されている最大の理由を本稿では、鍛冶師がつくる、地元の生業に適合した道具の側面に求めた。

藪林に焼畑をつくり、雨季には草の飼料を、乾季には森林から飼料木の枝葉を毎日採集してくるマガール人の生活では、鉈鎌クルパが最も重要な道具である。このような酷使に耐えるクルパは、マガール人の用途を熟知している地元の鍛冶師をおいてほかにつくることができない。しかも、切れるが折れないという相矛盾する要求を満たした地元製のクルパは、そのために頻繁な鍛え直しが必要であるが、メンテナンスの問題を顧客－鍛冶師関係が保証している。つまり、マガール人と鍛冶師カーストのあいだには、共生と呼べるような相補的な関係が成立しており、それを維持させるさまざまな交流が鍛冶を超えた領域にまでひろがっている。ここでは、何よりもマガール人が生きていくにあたり「鍛冶師はなくてはならない」と認識していることが重要なのである。

ネパールの他の地域では、木炭を焼いて森林を減少させる鍛冶師は農業に従事する他のカーストや民族としばしば対立関係にあり、森林管理委員会に鍛冶師を入会させず、鍛冶師は森林利用者グループの外におかれる例もみられる（Graner 1997a; 1997b）。おそらく炭焼きを断念し、購入した木炭を使いはじめている鍛冶師も多いことであろう。幸いボジャ村ではマガール人と鍛冶師の利害が一致するため、炭焼きは大目にみられ、パンチャラトネーの製作の依頼も後を絶たない。

マガール人の森林を利用した生活は、「文化的自然」と呼べるような人為的な森林を背景に、マガール人と鍛冶師に共有される生活経験、顧客－鍛冶師関係、それによって修理される道具、道具を製作・修理する鍛冶師の適正技能など、複合的な自然－人間関係と社会関係が絡みあって成立している。しかも、マガール人は平地に暮らす農耕民とは明らかに異なる独特の森林観をもつ。これらを鑑みると、マガール人自身は「森の民」とか「山の民」と呼ばれることを嫌うであろうが、マガール人を肯定的な意味において「森の民」と呼ぶことができると思われる。カースト社会における「森の民」は素朴で自立的な暮らしを営む人びとではない。むしろ、平地の市場経済のなかで暮らす人びとよりも、なおいっそう複雑な関係性のなかで生きる人びとなのである。

おわりに

近年ネパールでは、森林政策の大きな転換点である新しい「森林法（The Forest Act）」（一九九三年）によって、登録により森林利用者グループに国有林の用益権が払い下げられ、共有林としてその保護、育成、利用にあたることができるようになった（Graner 1997b; 古川ほか 二〇〇〇）。ボジャ村でも森林管理委員会が結成されたが、その活動は低調であり、サラソウジュ伐採の許認可制も名ばかりで伐採料を徴収していない。ボジャ村が森林の荒廃や劣化の問題と無縁であるわけではない。村人は、薪、建材、飼料などの採集が最近になってより困難になってきたといい、森林の荒廃や劣化が進んできたことに危機感をいだいている。

だが、森林問題がカーストや民族間の対立をかかえながら大きな軋轢へと発展する兆しは今のところない。それは、ボジャ村の全所帯がマガール人であり、ダーダジェリ行政村にしても人口の九割をマガール人が占め、選挙で選ばれる役職をマガール人が牛耳るという地域性が関連すると思われる。そもそも法律上禁止されている焼畑がこれまで続けられていることも、マガール人が地域の優勢する集団で、焼畑廃止論を政治的に抑えることができてきたためであろう。森林管理委員会に対する無関心と、禁止されている焼畑が継続されてきた事実をみると、マガール人がいかに国家の森林政策を軽視し、一方でこれまで行ってきた森林利用とそれを支える社会関係を重視しているかがみてとれる。

森林利用の問題を丁寧に議論するためには、地域性、社会的関係性、技術論など「森の民」の視点を織り込むことが重要であると考えられる。

注

（1）紙幅の都合から詳述しないが、森林破壊の警告論に Eckholm 1976、並河 一九七七、渡辺 一九八四、石 一九八八；一九九八などがある。修正論には、Thompson and Warburton 1985, Mahat *et al.* 1986a; 1986b; 1987a; 1987b, Griffin *et al.* 1988, Ives and Messerli 1989, 水野 一九八九、小野 一九九〇、Gilmour and Fisher 1991, Karan and Ishii 1994, Graner 1997b, 小林 二〇〇三などがある。

（2）二〇〇一年の国勢調査によると、マガール語を母語とする人びとはマガール人全体の四八パーセント、七七万人である。だが、実際のマガール語話者はもっと少ないと思われ、ネパール語化がすすむ。ブラ・マガールという下位集団は別系統のカーム語を話す。

（3）ネパールのヴィクラム暦は西暦とずれているため、以下のように示す。

四・五月　バイサーク　十・十一月　カーティク
五・六月　ジェト　十一・十二月　マンシール
六・七月　アサール　十二・一月　プース
七・八月　サーウン　一・二月　マーグ
八・九月　バドウ　二・三月　ファーグン
九・十月　アソーズ　三・四月　チャイト

（4）ジャジマーニー体系とは、貨幣経済の形をとらないサービスと現物の交換関係である。サービスの受益者をジャジマーン（ネパールではビスタ）と呼ぶ例が多いため、南アジア研究者のあいだでこのように呼ばれてきた。

（5）石井（一九八七：一七七）では、一般的に去勢牛二頭と犁一台で、バーリーは籾米五パティであるとされるが、ここではこのような説明はみられない。一九九二年におけるBの顧客六四所帯の平均バーリー量は五・三パティでほぼ同じであった。

（6）焼畑をつくらなかった所帯は常畑で収穫した別種のトウモロコシを与える。こちらはトウモロコシの実入りがよいので、同じかご一杯分でも七～八パティになり鍛冶師にとって得になるという。

（7）他にも、ファリ（犁の刃先）を修理したとき、鍛冶師はサービスとしてカルワ（犁の刃先を犁床に止める釘）二個を持参するが、顧客は一パティの籾米をカルワ・パティとして支払う。また、翌年の関係継続の証として毎年の最終月チャイト（三・四月）に、チャイテ・パティとして一パティの籾米を払うという。だが、この二つが実際に払われているところを私はみたことがなく、形骸化している可能性もある。石井（一九八七：一七七）は、新品の短柄の鍬コダリの製作では籾米一パティ（コダリ・パティ）が払われるとするが、ここでは確認されなかった。

（8）職人カースト間ではバーリーの授受をともなう関係を結ばない。鍛冶師カーストと仕立師兼楽師カーストとのあいだでは、材料を持っていくと労賃を取らずに製品を製作しあい、サービスの等価交換を行う。鍛冶師カーストと皮細工師カーストのあいだの場合、鍛冶師は金属製品の修理をする代わりに、皮細工師カーストからバーリー一パティにつき、一人一日の労働を提供してもらう。また、鍛冶師は皮細工師から犁の練木と頚木を結ぶ皮ひもナラ（マガール人はナラ二本につき一パティの籾米と交換する）を対価なしに受け取る。

（9）銅製品については、西隣のブリン行政村に住む銅鍛冶師が修理・製作する（南　二〇〇三：一九一二一）。

（10）幾何学模様を彫刻した木製の丸いクルパテヤにクルパを差し込んだ図は、マガール人の民族団体ネパール・マガール・サンガ（協会）の登録票であり、同協会の旗にも使われる。

（11）かつてボジャ村では「顧客－仕立師関係」と「所帯および村づきのヒンドゥー司祭（バウンのパンディット）をおく関係」も結んでいた。だが前者は、家族の人数が少ないと既製服を買ったほうが安上がりだという理由で、一九九三年頃を最後に途絶えた。後者は、マガール人の脱ヒンドゥー化の傾向のなかで、ほぼ同じ頃にマガール人のほうから関係を解消した。だが、仕立師のほうは、一九九八年頃流行の服をつくることができる仕立師がターディ村に移入してきたことにより、現在一四所帯中五所帯がその仕立師の顧客になって「顧客－仕立師関係」が再興している。仕立師は楽師を兼ねるが、マガール人の結婚式における楽器演奏は、必ずしも「家の仕立師」に依頼するとは限らず、仕払いは現金である。

（12）英語の jungle の語源は、ネパール語の祖語であるサンスクリット語の jangala である。すなわちネパール語のジャンガルは英語からの借用語ではなく、南アジアを起源とする。本来のジャンガルと英語の jungle とでは正反対の意味をもつことについては、Zimmermann（1987）が詳しく議論している。

引用文献

朝岡康二　一九九八　『野鍛冶』（ものと人間の文化史八五）、東京：法政大学出版局。

石　弘之　一九八八　『地球環境報告』（岩波新書三三）、東京：岩波書店。

――　一九九八　『地球環境報告II』（岩波新書五九二）、東京：岩波書店。

石井　溥　一九八七　「ネパールにおけるカースト間分業体系」、伊藤亜人・関本照夫・船曳建夫編『現代の社会人類学二　儀礼と交換の行為』一六七―一九五頁、東京：東京大学出版会。

――　一九九二　「パルバテ・ヒンズーの村落とネワールの村落」、日本ネパール協会編『ネパールの集落』一七七―二三八頁、東京：古今書院。

小野有五　一九九〇「ヒマラヤの〝ディレンマ〟をめぐって」『地理』三五（一）：七四―八一。
小林　茂　二〇〇二「マラリアと環境」、柳澤悠編『現代アジア④　開発と環境』二〇三―二一六頁、東京：東京大学出版会。
――　二〇〇三「不確定な環境情報と環境破壊論」、池谷和信編『地球環境問題の人類学』九二―一一七頁、京都：世界思想社。
佐藤　仁　二〇〇二「『問題』を切り取る視点――環境問題とフレーミングの政治学」、石弘之編『環境学の技法』四一―七五頁、東京：東京大学出版会。
土屋和三　一九九七「ネパールヒマラヤの植生とその利用」、酒井治孝編『ヒマラヤの自然誌――ヒマラヤから日本列島を遠望する』七七―一〇一頁、東京：東海大学出版会。
並河　治　一九七七「ヒマラヤに見る森林破壊」『自然』三二（一〇）：三六―四四。
南真木人　一九九九「『開発』から生まれる文化」、田村克己編『文化の生産』（二〇世紀における諸民族文化の伝統と変容四）一八八―二〇三頁、東京：ドメス出版。
――　二〇〇二a「暮らしの中の環境意識――ネパールの村々から」『季刊民族学』九九：七三―八九、大阪：千里文化財団。
――　二〇〇二b「ネパール山地民マガールの藪林焼畑」、寺嶋秀明・篠原徹編『エスノ・サイエンス』（講座生態人類学七）一八七―二二四頁、京都：京都大学学術出版会。
――　二〇〇三「銅鍛冶カーストの近代と銅製水入れの系統分類――西ネパールの事例から」『国立民族学博物館研究報告』二八（一）：一―三八。
水野正己　一九八九「森林・食料・燃料――ヒマラヤの資源環境問題」『農総研季報』四：一―二七。
古川　彰、渡辺和之、土屋和三　二〇〇〇「森の利用の変化」、山本紀夫・稲村哲也編『ヒマラヤの環境史――山岳地域の自然とシェルパの世界』二七五―二九四頁、東京：八坂書房。

渡辺　桂　一九八四「ネパール――森林破壊と表土流出」『世界』二月号：七六―七九。

Eckholm, E. 1976. *Losing Ground*. New York: Worldwatch Institute, W. W. Norton and Co., Inc.

Gilmour, D. A. and R. J. Fisher. 1991. *Villagers, Forests and Foresters: The Philosophy, Process and Practice of Community Forestry in Nepal*. Kathmandu: Sahayogi Press.

Graner, E. 1997a. Kami (Blacksmiths) Today: Forests and Livlihood Security. *Contributions to Nepalese Studies* 24 (2): 217-231.

———. 1997b. *The Political Ecology of Community Forestry in Nepal*. Saarbrücken: Verlag für Entwicklungspolitik.

Griffin, D. M., K. R. Shepherd and T. B. S. Mahat. 1988. Human Impact on Some Forests of the Middle Hills of Nepal: Part 5. Comparisons, Concepts, and Some Policy Implications. *Mountain Research and Development* 8 (1): 43-52.

Ives, J. D. and B. Messerli. 1989. *The Himalayan Dilemma: Reconciling Development and Conservation*. London: Routledge.

Kadota T. and M. Morita. 1983. Forest Utilization and Its Consequences in a Rural Society: A Case Study of a Mountain Village in Central Nepal. *Bulletin of the Kyoto University Forests* 55: 148-161.

Karan, P. P. and H. Ishii. 1996. *Nepal: Himalayan Kingdom in Transition*. Tokyo: United Nations University Press.

Mahat, T. B. S., D. M. Griffin and K. R. Shepherd. 1986a. Human Impact on Some Forests of the Middle Hills of Nepal: Part 1. Forestry in the Context of the Traditional Resources of the State. *Mountain Research and Development* 6 (3): 223-232.

———. 1986b. Human Impact on Some Forests of the Middle Hills of Nepal: Part 2. Some Major Human Impacts before 1950 on the Forests of Sindhu Palchok and Kabhre Palanchok. *Mountain Research and Development* 6 (4): 325-334.

———. 1987a. Human Impact on Some Forests of the Middle Hills of Nepal: Part 3. Forests in the Subsistence Economy of Sindhu Palchok and Kabhre Palanchok. *Mountain Research and Development* 7 (1): 53-70.

———. 1987b. Human Impact on Some Forests of the Middle Hills of Nepal: Part 4. A Detailed Study in Sotheast Sindhu Palchok and Northeast Kabhre Palanchok. *Mountain Research and Development* 7 (2): 111-134.

Thompson, M. and M. Warburton. 1985. Uncertainty on a Himalayan Scale. *Mountain Research and Development* 5 (2):115-135.

Zimmermann, F. 1987. *The Jungle and the Aroma of Meats: An Ecological Theme in Hindu Medicine*. Berkeley: University of California Press.

第三部　森の民のかかえる新たな問題

森を再利用する人びと
――オラン・アスリ社会におけるドリアン収穫

信田敏宏

本稿では、マレーシアのオラン・アスリ社会におけるドリアン収穫を事例として、オラン・アスリ（*Orang Asli*）と森との関係性の変化について考える。とくに、これまであまり扱われてこなかったドリアンの換金作物化を事例としてとりあげる。

ドリアンに関するデータの大半は、一九九六年から一九九八年の長期調査期間のなかで、一九九七年十月から十二月にかけての約二カ月間の調査で得たものである。売却されたドリアンの重量と値段に関する調査村全世帯の詳細なデータについては、拙稿（信田　二〇〇四b）を参照されたい。売却されるドリアンの重量と値段を記録しながら、村の人びとのドリアン収穫につきあっていると数値だけではないさまざまなデータが得られた。とりわけ、いつ来るかわからないドリアン仲買業者のジープを待ちながら村の人びととかわした会話は、彼らと森との関係性を考えていくうえで有益であった。本稿は、そのようにして得られた質的なデータももとになっている。

一 「森の民」としてのオラン・アスリ

オラン・アスリとは、マレーシアのマレー半島部に居住する先住少数民族の総称である。オラン・アスリとは英語のアボリジニ（aborigine）のマレー語訳であり、オランとは「人」を意味し、アスリとは「本来の、元来の」を意味する。マレーシア政府がオラン・アスリという名称を公称としたのは、一九六六年のことである（Mohd. Tap 1990: 31)。

マレー人、華人、インド人などのマレーシアに住む人びとに、オラン・アスリとは誰かと問うた場合、「森の民」という答えが最もよく聞かれる。森に住んで原始的な生活をしている人びとというのが、オラン・アスリに対する一般的なイメージである。そうしたイメージは、現在ではテレビや新聞などのメディアを通じて知られていたり、学校教育のなかで紹介されたりしている。

生業形態からみてみると、オラン・アスリのなかでもマレー半島北部のネグリト系のグループ（セマン諸族）は狩猟採集民として知られ、マレー半島中部に住むセノイ系のグループは焼畑移動農耕民として知られている。また、マレー半島南部に住むムラユ・アスリ系のグループはマレー人と同様に定住型の農耕民であるが、狩猟採集にも従事するという特徴をもっている。いずれも、森との関わりは彼らの生活のうえで欠かせないものであると考えられている。

オラン・アスリは森林資源の採集者であり、五世紀頃からマレー半島における森林資源をめぐる交易ネットワークのなかで重要な役割を果たしてきたと推定されている（Dunn 1975: 108–109)。彼らは、森で生活するための経験や知識を持ち合わせた森の民であった。森は、オラン・アスリの主たる生活領域であり、彼らの経済生活にとって不可欠なものであった。森は、焼畑移動農耕の土地を提供し、森林産物をもたらしていたのである。しかし、森林保護法などの法律、開発政策による森の開発[1]、そして森林伐採によって、森へのアクセスは大きく制限を受けることになった。オラン・アスリの「森の利用権」はもはや彼らのもとにはないとまでいわれている（Mohd. Tap 1990: 45）。

マレーシアのヌグリ・スンビラン州に位置する調査地ドリアン・タワール村（図1を参照）は、「味気のないドリアン」という意味の村名である。かつての村の名前を本稿では仮名として使用している。また、近隣には、シンパン・ドリアン（*Simpang Durian*）という町がある。町や村の名前にドリアンが冠されるこのあたりの地域は、昔からたくさんのドリアンが収穫されることで知られていた。ドリアン・タワール村のドリアンの大半は、華人の仲買業者を介して、シンガポールで売買されている[2]。

ドリアンはオラン・アスリの人びとにとって特別な意味をもつ。高速道路や空港建設などの開発によって彼らの土地が奪われているが、その場合、土地に対する補償金は「土地」そのものに対して支払われるのではなく[3]、ドリアンの果樹一本につきいくら、というかたちで支払われる[4]。このように、ドリアンはオラン・アスリの「財」の象徴とみなされている。

ドリアン・タワール村は、家屋建設プロジェクトによって人工的に作られた居住地域を内包しているが、その居住地域は以前彼らが住んでいた集落と隣接している。ヌグリ・スンビラン州の中心部に位置する森林保留地が後背地として存在し、そこから採集される森林産物やドリアンは彼らの生活を支えている。

出所：信田（2000：131）より改編

図1　調査地

具体的なドリアン収穫の様子を説明していく前に、次節では、森との関係性の変化という観点から調査地ドリアン・タワール村の歴史を簡単にふりかえろう。

二　村落小史

ドリアン・タワール村の歴史は、十九世紀後半にヌグリ・スンビラン州南部のタンピンから祖先の人びとが移り住んできたことから始まる。最初に落ち着いたのは、現在では森の中にあるドリアン果樹園の地域であった。その後、森から出た人びとは隣接するマレー人村落の近くに移住し、水田耕作に従事した。英国植民地期後期には、華人との通婚関係をもつ者やマレー人と交流する者もいた。こうして、彼らは、他の民族との交流のなかで次第に森から出てくるようになったのである。

動乱の時代

しかし、日本軍の侵攻によって彼らの生活は一変した。華人との通婚関係があった彼らは、華人をかくまうために、日本軍の追及を恐れて森の中へ逃げたのである。その結果、それまでの他の民族との交流が途絶えてしまった。森から出てきた彼らは、森の中へ逆戻りしたのである。この時代の彼らの生活は、森の中を自由に動きまわるという「森の民」としての生活というよりはむしろ、生計的にも精神的にもきわめて貧窮した「避難民」としての生活であった。食べ物に窮し、本来ならば食べないイモ類を食べたり、近くに日本兵の気配を感じれば居住地を移動したりするといった生活であった。

日本軍が去り、英国軍兵士から戦争が終わったことを教えられた人びとは、森の中から出てきた。しかし、その数年後に勃発した戦闘によって、彼らの平穏な生活は再び中断を余儀なくされた。今度は、華人を中心としたマラヤ共産党と英連邦軍の戦いであった。「非常事態宣言期（一九四八～一九六〇年）」として知られる動乱の時代である。

マラヤ共産党は森を根拠地として英連邦軍に抵抗した。そのため、オラン・アスリの生活の基盤であり、森林資源の獲得の場でもあった森が戦場になった。マラヤ共産党は、オラン・アスリを食糧調達やガイドとして利用した。また、マラヤ共産党の側に立って、戦闘に参加するオラン・アスリも多かった。こうしてオラン・アスリの人びとは戦争に巻き込まれたのであった。

英連邦軍は、軍事的戦略として、森に住むオラン・アスリを森から引き出して「再居住地」という鉄線で囲まれた地域に移住させた。トラックが突然やってきて、人びとが強制的に連れていかれるということもあったらしい。マラヤ共産党の側に味方した人びとは戦死したり、爆撃によって亡くなったりした。「再居住地」で生活した人びとも、食糧不足や慣れない生活から亡くなる人が多かった。オラン・アスリの人びとは、「非常事態宣言期」を日本占領期とともに悲惨な貧窮の時代として語り継いでいる。

このような動乱期を経て、再居住地からドリアン・タワール村に戻ってきた人びとは、もはやかつての「森の民」ではなかった。儀礼や呪術に関する多くの知識は失われ、森で生活するための知識そのものも大半は失われてしまったのである。森での生活を固持しつづけた人びとの大半が戦闘や病気で亡くなってしまったこともその一因であった。

避難民としての生活は、彼らの生業すら変えてしまった。避難生活の過程で、近隣のマレー人村落でゴム採液に従事するようになった人びとは、従来の森を基盤とした生活よりも、村や町での生活の仕方を身につけるようになった。現金獲得の手段としてのゴム採液業が、彼らの経済生活に徐々に導入されていった。市場経済化の波もまた彼らに近づいていた。

開発の時代

マレーシア独立後、政治的主導権を握ることになったマレー人との関係は一変した。英国植民地主義の遺産であるオラン・アスリに対する保護政策は、統合政策として独立後のマレーシア政府に受け継がれた。オラン・アスリは、避難生活で貧困化したこともあり、開発が必要な貧しい民とされ、将来的にはマレー人社会に統合されるべき存在として位置づけられるようになったのである。マレーシア政府は、森から出てきたオラン・アスリに対して開発政策を推進した。また、オラン・アスリ自身も市場経済化のなかで自らの生活様式を変化させていった。

開発や市場経済化によって、ドリアン・タワール村の生計や経済生活は大きな変化を経験した。それを象徴するのが、一九七〇年代中頃といわれている水田耕作の廃止とゴム採液業の拡張である。これらの出来事は、彼らの生業、経済生活、森との関係性、自然観や世界観などを考えるうえで、大きな転換点となっている。一九七〇年代以降の政府主導のゴム園開発プロジェクトによって、村の市場経済化は急速に進んだ。現金は、彼らの生活にとってなくてはならないものになった。それと同時に、彼らのなかには開発や市場経済の論理を身につけていく人びとも出てきた。

例えば、この頃狩猟採集活動に質的な変化が生じていた。表面的には「生存のための経済」にみえる狩猟採集活動も、その内実は市場経済に組み込まれた換金活動へとその質を変化させていたのである。多くの森林産物は仲買人に売却されるようになった。そして、狩猟によって捕らえた獲物も時には華人業者に売却されるようになった。つまり、従来の生業活動の大半が「現金を探す」という動機で行われるようになったのである。

「生存のための経済」の論理では、食べる分だけあるいは使用する分だけ採集すればよかった森林産物[5]が、外部からの要請・需要あるいは自らの現金への欲望によって、乱獲されるようになったのである。森林資源は必要以上に搾取され、資源の枯渇を招いた。

森林資源の枯渇に対して、開発というコンテクストで、植樹が行われているのは見逃せない現象である。これが本稿で指摘したい重要なポイントである。現在では、籐（ラタン）もゴム園のゴム樹の間に植えられている。籐栽培には、政府による援助がついている場合もある。植樹によって、森林産物として採集されるだけであった籐が換金作物化して「商品化」されるようになったのである。

以下では、ドリアン・タワール村におけるドリアン収穫の模様をその変化に着目しながら素描する。

三　ドリアン収穫――森林産物から換金作物へ

元来、ドリアンは森の中に自生していた果樹である。かつてのドリアン収穫は、次のようだったといわれる。焼畑移動耕作（キャッサバ、陸稲など）や狩猟・採集活動をしながら森の中を移動して生活していた人びとは、ドリアンの季節（*musim durian*）になるとドリアンの果樹（それぞれのグループでその「所有」権が主張されていた）のそばに一時的な居を構えていた。ドリアンの季節が終われば、また別の場所に森林資源を求めて移動したが、基本的にはドリアンが自生している場所が彼らの居住地の一つであった。そこで、ドリアンを食べたり、ドリアンを目当てにやってくる野生動物をつかまえて食べたりしてすごしていた。食べ捨てられたドリアンの種から自生する場合もあれば、野生動物の消化器官を通って排泄されたドリアンの種が発芽することによって自生する場合もあった。したがって、ドリアンの果樹が密集するのは自然のことである。ドリアンがたくさん採れれば、近隣に住む親族を招いて分配した。こうして人びとが一時的に住む「森の中のドリアン果樹園（*dusun durian dalam hutan*）」が次第に形成されていったのである。

「森の中のドリアン果樹園」では、人びとは熟して自然に落下したドリアンを拾って食べていた。ドリアンは、人びとが自ら消費するための果実であった。まさに、森林産物、森の果実であった。余剰物は破棄されるだけで、それが、換金作物化していくのは、ドリアンが商品としての価値をみいだされて以降のことである。

村の人びとによれば、ドリアンがはじめて外部の人間に「売れる（boleh jual, laku）」ようになったのは、英国植民地時代のことであった。村の人びとのドリアン果樹園のそばにスズ鉱山が開かれ、華人労働者たちがそこで働きはじめた。彼らはそうした労働者たちにドリアンを売っていた。当時は、余剰物を華人たちに分けて、現金をもらう程度のものであった。

その後、彼らは日本軍の侵攻によって森に逃げたり、いわゆる「森の中のドリアン果樹園」に逃げたりした。今日のドリアン果樹園のほとんどは、かつての村の人びとの住居の痕跡である。ちなみに、集落地域のドリアン果樹園は、家屋建設プロジェクトによって移り住む前の旧居住地の痕跡である。

非常事態宣言期が終了し、彼らが集落に戻ってきた時から、ドリアン収穫は再開された。すでに、「再居住地」でゴムの採液に従事することを覚えた彼らは、ドリアンを「商品」として本格的に売ることを考えていた。彼らは、将来的に商品としてドリアンを売るためにドリアンを「植える（*tanam*）」ことを始めた。意識的にドリアンを植樹したことが契機となって、かつて森林産物であったドリアンは換金作物として栽培されるようになった。

村でドリアンが商品として出回ることになったのはいつ頃からなのか、その正確なところはわからない。村の人びとによれば、彼らのドリアンの収穫量が増えはじめたのは、一九八〇年代の後半くらいからである。

写真１　森の中のドリアン果樹園におけるドリアンの収穫

ドリアンを守る

森林産物としてのドリアンの収穫は、落ちてくるドリアンを拾って集めるだけの作業であった。それを自給用として消費している限り、作業自体は容易である。食べきれないドリアンは、二日か三日で腐ってしまうので捨てるだけなのである。しかし、換金作物としてのドリアンには、拾って集めるという作業以外に、野生動物や害虫から「守り」、仲買業者や消費者のところまで「運搬する」という本格的な収穫作業が必要になる。

まず、彼らは「ドリアンを守る（*jaga durian*）」ことをしなければならない。当初は、泥棒から守るのかと私は考えていたが、そうではなくて、サル（*buruk* という種類）やリス（*tupai*）、野生ブタ（*babi hutan*）、ヤマアラシ（*landak*）などの野生動物に食べられないように「守る」ということである。サルは、ドリアンを落として、何日かして皮が自然に割れてから食べにくる。リスは、皮の部分を噛んで一部分だけ食べたりする。こうなっては商品として通用しない。また、ウラット（*ulat*）という小さな白色のイモムシのような虫に食べられる場合もある。そうした小動物ばかりではなく、虎や小熊、鹿など、かつてはたくさんの野生動物がドリアンを食べにきた。そういう野生動物を追い払ってドリアンを食べられないようにするのが「ドリアンを守る」ことである。

ドリアンの季節は狩猟の季節でもある。つまり、野生動物を狩猟によって捕らえることができるのも、ドリアンの季節ならではのことなのである。なぜなら、獲物をこちらから探しに出かける必要がなく、獲物がドリアンを求めてやってくるからである。その場合には、基本的には吹矢を用いた狩猟が行われるが、猟銃によって追い払ったり、仕留めたりすることもある。こうした獲物は自家消費されるばかりではない。違法であるが、華人の仲買人に売却され、村びとの現金収入にもなるのである。

彼らにとって、ドリアンの季節は、ドリアンの収穫による収入ばかりではない、まさに自然からの

「恵み」の季節なのである。

ドリアンを運ぶ

「ドリアンを運搬する（*dukung durian*）」こと。これがドリアンの収穫作業の主たるものとなる。近くのドリアン果樹園であれば作業は容易であるが、森の中のドリアン果樹園であったり道がぬかるんで悪かったりすると、作業は困難になる。森の中のドリアン果樹園の場合、籐採集の時に森の中にキャンプをはるように、ドリアン果樹園の小屋に泊まりこんで「ドリアンを守り」、拾って、「ドリアンを運搬する」作業が必要になってくる。私が集計調査を実施した当時のドリアンの季節は、異常気象（煙害）の影響もあり、しかも雨季とも重なっていたので道がぬかるみ、運搬作業は困難を極めた。

確かに、今日のドリアン収穫作業は、落ちてきたドリアンを拾い集めてドリアン仲買業者に売却するだけの単純な作業のくり返しである。一見すると容易な作業に思えるが、実際のドリアン収穫作業は以下のように多くの労力を要する作業である。

暑さの厳しい熱帯地域では、とりわけ運搬作業は過酷な作業である。かつて村の人びとは、森の辺縁で待機している仲買人（マレー人あるいは華人）のところまで徒歩で運搬していた。早朝に集めたドリアンは、昼過ぎに仲買人に売られ、運搬者たちは再び森の中に戻っていった。森の中といっても、平地ではなく、ほとんどが山や丘である。そうした勾配のある道を、彼らは歩いてドリアンを運搬していた。

一九八五年頃にバイクが導入されるようになると、運搬作業はだいぶ軽減されたが、依然として重労働であることに変わりはない。ドリアン仲買業者の車（ジープ）が出入りできる道は限られているので、ドリアン果樹園から仲買地点までドリアンを運搬する作業が彼らの主たる「仕事（*kerja*）」になる。拾う作業は女性もするが、バイクによる運搬作業のほとんどは男性がする。

そうした運搬作業を、実際に目のあたりにしてみると、ドリアン果樹園が山の中腹にある場合などは辛そうであった。森の中のドリアン果樹園の場合には山を登り降りするので、バイクの通行が不可能な道なき道を何十キロものドリアンを背負って運ぶ彼らの働きぶりに、ドリアン仲買業者も私も驚嘆したものである。

「健脚（*kaki kuat*）」といわれる老人たちは、男も女もこうした山道を苦にしないようだが、バイクが導入されるようになると、運搬作業をいやがる若者などは森の中のドリアン果樹園に入らなくなった。バイクで運搬できないところは徒歩でドリアンを運搬する必要が出てくるからだ。現在でもバイクを所有していない人は、徒歩や自転車でドリアンを運搬する。森との関係性を考えるうえで、バイクの導入にともなう運搬作業の変化は重要である。

ドリアン果樹園

ドリアン果樹園の多くは、以前、彼らの集落があった旧ドリアン・タワール村地域ならびにスィアラン地域（集落地域のドリアン果樹園）、そして森の地域（森の中のドリアン果樹園：ドゥスン・スルダンやドゥスン・スルガーなど）に分布している（図2を参照）。ドリアン果樹園の分布には、かつての居住地とする。すでに述べたように、彼らがドリアンを食べ、その種を捨てて自生するままに任せてきた

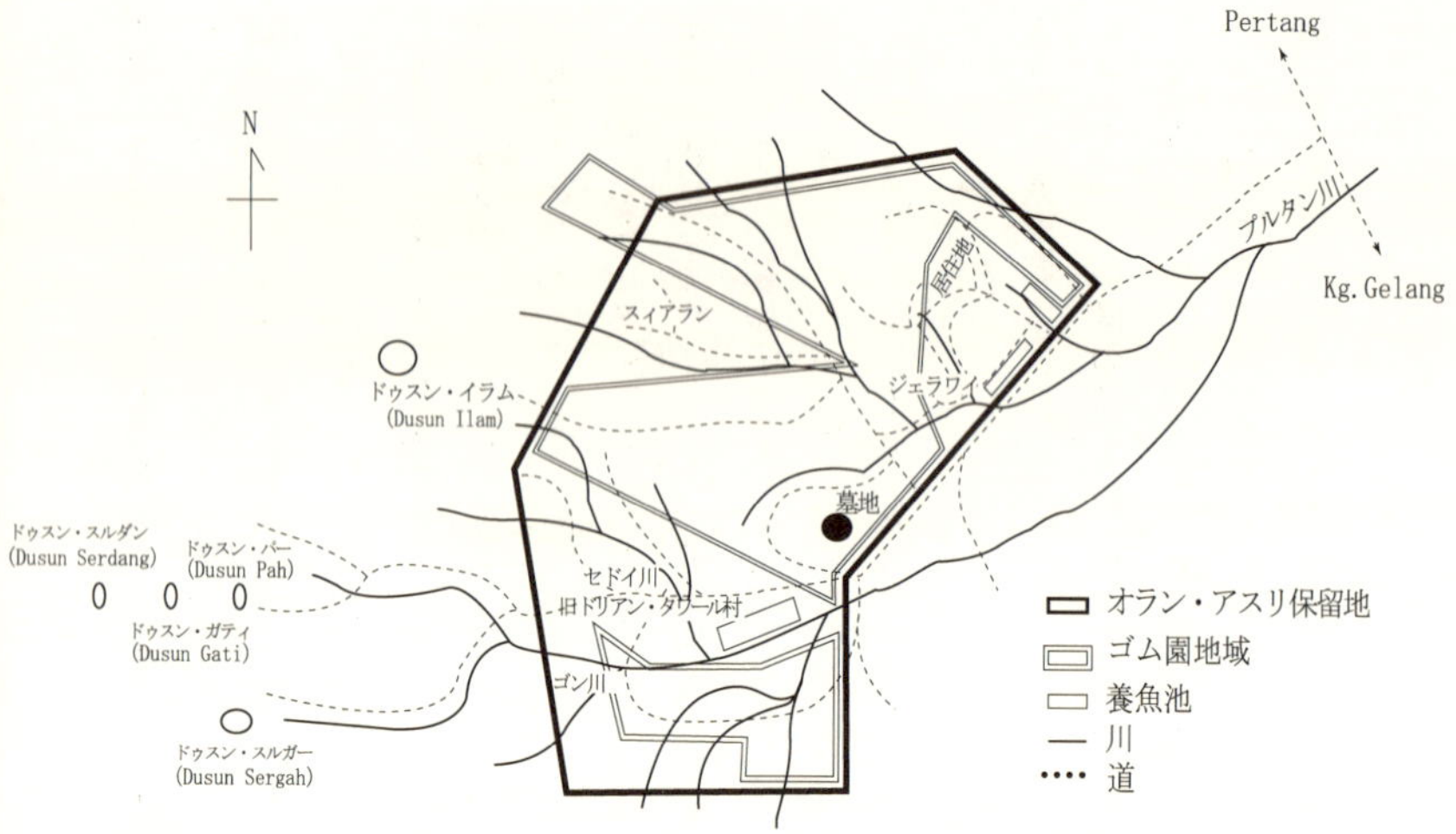

図2　ドリアン・タワール村

という経緯や、「商品」として新たに植えたという経緯、また、たまたま森の中に自生していたドリアンを見つけ、その場所——彼らの祖先が住んでいたと考えられている場所——にドリアン果樹園を作ったという経緯がある。さらに、日本軍侵攻の際に、森の中に逃げた彼らが植えてつくったドリアン果樹園もある。

森の中のドリアン果樹園は、ドリアンの季節にだけ下草を刈られ、他の時期には手入れされることなく放っておかれている。この場合のドリアンは、他の森林産物と同じである。森の中のドリアン果樹園において、野生動物からドリアンを守りドリアンを運搬することこそ、森林産物の採集者としての、つまり「森の民」としての象徴的行為を意味する。

森の中のドリアン果樹園では、個人の能力が収入に影響を与えている。たとえ森の中にドリアン果樹園（実際にはドリアンの果樹）を「所有

(*pegan*)」していようとも、それを「守る能力」や「運搬する能力」がなければ宝の持ち腐れなのである。

それに対して、運搬作業を困難と感じた人びとは、運搬が比較的容易な集落地域のドリアン果樹園に比重をおくようになる。また、体力的に困難と感じた人や、過酷な運搬作業を敬遠する人は、森の

写真2　ドリアンの売却場面

写真3　ドリアンの売却場面

中のドリアン果樹園を手放して、ドリアン果樹園を所有していないかあるいは少しだけしか所有していない若い親族関係者にひきわたしている。森の中のドリアン果樹園はいくら多く所有していようとも、ドリアンを運搬することができないならば、所有していないのと同じことである。

森の中のドリアン果樹園と比較すると、集落に近い地域のドリアン果樹園でのドリアン運搬作業は比較的容易な作業である。換金作物としてのドリアンに商品価値を見いだした村の人びとは、ドリアンの苗木を新たに植えはじめた。ドリアンを新規に植える場合にも、森の中のドリアン果樹園よりも、収穫作業をするうえで効率のよい集落地域のドリアン果樹園に植えて、そこを整備していくことが優先された。

集落地域のドリアン果樹園の場合、「相続財（*pusaka*）」として継承され、個人（ほとんどが女性）の所有地になっていることが多い。家族や親族の他の者が作業に参加した場合には、コミッションとしてその何割かを所有者に支払うことになっている。森の中のドリアン果樹園が能力主義・実力主義の領域であるのに対して、集落地域のドリアン果樹園は世襲主義の領域なのである。

ドリアンの収入

タイではドリアンの果実を切り取って収穫するが、ドリアン・タワール村をはじめとするマレーシアのドリアンの果実は、熟して「落ちてくる（*gugur*）」のを待って拾い集めるものである。したがって、市場の単価の変動をみて売る商品ではない。いかに早く現金に換えるか、それもなるべく高値で効率的に売却することができるか、ということが勝負になる商品である。「商品」としては失格である傷物や「未熟（*tak masak*）」ならば、それは食べるという価値しかなくなる。そうした事情があるので、ドリアンの季節になると彼らは収穫作業に没頭せざるをえない。商品としての寿命が二日あるいは三日しかないドリアンを半永久的な「現金」に変えるのである。「守る能力」や「運搬能力」が、数字（収入）として示される。また、どれだけドリアンを「所有」しているのかということも、そうした数字に反映される。

オラン・アスリとドリアン（あるいは森林産物）の売却をめぐっては、実にさまざまな話がある。彼らにとってドリアンの売却は厄介な事柄であった。仲買人に搾取されたり、逆に仲買人を欺いたりというトラブルの連続であった。これは現在でも同様である。

仲買人（華人やマレー人）による「ピンはね」は、当然のごとくみられた。逆にいえば、信用できない仲買人であっても、その人に売るしか選択の余地はなかったのである。売却方法も現在のようになるまでには、ドリアンの収穫期の前に仲買人が一括で支払う方法[(6)]、ドリアンの果樹一本あたりの金額を設定して仲買人が収穫物すべてを買い取る方法など、仲買人が容易に「ピンはね」できる方法がとられていた。また、一方で、複数の仲買人に同じドリアンの果樹を親子で別々に契約してしまう「ダブル・ブッキング」や、マレー人仲買人による支払いの遅延や不払いなどのトラブルもあった。仲買あるいは売却に際しての「良好な」仲買人探し（*cari tauke*）は、商品としてのドリアンの収穫にとって重要な要素になっていたのである。

ドリアンの性質上、村の人びとは、悪質な「ピンはね」が行われようとも、気に入らない仲買人、あるいは信用のおけない仲買人に対しても、ドリアンを売らなければならなかった。つまり、ドリア

図3　ドリアン・タワール村全体のドリアン収穫

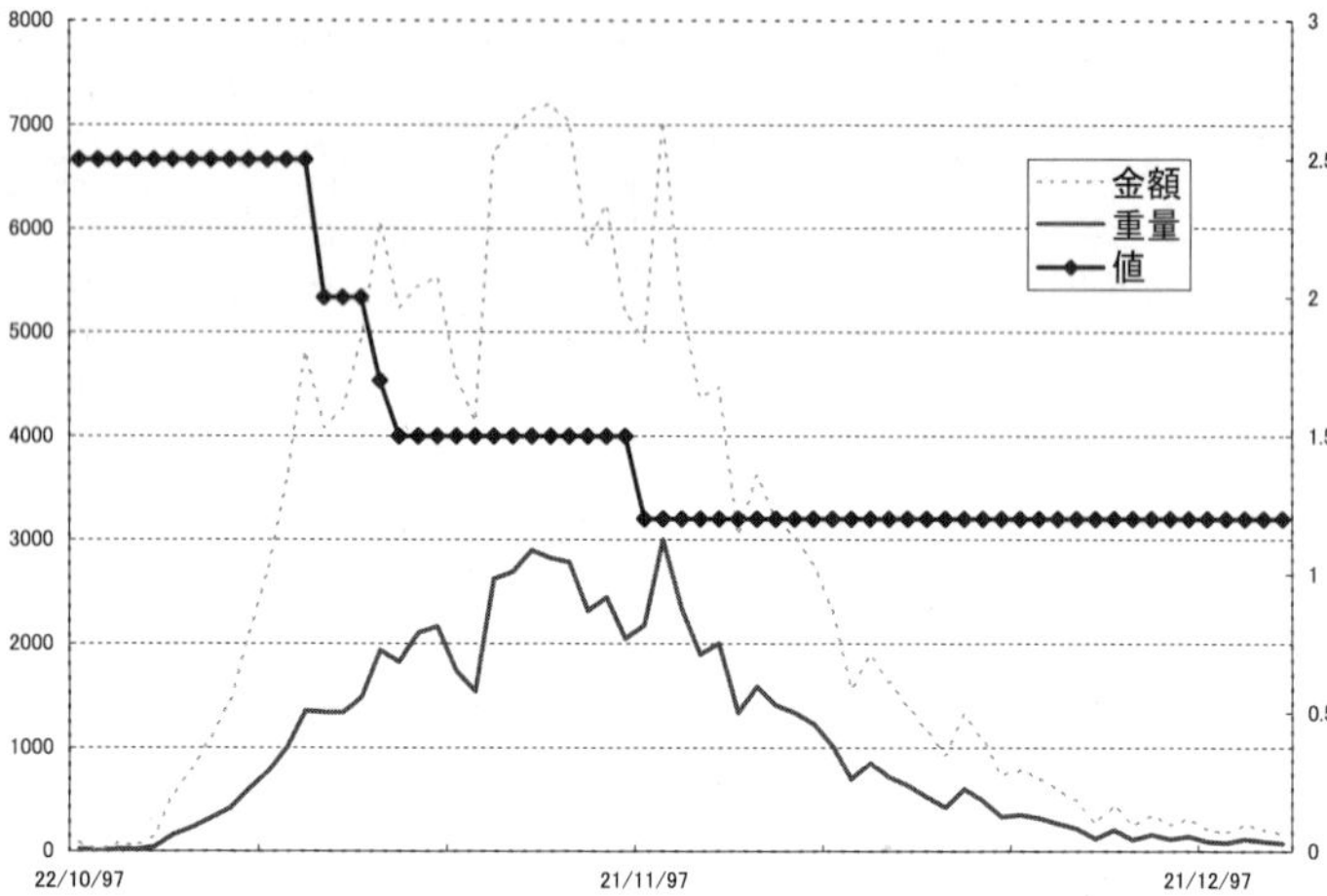

出所：信田（2004a：225）

ンは早急に売却しなければ価値のない商品なのである。売却してしまえば、ドリアンはすぐに現金として蓄積される。それは食用として自家消費するだけのかつてのドリアンとは異なっていた。

ドリアンの単価は、需要と供給の関係から、季節の最初が一番高い。その後は、需要が減少し、その一方で供給が増えるので単価は安くなっていく。かといって、供給がなくなるドリアン季節の終わりに単価が再び高くなるかというとそうではなく、安くなったままである。なぜなら、もうその頃には、人びとはドリアンを食べ飽きているので、需要がほとんどなくなっているからである。

それは、ドリアンが時間的な意味で市場範囲が狭い――二日あるいは三日のうちに消費されなければならない――ということとも関係している（ドリアン・タワール村全体のドリアン収穫の重量・金額・値の相関関係については図3を参照）。

ドリアンによる現金収入は、他の森林産物と同様にそれを運搬した者の収入（厳密には拾い集めた者の収入）、つまり個人収入になることが多い。すなわち、ドリアンの果樹が誰の所有かどうかということが誰の収入になるのかということを決定するのではなく、誰がドリアンを拾い集めて運搬したのかということが収入に反映される仕組みになっているのである。

写真４　ハシム氏一家の森の中のドリアン果樹園

現在でも、売却したドリアンの売り上げをドリアンの運搬者――厳密にはドリアンを拾い集めた者――が受け取るという慣行は続いている。運搬作業の方法は徒歩からバイクへと変化している。それでも、拾い集めたドリアンをまとめて仲買人のもとへバイク運搬した者ではなく、ドリアン果樹園のドリアンを拾い集めた者が収入を得るという慣行は原則的に続いている。

表を見ると、ハシム氏の世帯（世帯番号９）のドリアン収入の高さが目立つ。ここでは、ハシム氏一家を例としてとりあげて、その高収入の要因について考えてみたい。

ハシム氏は、かつての村のリーダーであった義父から相続したドリアン果樹園を多く所有している。しかし、そうしたドリアン果樹園の規模の他にも、ドリアンを植樹し、世話をしてきたハシム氏一家の農業経営の仕方も見逃せな

表1　ドリアン収穫による収入

(RM: Ringgit Malaysia)

世帯番号	男女別世帯人数			ドリアン果樹園	ドリアン収入	
	男性（名）	女性（名）	総計（名）	（エーカー）	重量（kg）	金額（RM）
1	3	3	6	3	2377.0	3624.0
2	0	2	2	0.5	106.0	159.0
3	1	3	4	2.5	1372.5	2148.2
4	1	2	3	0	0.0	0.0
5	3	3	6	13	908.0	1376.4
6	1	2	3	2	674.0	1032.8
7	2	3	5	1	344.5	537.8
8	4	2	6	10	2938.0	4446.2
9	3	6	9	13	7718.5	10801.5
10	5	6	11	2	1076.5	1509.6
11	5	3	8	0.5	1986.0	2888.2
12	2	4	6	10	3443.0	5077.4
13	6	3	9	10	3575.0	5541.8
14	11	11	22	39	2911.0	4617.5
15	0	2	2	4	213.0	434.4
16	2	5	7	3	97.0	151.2
17	2	1	3	0	0.0	0.0
18	2	5	7	10	805.6	1478.0
19	2	4	6	13.5	3488.0	5199.6
20	2	4	6	4	472.0	752.5
21	2	4	6	0.5	329.0	577.5
22	5	1	6	0.5	93.0	173.5
23	2	2	4	0.25	46.0	75.0
24	4	3	7	1.75	2708.7	4796.6
25	3	4	7	4	517.6	1017.1
26	2	1	3	6.25	836.5	1180.9
27	1	0	1	1.5	105.0	139.7
28	6	6	12	5	5320.0	7677.3
29	2	1	3	3	1462.5	2228.7
30	1	4	5	0	1330.5	1891.7
31	3	1	4	0.5	1282.0	1970.5
32	1	1	2	0.25	0.0	0.0
33	4	4	8	0	272.0	479.2
34	3	5	8	2	243.0	394.8
35	7	4	11	8	1653.0	2554.3
36	6	1	7	1	1390.0	1931.4
37	3	2	5	2	102.0	125.4
38	4	3	7	0.5	2063.0	2952.0

39	0	2	2	3	694.0	787.0
40	2	1	3	0.5	1171.0	1370.0
41	3	3	6	2	70.0	145.0
42	4	3	7	2	63.0	96.0
43	1	0	1	0.25	1338.5	1833.9
44	3	4	7	0.5	608.0	822.4
45	5	6	11	4	567.0	852.1
46	4	5	9	1	672.2	1284.5
47	4	3	7	2	1329.0	2295.7
48	1	2	3	4	1698.0	7564.6
49	5	4	9	2	649.1	1242.8
50	2	2	4	2	2145.0	2914.8
51	4	4	8	0	0.0	0.0
52	3	1	4	0	0.0	0.0
53	2	5	7	5	532.0	724.4
54	5	1	6	0	20.0	25.8
55	3	2	5	6	701.0	1026.0
56	5	1	6	0	0.0	0.0
57	3	3	6	1.5	671.5	1000.1
58	3	4	7	0.5	0.0	0.0
59	2	2	4	1.5	0.0	0.0
60	6	6	12	0.5	23.5	39.0
61	5	1	6	0	0.0	0.0
62	5	1	6	0	437.0	550.2
63	1	4	5	1	423.3	678.9
総計	197	191	388	217.25	68072.5	107194.6

出所：信田（2004b：235）

い。ハシム氏の息子たちは、ドリアン果樹園を拡張し、ドリアンの苗木を植えていった。それを指導したのは、ハシム氏の妻であった。「華人」でもあるハシム氏の妻は農業経営に優れた能力を示しており、ドリアン果樹園や野菜畑の世話を積極的に行っている。彼女は空いた土地が少しでもあればそれを耕して果樹や野菜を栽培している。

　こうしたハシム氏一家の農業経営のあり方が、ドリアン収入の高さに反映されているのである。つまり、彼らはドリアン果樹園を拡張し、ドリアンを植樹することによって、ドリアンの果樹そのものを増やし、自生する森林産物の一ってあったドリアンを換金作物に変えていったのである。

森の中のドリアン果樹園においても、村の人びとのほとんどが森の中に自生したドリアンの果樹から収穫しているのに対して、ハシム氏一家の場合には、ドリアンを新たに植樹する作業を積極的に行っている。そうした森の中のドリアンは商品として安定している。時には通常のドリアンの季節とはズレた収穫期になることもあり、単価が高くて、予想以上の収益をもたらすこともある。

四　ドリアンを植樹する――「森を再利用する人びと」の戦略

市場経済化は、村の人びとのアイデンティティの変化をもたらした。それは、「森の民」としてのアイデンティティから「農民」としてのそれへ、移動民としてのアイデンティティから定住民のそれへの変化である。彼らは森から出て、村に生活の基盤を築くようになった。ひとたび村での生活を経験すれば、森の生活に戻ることは難しくなる。森に入るのを敬遠する若者たちがその一例である。

しかしながらその一方で、森から出た人びとが再び森に回帰する現象がみられる。それは植樹という行為と連動している。つまり、森の開拓である。植樹行為と結びついた森の開拓は、森林伐採をはじめとした森林の開墾とは異なる。ここでいう森の開拓とは、森林を伐採し開墾して新規に畑をつくっていくというのではなく、従来森の中に自生していたドリアン果樹園にドリアンを植樹して畑を整備する行為を意味する。(7)

森の開拓の要因としては、集落地域のドリアン果樹園に限界が生じたこと（つまり、土地不足）や、森のドリアンの品質が再評価されたことなどが挙げられる[8]。森のドリアンは、集落地域のドリアンとは収穫時期がズレることも価格の面で優位に作用する。集落地域のドリアン果樹園が不作の年に、森の中のドリアン果樹園が豊作であったために高値で売れたというハシム氏一家の儲け話が成功例として村で語り継がれている。

しかし、森への回帰を「森の民」への逆戻りとみなすには一考を要する。彼らは、伐採道路を使用したり、新たに道を整備したりしてバイクで森へ入り、小屋もトタン屋根などの耐久材を使用している。そして、森の中のドリアン果樹園を開拓してドリアンの苗木を新規に植え、熱気と冷たい土地が必要だといわれるドリアン栽培をするのである。彼らはまさに開拓者である。森の中のドリアン果樹園といっても、放っておいてドリアン収穫の時だけ使用するという、従来のなかば自生的なものではなく、果樹園として人為的に整備し、小屋も常備したものである。集落地域のドリアン果樹園と同様のものを、森の中につくっているのである。

森林保留地にドリアン果樹園をつくるのは違法行為である。しかし、森の中のドリアン果樹園は外部者には気づかれない。この点は、彼らが森のドリアン果樹園を開拓するひとつの重要な理由となっている。雨季と重なって運搬作業が困難になろうとも、あえて道を通りづらいものにしておくという措置は、彼らの戦略である。華人の仲買人が「この道（かつての伐採道路）は日当たりが悪くて道の乾きが遅いので、周りの木を切ってしまえ」と言うのに対して、「（ドリアン果樹園が）森林局に見つかるのが怖いからあえて切らないのだ」と彼らは語る。また、別のルート（道）を作れば山を越えずとも容易にドリアン果樹園に行けることを彼らは知っているのだが、マレー人の村を経由するそのルートを作ると、マレー人が容易に森に入ってきて森林産物を採集したりドリアン果樹園を荒らしたりする可能性があるために、あえてそのルートを作らないのだとも語る。こうした語りの中には、彼らの戦略が見え隠れしている。彼らにとって、森や森の中のドリアン果樹園は、余所者に荒らされたくない「宝」なのである。

五 「森の民」の末裔

「森の民」オラン・アスリは、かつて、森林産物を採集するだけという収奪型の利用方法をとっていた。自己消費のために森林資源を利用している限り、人口圧や資源採集圧というものは、森林環境にそれほどの影響を与えるものではなかった。しかしながら、市場経済化の動きのなかで森林産物は乱獲され、森林資源の枯渇が引き起こされた。従来の森との関係には限界が訪れたのである。このような状況に対して、開拓や植樹によって、オラン・アスリ自身が「持続可能な」森林資源の利用の仕方を創造している。これが本稿で示そうとしたことである。

ドリアン・タワール村の人びとにとって、従来、森は森林資源を提供してくれる場所であった。しかし、彼らはそうした森からいったん出ていかざるをえなくなった。彼らの生活様式や世界観も外部世界（村や町そして国家、市場経済など）との接触で変化を受けた。そして、それらを選択的に受容しつつ、いわば自らを変身させた人びとは、再び森に戻ってきたのである。再び森に戻ってきた彼らは、もはや以前の彼らではなく、バイクを備え、トタン屋根を森の中のドリアン果樹園に運び入れ、ドリアンの苗木をも持ち込む開拓者となっていた。しかも彼らは、外部者の侵入を周到に防ぎながら、森林保留地であるために本来であれば耕作地としては利用できない地域を秘密裡に開拓し、そこから利益を得ているのである。

秘密のドリアン果樹園を隠してくれる森が存在する限り、彼らの生活はひとまず安泰である。しかし、森は開発によって次第に減少しつつある。森林環境は汚染され、異常気象のためドリアンの季節の訪れも不定期になっている。ドリアンの品質も落ちている。こうしたさまざまな問題が存在するとはいえ、彼らは依然として「森の民」であると私は考える。なぜなら、本稿で示したように、新たな森との関係のあり方を可能にしているのは、彼らが「森の民」の末裔であるからである。

今日の森をめぐる状況を指して、彼らは次のように語る。「政府による開発は、森を破壊し、森は再生不可能なまでに姿を変えてしまった。どうなっても知らない。責任は政府にある。われわれにはなにもできない。まして、そうした動きに抵抗するだけの力がわれわれにあるわけでもない」と。彼らの森林資源の利用方法は、森林伐採や森林開発プロジェクトのように森の環境をドラスティックに変えてしまうものではなく、森の一部を利用するという慣習的なやり方にのっとったものなのである。

その後、ドリアン・タワール村を再訪した際、森の中のドリアン果樹園に人びとが入らなくなったことを耳にした。供給過剰でドリアンの値が急落していたのである。ドリアンの値が落ちたので森に入らなくなったというように、この現象を市場原理によって説明することができるかもしれない。しかし、私にはむしろ、彼らが森の中の果樹園をそっとしておくという森への配慮をしているように思えてならない。こうして、秘密のドリアン果樹園はしばらくの間、森の中に封印されたのである。

注

（1）森林開発、あるいは森林保護などの側面において、「森」はもはや外界と隔絶したものとしては存在しなくなっている。いわゆる環境問題は、資源枯渇と環境汚染という二つの側面で顕在化しているといわれているが（市川一九九七：一三五）、それは森が資本主義的な市場経済論理のなかに組み込まれているからにほかならない。

（2）ドリアンの季節になると市場や道ばたで独特の強烈な匂いのするドリアンが売られている光景は、今日のマレーシアでは一般的である。ドリアンの匂いに誘われて、つい車をとめて買い食いしてしまうマレー人は多い。ドリアンの種類もさまざまであり、ドリアン・カーウィン（*durian kahwin*）（接ぎ木によって品種改良したドリアンの苗木からなる果実）は高値で売られる。観光客相手にホテルなどで出されるドリアンもあるほどである。

（3）多くの土地は「森林保留地」なので「所有」しているとはみなされない。

（4）一本あたり二〇〇リンギットというのを聞いたことがあるが、それは、ドリアンの果樹一本から得られる収入を考えると安すぎる。

（5）森の野生動物は食料（*makanan*）であったと同時に、「友達（*kawan*）」や「仲間（*sahabat*）」であったという村の人びとの語りには、かつて森林資源は乱獲されていなかったという歴史認識がみられる。

（6）籐など森林産物の採集でもみられる前借り方式。これは収穫量が不足する場合に、負債がかさむ原因となっている。

（7）ドリアンの植樹行為は、森の中に自生する森林産物を採集していた狩猟採集民的な価値観では考えられないことである。現在でも、村で狩猟採集民的な生活を送っている人びとが、決してドリアンを植樹しないのはその証拠である。彼らにいわせれば、ドリアンの苗木を購入する行為そのものが「無駄」なのである。自生している森林産物を採集しそれを自己消費する、あるいは余剰物を仲買人に売却することで現金を得るというやり方に慣れていた人びとにとって、黙っていれば自生する森林産物にわざわざ多くのエネルギーを投入することは考えられないことである。彼らは、もしそれが失敗したときには「損」になると考えている。このような考え方をもつ人びとは、落下したドリアンを見つけやすいようにドリアン収穫時に下草を刈り取るという作業も「無駄」であるとしてほとんど行わない。また、集落地域のドリアン果樹園にドリアンの苗木を植えることもない。

(8) 集落地域では環境汚染によってドリアンの成長が妨げられ、ドリアンの果実が成長しないので、より「自然」な森のドリアンの商品価値が再評価された。

参考文献

市川光雄 一九九七 「環境をめぐる生業経済と市場経済」、青木保ほか編『岩波講座文化人類学 第二巻 環境の人類誌』一三三―一六一頁、東京：岩波書店。
信田敏宏 二〇〇〇 「『上の人々』と『下の人々』――オラン・アスリ社会における開発と階層化」『社会人類学年報』二六：一二九―一五六。
―――― 二〇〇四a 『周縁を生きる人びと――オラン・アスリの開発とイスラーム化』京都：京都大学学術出版会。
―――― 二〇〇四b 「ドリアン・タワール村の生活世界――マレーシア、オラン・アスリ社会における階層秩序と世帯状況」『国立民族学博物館研究報告』二九（二）：二〇一―三〇六。
Dunn, Frederick L. 1975. *Rain-Forest Collectors and Traders: A Study of Resource Utilization in*

Modern and Ancient Malaya. Kuala Lumpur: Malaysian Branch, Royal Asiatic Society.

Mohd. Tap Salleh. 1990. An Examination of Development Planning among the Rural Orang Asli of West Malaysia. Ph. D. Dissertation, University of Bath.

自然保護区のなかで暮らす人びと
――南インドのカダール社会

カンマニ・カンダスワアミ
（池谷和信監訳）

一九六九年、国際自然保護連合（以下ＩＵＣＮと表記）は、世界の生物多様性を維持するために、世界中の森林を保護し回復するために保護地域の構想を発表した。その流れを受けて、インドでも、一九七八年、ＩＵＣＮによって設定された保護地域の分類に則った制定がされている。[1] この分類は、国立公園、野生生物保護区、閉鎖地域の三つからなるが、インドの保護区は国立公園または野生生物保護区になっており、閉鎖地域は現在まで存在しない。一九七八年当時、インドの保護区は数えるほどしかなかったが、現在のその数は五八六カ所になっている。また、一九八〇年代後半の調査では、保護区面積の六九パーセントに三〇〇万人以上が暮らしていること、および六四パーセントの区域がその内部に共同利用地や借地、居留地を抱えていることが明らかとなった（Kothari *et al.*）。

この事実は、とりわけインドにおいては驚くにあたらない。インドでは、総人口一〇億人以上のうちおよそ二億人が部分的あるいは全面的に森林に依存して生活している。そしてそのなかには、森林

写真1　村の概観

の内部あるいは森林に非常に近い所で暮らす人びとが七〇〇〇万人いる（World Bank 2001）。そのほとんどが貧困層であり、他の代替手段を見いださない限り、彼らの森林資源への依存をなくすことは難しい。

本章では、筆者が行った現地調査の結果をとおして、保護区の森林で生活する人びとの森林資源への依存状況を明らかにする。調査は二〇〇一年五月から二〇〇二年九月にかけて、南インドのアナマライ丘にあるインディラ・ガンジー野生生物保護区におけるカダール（Kadar）の人びとについて行った。筆者は、保護区内に住む全人口の三一パーセントを占め一五五世帯にあたるカダールの人びとを対象にすると同時に、森林局の役人について詳細な聞きとり調査を行った。

一　カダールの人びと

カダールの多くは、偏平な鼻、厚い唇、縮れ毛等のネグロイドの特徴をそなえ（Ehrenfels 1952）、マラヤーラム語とタミル語が混じり合ったカダ語（ドラヴィダ語から派生したもの）を使っている（写真2）。今でも彼らの多くは採集生活を営んでいるが、なかには、農業や定住的生活を始めた人びともいる。その大部分は、ハチミツ、蜜蠟、その他の「副次的林産物」（Minor Forest Produce、以下森林産物と表記）を採集して販売する生計を立てている。彼らは森林の減少にともない、州政府や平原の人びとへの依存を強め、彼らのために働き彼らから米や衣類を購入するようになった。

写真2　カダールの女性と子ども

カダールの人びとが暮らすアナマライ丘陵は、海抜約九〇〇〜二四〇〇メートルの範囲にあって、北西部から南東部に向けて山脈が連なっている。丘陵の東側にはタミル・ナードゥ州のマドゥライ地区とコインバトール地区があり、西側にはケララ州のパールガート地区、トリチュット地区、エルナークラム地区、イドゥッキ地区が広がっている。

広大なアナマライ丘陵には、カダールのほか、エラヴァルナ、マラサールなどいくつかの民族集団がそれぞれ分かれて住んでいる。カダールの居住地は、ケララ州とタミル・ナードゥ州にまたがって分布している。各所に点在する集落間には日常の暮らしを通じた交流がみられ、州の境界線を越えて、ある集落から別の集落へ個々の家族が移動することは珍しくない。彼らの社会においては、それぞれの州政府が実施する開発計画への参加を除き、彼らの居住地を分断している政治的あるいは行政的な境界線の存在はほとんど意味をなさない。

一九五七年、森林局によってトゥナカダウ山脈での野生生物の狩猟が全面的に禁止されたのを契機に、カダールの居住するコインバトール地区南部に三つの野生生物保護区が制定されるにいたった。しかし管理上の問題が生じたため、一九七九年、この三つの保護区を統合し、このあたり一帯を一つの区域として設定したものが、アナマライ野生生物保護区、現在のインディラ・ガンジー野生生物保護区（以下ガンジー保護区と略称）である。

二　カダールの人びとの資源の利用状況

ガンジー保護区で暮らすカダールの生活は、さまざまな森林資源なしでは成り立たない（表1）。彼らにとって、森林は住居であると同時に、食料、燃料、飼料、薬、現金収入等の源でもある。しかし、この保護区は、国立公園規則に基づいて管理されているために、木を切って薪を作ったり建物を建てたりといった活動は皆、公式には違法ということになる。ただ、保護区内の集落に対しては、落ち葉や枯れ枝を燃料に使ったり、限られた範囲で放牧したりすることが認められている。

このような制約にもかかわらず、彼らは依然として森林地帯に住み、生活の面でも経済活動の面でも保護区の森林資源に大きく依存している。保護区内の耕作も、国立公園規則に違反することになる

表1　ガンジー保護区における土地タイプとカダールの野生食物利用

土地のタイプ	利用されている主な野生の食物
森林	塊茎・果物・肉・マッシュルーム
雑木林	葉のついた緑色植物
プランテーション	葉のついた緑色植物・マッシュルーム
水田	
小川／河川	魚
沼地／湿地	魚
沿道	
放牧地／山	葉のついた緑色植物・マッシュルーム

が、カダールの権利が法的に明確にされていないために、現在のところ容認されている。筆者の調査結果では、ガンジー保護区住民の九六パーセントが耕作活動を行っていることが明らかになった。農業産物の多くは自家消費または物々交換用であるが、大部分の人びとが保護区の外からも食料を購入している。これは、作物の五〇パーセント近くが増加する野生動物の被害を受けているためである。

そのほか大部分のカダールの人びとは、保護区内で森林産物を採集して販売もしており、食料としてのみならず安定した現金収入の源としてこれらの森林産物が彼らの生活の重要な柱となっている。一般には、一九八二年にその採集は禁止されたが、保護区内やその周辺で暮らしている人びとには許可されている（Sonakia 1993）。平素は、根茎類、野生のウコン、ショウガ、コショウ、ネリッカ（*Emblica officianalis*）、ムクロジの実、ハチミツ、薬草、キノコなどを採集する。魚を捕ることは自家消費目的であっても違法であるが、彼らは魚も食用にしている。

カダールの人びとは、二五種もの根茎類について知識を有し、そのうち七種類を食用にしている。ササヴァリ（*Asparagus racemoses*）、ナンナリ（*Hemidesmus indicus*）、ムサンガ（*Cyperus rotundus*）、ウニサンドゥ（*Costus speciosus*）等の食用根茎は、昔ながらの薬の重要成分としてよく用いられている。彼らはまた、七種類の野生ヤムイモを食料として利用しているが、なかでも、カヴァラキザング（*Dioscorea oppositifolia*）とノーラキザング（*Dioscorea pentaphylla* var. *pentahylla*）が最も好まれている。彼らによると、でんぷんと脂肪がこの二種には多く、ナラキザング（*D. wallichii*）は繊維が多い。またノーラキザングとカヴァラキザングの場合は、調理の前に無毒化する必要はないという。このように野生ヤムイモは、今でも、カダールなどの森で暮らす人びとにとって、主要な食料であり、食用としての適性、味、果肉の色、大きさ、成長の方向、繊維の含有率、調理法などにかかわる知識をもっている。また食料不足の時期には野生のヤムイモが救荒食の役割を果たしている。

カダールの、とりわけ森林からかなり離れた湿地に住む人びとは、年に二、三回集中してヤムイモ採集を行うことが多い。採集前には、男性も女性も、採集場所、出発時間、道具、必要な材料などについて話しあって計画を立てる。雨期には根茎がまだ小さいために、夏になってから採集に出かける。野生のゾウに出会う危険があることから、女性が一人でヤムイモ採りに森の中に入ることはない。誰かとともに森に入り、共同で根茎を掘り出す。

ヤムイモの蔓を見つけると、まず男性が竹やヤシの茎を尖らせた掘り出し棒で穴を掘る（写真3）。その際に女性は、穴から土や石を取り除く手助けをする。その後女性が、新鮮なヤムイモを探し出す。が掘り出す場合はヤムイモが、浅いところにあるものに限られている。岩の割れ目付近ならば、根茎が深く根をはらないために、岩の塊を一つか二つ取り除くだけで全体を掘り出すことができる。しかし、男性のほうが、葉や蔓の形をもとに根と根茎を見分けることに長けている。

品質のよい根茎は夏に手にはいるが、蔓や葉が乾燥して見つけ出すのが難しい。ある女性は、「茎が出ているところから根茎の場所を見つけ出すのは難しく、忍耐が必要だ」とも語っている。

写真3　イモを掘る男性。

根茎を掘り出した後、彼らは、先端部分と蔓を深い穴に戻し、四分の三程度のところまで土を埋め戻す（これがその後また成長する）。そして、近くに来るイノシシを攪乱するため小さな穴に別の根茎を埋めておく。根茎を食用とするには、ゆでるなどアク抜きの処理が必要である。根茎をゆでる時には、ゆでる時間を短縮し、湯気が逃げるのを防ぐためにバナナの葉で鍋に蓋をする。

カダールの人びとは、ハチミツの栄養的な価値と治療的な価値を熟知している。過去においては、日常的に利用され、今では、森林で採集されて市場に送られる大切な森林産物の一つになっている。調査では、ハチミツ、根茎、野生の肉などが彼らの健康維持にいかに役立つかについて聞く機会があった。しかし現在森のハチミツに対する市場の需要が高くなり、採集したハチミツをすべ

表2　自家消費と販売を目的に収集される森林産物

No.	月／作物	Chithirai 4～5	Vaigasi 5～6	Aani 6～7	Aadi 7～8	Aavani 8～9	Puratasi 9～10	Ipasi 10～11	Kaarthigai 11～12	Maargazhi 12～1	Thai 1～2	Maasi 2～3	Panguni 3～4
1	根茎（7種）	A	A	A	A	A	A	A	A	A	A	A	A
2	野生ウコン	L									L	P	P
3	野生ショウガ	L									L	P	P
4	野生コショウ	P-L											
5	Kungilium								L	P	P	L	
6	Seevakaai	L									L	P	P
7	ムクロジの実	L									L	P	P
8	Jaathi kaai	L	L	L	L	L	L	L	P	P	P	P	L
9	Maasi kaai	L	L	L	L	L	L	L	P	P	P	P	L
10	Lychon	L	P	P	P	P	L						
11	Lavangam	A	A	A	A	A	A	A	A	A	A	A	A
12	Pisingam	A	A	A	A	A	A	A	A	A	A	A	A
13	Seengam 染料（白）	A	A	A	A	A	A	A	A	A	A	A	A

A：入手可　　L：収穫が少ない期間　　P：ピーク

14	Seengam 染料（赤）	A	A	A	A	A	A	A	A	A	A	A	A
15	Matti Paal	P	P	L								L	P
16	Kotti Chandhu	A	A	A	A	A	A	A				A	A
17	Maahaling Kilangu	A	A	A	A	A	A	A	A	A	A	A	A
18	ハチミツ	P										L	P
19	Jack	P	P	P	L								
20	野生バナナ	A	A	A	A	A	A	A	A	A	A	A	A
21	Jamoon		A	A	A								
22	Athikkaai	A	A	A	A	A	A	A	A	A	A	A	A
23	Poovaathi											P	P
24	Suri pazhlam												
25	Eacha Maram	A	A	A	A	A	A	A	A	A	A	A	A
26	Kadu kaai								P	P	P	P	L
27	Tamarind											P	P
28	Thipili	A	A	A	A	A	A	A	A	A	A	A	A
29	ナンナリ									P	P	P	
30	スグリ							L	P	P	P	L	

A：入手可　　L：収穫が少ない期間　　P：ピーク

て販売せざるをえない場合が多くなり、彼らのハチミツの消費量は昔にくらべて減少しているという。また気候の変化、茶やカルダモンのプランテーションにおける殺虫剤の大量使用等が原因で、木々の開花パターンが変化したりミツバチが減少したりしたために、ハチミツの生産量自体が低下している。

また主に女性によって採集されるキノコも重要な食料資源となっている。カダールの人びとも、およそ一三種類を消費している。キノコは季節的なもので、一般的には、モンスーン到来以降に採集される。プランテーションの空きスペース、森の縁、森の通り道の縁に沿ったところ、竹林、休耕田、シロアリの塚、川岸等に生育している。また、森の中やプランテーションの木の幹や腐った木にもみられる。アリコーン（Arikkoon）、プトゥコーン（Puttukoon）、ペルムカリ（Perumkali）は最もよく消費されているキノコで、味が良いとされ収穫量も多いが、特別なところにしか生育していない。例えば、アリコーンやプトゥコーンはシロアリの塚近辺でしかみることができない。ペルムカリは、シロアリの塚の残骸がみられる湿った露出した空き地のようなところに生息している。

竹の実は、カダールの人びとに頻繁に利用されている重要な種子である。竹の花はめったに咲かないが、竹の実が手に入る時には彼らの主な食料になる。竹の花が咲くと、カダールの女性たちは種を集める準備をして時期を待つ。竹は群生して林を形成しているケースがほとんどで、女性たちは、実がなる前に竹林に行き、実が落ちた時に集めやすいように地面を掃除する。ウシの糞を地面に塗りつけて、竹のトンネルに囲まれているようにすることもある。実の採集は何日も続くことがある。男性も子供も手伝い、この期間中は、家族全員が竹林に滞在することもある。集めた実は保存し、挽いて主にプトゥ（Puttu）を作るのに使う。竹の実ごはんは彼らの好物である。カダールの年長の男性と女性は、かつては、近くの村から来た人たちに竹の実を売っていたと話していた。表2にカダールの人びとが利用しているさまざまな森林産物の詳細を示した。

森林で採集された木はさまざまな用途に利用される。薪は最も大切な燃料である。木を薪として使用している人びとの九八パーセントが暖を取ることを目的としていた。薪を売ることは違法であるが、これを収入源にしている者もいる。また、大部分の人びとが、作物を守るためにも使用している。さらに、農機具を作ったり、家を建てたり、家を修理したりするためにも木が使われている。

森林産物は販売収入だけでなく、自家消費、物々交換、家畜飼料としての利用も重要である。人びとは、採集した森林産物のうちじつに三八パーセントを販売以外の目的に使用している。定量化することはできないが、果物、ナッツ類、ベリー類、ハチミツ、薬草等、もっぱら自家消費用の森林産物を含めれば自家消費の割合がもっと高くなると思われる。実質ベースでは、森林産物からの収入は、世帯所得全体の一二パーセントを占めている（表3に所得と自家消費に注目した森林でのさまざまな活動の相対的な重要性を示している）。もし、森林産物の採集が禁止されれば、彼らの重要な収入源がなくなるだけではなく、食料が欠乏した際の大切な栄養源も断たれることになる。

農業の次に広く行われているのが家畜飼育で、保護区内に住む人びとの九〇パーセントが家畜を所有している。家畜を所有するということはステータス・シンボルであると同時に、保険の役割も果たしている。家畜は困難な状況に陥った際には売ることができるのだ。調査対象として抽出した家畜を保有している世帯の九六パーセントは、森の中で放牧している。家畜は大切な収入源で、森に住む人びとの収入の大きな部分を占めている。自家消費と販売の二つの価値を合わせて考えた場合、家畜の

表3　森に住む平均的な世帯の所得に占める各種活動の割合（単位：米ドル）

活動	自家消費分[1]を除いた所得への貢献	%と順位	自家消費分を含めた所得への貢献	%と順位
農産物の販売	1.94	1.14（6）	87.52	19.71（2）
森林産物の販売	42.54	25.02（2）	54.22	12.21（3）
薪の販売	1.57	0.92（7）	7.00	1.5（7）
家畜の放牧	35.18	20.71（3）	206.57	46.53（1）
森林省の仕事	44.11	25.97（1）	44.11	9.93（4）
森の外部での仕事	12.96	7.63（5）	12.96	2.91（6）
他の収入源	31.51	18.55（4）	31.51	7.09（5）
所得合計	169.81		443.89	

現地調査（2000～2001年より）

1）　自家消費分は市場価格をもとに算出。

飼育は、彼らにとって一番大切な活動であるといえる（表3）。

このように自給自足的な面で、彼らは、一〇〇パーセント森に依存しているばかりではない。仮に自家消費分も金銭的に換算して勘定に入れると、家畜の放牧が最大の収入源になり、これに農産物の販売と森林産物の販売が続くかたちとなるが、自家消費分を除けば、森林局の仕事（日雇い労働が中心）が一番の現金収入源になっている。(2)

以上をまとめると、所得を生ずるカダールの活動の大部分が森の中で行われているといえよう。家族のなかで森を出て仕事に就いている者はカダール全体の二一パーセントにすぎず、二〇〇〇年の平均世帯所得（すべての収入を合わせたもの）一六九・八一ドルのうちじつに九二・三六パーセントが森の中での活動から生じている。このように、ガンジー保護区に住むカダールの人びとは森林資源に大きく依存

表4　野生食物に関するカダールの人びとの伝統的な知識の低下状況

知識の内容	世代と知っていた者の数					
	第1世代（40歳以上）		第2世代（15〜40歳）		第3世代（15歳以下）	
	男性	女性	男性	女性	男性	女性
食用キノコを見分ける	3	4	2	4	0	2
食用根茎を見分ける	4	3	3	3	0	0
食用植物を見分ける	3	4	2	2	0	3
足で魚を捕れる	3	4	2	2	0	0
カニを捕まえられる	3	4	2	4	0	0

しており、これに代わる現金収入源が提供されない限り、今後もこの状態は続くと予想される。

失われつつあるカダールの知識

集落のカダールの三世代を代表する一二名ずつの男女を対象に、野生食物の採集、調理・加工、管理に関する各世代の知識レベルを調べ、世代毎に、あるいは男女間で、どのような違いがみられるかを調査した（表4）。野生食物に関するカダールの知識は、かなりの速度で低下していることが示された。

食用根茎の見分け方、足を使った伝統的な魚やカニの捕り方を知っている者は急激に減少している。第三世代の子供は、いずれも、そのような方法をまったく知らなかった。しかし、第一世代、第二世代の間、男女の間ではそれほど違いはない。足で魚を捕ることに関しては、親の代ですでに低下しているが、第三世代になって急激に知識が失われていることがわかる。

つまり第二世代から第三世代にかけて知識が伝達されていない。これは、第三世代の子供たちがそのようなことに興味をもたなかったことが主な理由と考えられる。女の子の場合は、母親や祖母といっしょに採集に出かけることが多いため葉菜やキノコの知識はもっているが、子供たち、特に学校に行っている子供たちは、魚と鳥（ツルなど）を除いて、野生食物をほとんど知らないということも明らかになった。彼らの親や祖父母の世代は、男女とも、野生食物について豊富な知識をもっており、今でも、市場で売っている食物よりも野生食物を好んで、しばしば採集に出かけている。彼らは、ほぼ全員が、野生食物が昔ほど簡単には手に入らなくなったと考えている。それが土地の転換、生息地の破壊、パルセニウム（*Parthenium*）やアジェラタム（*Ageratum*）といった外来種の侵入、森林局の規制措置、山火事などが原因だということは全員が理解している。今後は知識の保存を目的とした子供の「再教育」に力を入れる必要があるだろう。

三　保護区におよぼす問題

カダールの人びとの活動は、森と野生生物に影響をおよぼしている。まず彼らは、さまざまな森林産物を採集するために森の中を歩く。これが野生生物の妨げになる。さらに、森林産物の利用は、野生生物と森に住む人びと、保護区周辺の村落の人びとが競合するために、従来のシステムが壊れて、持続不可能な乱獲へと変化した。スグリはその典型的な例である。現在、森林の外縁部にはほとんどスグリの木は見られない。以前は、熟すのを待って実を採集していたが、今では、よい値段が付くこともあり、熟すのを待たず、木を切り倒して実を集める。このままでは、森からスグリの木がなくなるのも時間の問題である。

また、不法伐採は森の管理上の大きな問題になっている。一九九五年から二〇〇〇年までの期間中に当局が記録した保護区における不法行為の過半数（五七パーセント）が違法伐採である。燃料となる木々の採集による影響は大きくその領域も広大である。立木を切ることは禁止されており、村落付近で枯れ枝を容易に入手できない場合もある。そのため枝を払って乾燥させてから採集するという方法がよく行われている。

森での家畜の放牧により、森林に生息する動物たちのエサとなる植物が不足しがちになっている。現在、外部の村落と周辺部の村落の家畜の放牧が認められているのは、森林面積の二〇パーセントにあたる領域である。しかし、実際には、閉鎖区画内でも放牧を行う人びとが多く、正式には認められていない者も放牧を行っており、放牧が行われている領域はもっと広く（六一パーセント）なっている。境界線に柵はない。そのため、いたるところで家畜の不法侵入が起こり、森林地帯に影響をおよぼしている。放牧を正式に許可されているウシとそうではない家畜を見分けることはほとんど不可能であるため、森の中で放牧されるウシの数を規制することは困難である。

国立公園における放牧による植物への影響に関する調査によると、保護区に対して有害な影響を及ぼしていることが示された（Nagar 1992）。それでも、村落や森林周辺の家畜数は着実に増加している。そのため、一頭あたりが利用可能な面積の低下、土壌の転圧、雑草の蔓延、フロラ構成の変化、土壌の微小動物相の死滅等の影響が予想されている。さらに、家畜から野生生物への病気伝染の可能性がつねに存在している（今のところ、深刻な伝染病が発生したという報告はない）。また仔牛や山羊の餌にするために彼らは木の枝を払うが、枝ではなく、木そのものを切り倒すことも報告されており、問題になっている。

山火事も大きな問題である。一九八四～九四年間に森林地域の七七パーセントで火災が発生し、複数回火災に見舞われた部分も四九パーセントにのぼっている（Pabla 1998）。一九九六年から二〇〇〇年にかけては、七二件の火災が発生した。大規模な山火事が起こると、野生動物の生息地が破壊され、エサとなる植物は不足し、動物の数も減少するという（Nath 2000）。現地調査に際して質問をしたところ、火災の多くは故意に起こされたものであるという。火災は、森林局によって罰金を課せられたり、何かを規制されたりした際に生じる。森林局に対する、このような報復的な放火を阻止することはできない。

保護区内の集落に人びとが住むかぎり、少数の森林局スタッフの手でつねに彼らの活動を監視することは困難である。保護区住人による材木、薪、家畜飼料等の利用は野生生物が利用できる資源の量を制限するばかりでなく、野生生物の生息地を脅かし、資源の基盤を著しく低下させている（Guha 1992: 307）。

四　代替資源の必要性

カダールの人びとの生活は、ガンジー保護区の資源に大きく依存しているが、このような状況は特別なことではない。インドの他の保護区でも、世界中の多くの保護区でも同様の状況をみることができる。森林地域内で暮らす人びとが、生活の基盤になっている資源への依存を引下げることは容易でない。保護区を指定し、関連規制を設けることは、長らく森の資源を利用してきた地元の人びとに犠牲を強いることになる。

規則は曖昧にならざるをえず、効果的に森を保護することは非常に難しくなっている。既存規則の適用率も低くなる。ウェルズらが述べているように、「代わりになる生活手段を提供せずに、限られた範囲でしか資源を利用できない貧しい人びとを公園や保護地区から締めだすことは、政治的にも道徳的にも正しいとはいえない」(Wells and Brandon 1992: 2)。そのため、彼らの行動を制限する前に、しかるべき代替資源を提供することが不可欠になってくる。

代替資源の存在は、このような人びとの保護区への依存を低下させるだけではなく、保護区の受容にも影響を与え保護区の将来の存続を確保するうえで不可欠な要素である。筆者はガンジー保護区において、様々な要素について調べるために実験的にロジット回帰を用いた計量経済分析を行い、森に対する人びとの考え方を探った。その結果、カダールの人びとが、森林局のために働く、あるいは森の外で働く等、代わりになる収入源をもち、森の中で他の代替活動に従事するようになれば、森によい影響をおよぼす可能性が高くなることが示された。さらに、作物の損害は森に起因する問題であると考えている人たちや、保護区設置の理由を知らない人たちは保護区に反対する可能性が高いことも示された。

代替収入源(森林局の仕事をする、森で他の仕事をする、森以外のところで働く、自営)による収入と森林産物の販売による収入の割合には有意な逆相関があることが示された(3)。これは、代替収入源を利用できる人びとは森林産物の採集量が少なく、森におよぼす影響も少ない可能性が高いことを示している。[4]

ガンジー保護区内に住む人びとを保護区外へ移住させるという方法も考えられる。この方法は森林局が支持しており、現行の保護方針でも規定されている。しかし、この方法には、①適切な集落用地がない、[5] ②移住に必要な資金の調達が難しい、③住民が移住に消極的である、④政治的な意思が欠けていることなどの問題がある。たとえ、保護区内の住民を立ち退かせたとしても、保護区の資源に同じように依存している保護区周辺部に住む多くの人びととの存在は変わらず、周辺部に居残る可能性は高い。実際、今後人口が増え、貧しい状況が続けば、保護区に対する周辺村落の依存度はさらに高まると考えられる。また強制移住は、インドも加盟しているILO条約に違反することになる。過去に行われた強制移住の試みは、しばしば激しい衝突を招いている（Kothari *et al.* 1998）。

このような状況で一番よいのは、保護区の管理側と住民が協力することである。野生生物の需要と住民の需要の、どちらか一方を優先させるのではなく、また彼らを管理上の「問題」として捉えるのではなく、彼らと森林局が協力して、保護区の管理者の役割を、人びとを監視する警察のようなものから保護区を保護するために地元の人びとと力を合わせるもの、に変化させることはできないだろうか。

自分たちにも利点があるとなれば、効果的な支援を得ることができるだろう。例えば観光収入の一部を村落の開発に投入し、地元の人びとを森林管理活動に参加させ、代替収入源としての雇用を提供することが、彼らの参加を促進するうえで効果的だと思われる。世界銀行の手で始められた環境開発計画等の現行プログラムは、これらと同じ方向性をもっている。このプログラムは、人びとに灌漑《かんがい》設備を提供して農業の生産性、健康、輸送施設、学校教育、代替収入源（キノコ栽培、養蜂、家内工業等）を向上・実現させ、保護区資源への依存を軽減しようとするものである。ただし、村落内で収入を得ることに重点をおいている点は、農業活動が発展する地域に多くの人びとが集まってくるというような好ましくない影響がでる可能性もある。今後は現在の環境開発計画の成果に関する経験的な評価が必要だろう。

五　保護区との共存への道

インドでは、森林資源を保護するために自然保護区を設立させて森林資源の利用を制限してきたが、保護区の資源に大きく依存している社会の主流から取り残された人びとを犠牲にして行われてきた。有効な代替資源がない状況のなかで、彼らは、保護区と彼ら自身の将来を犠牲にしながら、今も保護区の資源を利用しつづけている。

道徳的、倫理的、経済的な観点からみた場合、保護区の境界内で暮らす人びとよりもはるかに多い保護区周辺の住民を移動させることは現実的ではない。このような状況においては、保護区の将来を確かなものとするために、彼らに代替資源・代替収入源を提供し、森林局とのあいだに協力関係を築きあげることが必要である。保護区に依存する人びとが利益を享受できてこそ、あるいは彼らに代替収入源が提供されてこそ、保護区の森林資源の管理問題が解決されると考えられる。また現在残されている森林資源を保護するにあたって政府はどの程度真剣なのか、そして、生きるために保護区の森林資源に依存している地元の人びとを保護区の保護に参加させることについて政府はどの程度真剣なのかという疑問もある。これは世界中で共通してみられる問題でもある。実際には保護区の理念と森林資源に大きく依存している人びとの現実との格差のために、規則は曖昧になり、現行規則にしても厳格に適用できないという状態が生じている。

最後に、筆者は自らの調査の結果から、人びとを森林管理に参加させることを通じて、あるいは代替活動を通じて新たな収入源を提供することが、森林資源の消費を軽減するのではないかということをまず指摘しておきたい。森林への依存軽減に加えて、森林の管理に彼ら自身が参加することで、保護区に対する人びとの考え方も改善されると予想している。最近の計画では、彼らの森に対する姿勢を変化させることが強調されている。しかし、資源の枯渇に関する認識や考え方が人びとの行動に実際にどう作用するのかということについては、依然としてほとんど理解されていない。理解を進めるためにも、また計画を円滑に進めてゆくためにも、さらに調査が必要である。

注

（1）一九七八年、国立公園と保護区に関するＩＵＣＮの委員会ＣＮＰＰＡは保護区の分類、目的および基準に関する報告書を公表し、一〇の分類を提案した。これは一九九二年に見直され、現在では保護区が六つに分類されている（Kothari *et al.* 1997）。

（2）調査対象世帯のなかで森林省の仕事をしている者は四一パーセント、恒久的に働いているものは内六パーセントで、残りの九四パーセントは日雇いベース。
（3）　ピアソン両側相関関数は一パーセント・レベルで有意であった。
（4）　もちろん、他の要素も森林産物の採集や代替収入源に影響をおよぼしている可能性があることから、証拠は予備的なものである。本報告書の続きとして、構造計量経済分析を通じてより綿密な仮説にもとづく試験が現在開発中である。
（5）　紙の上では移住地が存在しているが、実際には、ガンジー保護区の人びとをすべて移住させることができるような土地はほとんどない。

参考文献

Colchester, M.　1992.　Sustaining the Forests. The Community Based Approach in South and South East Asia. Dicussion paper No. 35. Geneva: UNRISD.

Ehrenfels, U. R.　1952.　*Kadar of Cochin*. Madras: University of Madras.

Falconer, T. and Arnold, J. E. M.　1991.　Household Food Security and Family, An Analysis of Socio-Economic Issues Rome: FAO of United Nations.

Guha (ed.).　*Social Ecology*.　New Delhi: Oxford University Press.

Kothari, A. et al. (eds.).　1998.　*Communities in Conservation: Natural Resource Management in South and Central Asia*.　New Delhi: Sage Publication.

———　1997.　*Building Bridges for Conservation*.　New Delhi: IIPA.

———　1996.　*People and Protected Areas: Towards Participatory Conservation in India*.　New Delhi: Sage Publication.

———　1989.　Management of National Parks and Sanctuaries in India. A Status report.　New Delhi:

IIPA.

Nager, A. K. 1992. Livestock Grazing Problems and Management Options. Unpublished term paper. Dehradun: Wildlife Institute of India.

Pabla, H. S. 1998. Development of a User Friendly Wildlife Monitoring Methodology for Protected Areas in India. Unpublished Ph. D thesis. Dehradun: Wildlife Institute of India.

Panwar, H. S. 1992. Ecodevelopement : An Integrated Approach to Sustainable Development for People and PAs in India. Paper presented in the IV World Congress on National Parks and Protected Areas. Caracas, Venezuela.

Stocking, M., S. Perkin and K. Brown. 1995. Coexisting with Nature in a Developing World *Ins.* Morse and M. Stocking (eds.) *People and Environment*. UCL.

World Bank 2001 Final Proceedings, National Workshop on Community Forestry Issues, Manesar, 8 -9 November 2001

Wells, M. and K. Brandon. 1992. *People and Parks: Linking Protected Area Management with Local Communities*. Washington DC: World Bank.

サラワクの森林伐採と先住民プナンの現在

金沢謙太郎

一九八〇年代後半、サラワクの森の民は世界中のメディアの的となった。プナン人（Penan）らサラワクの先住民族は、森林の商業伐採の中止を訴えて、木材運搬用の道路封鎖に立ち上がった。このボルネオ島、マレーシアのサラワク州発のニュースは、「熱帯雨林の破壊に対する地元民の異議申立て」として国内外に大きく報じられた。その結果、アメリカ上院議会では、サラワクの森林伐採に対して非難決議が採択され、イギリスのチャールズ皇太子はサラワクの森林伐採を民族の殺戮行為に等しいと指弾した。そして、一九八九年十一月には国際熱帯木材機関による現地査察が実現した。同査察団は、当時のサラワクの木材生産量、年間一三〇〇万立方メートルを過剰伐採と判断し、段階的に九二〇万立方メートルに削減するよう勧告している。

それから十年余りを経て世界最大の熱帯材の供給基地であったサラワクの木材生産量は一九九〇年代前半を境に下降している。と同時に、プナン関連の報道はめっきり少なくなった。しかしながら、現地での抗議行動がなくなったわけではない。バラム河流域では、二〇〇二年三月に、複数の先住民族が連携して少なくとも六カ所で道路封鎖を行っている。二〇〇三年五月にもプナンによる林道封鎖があった。二〇〇二年六月には、三〇以上のプナン集落の代表がバラム河流域のロング・サヤン村に集まり、政府に対する緊急の声明を発表している。そこでは、「当局の意思決定によって、どれほどの苦しみと貧困に耐えてこなければならなかったか」という窮状が詳述されている。

なぜ今日までプナンによる抗議行動が続いているのだろうか。プナンは草の根の環境保護運動の象徴的存在として一躍世に知られることとなった。しかし、サラワクの森の民は実質的に何を得たのだろうか。彼らに対していかなる支援や方策がなされてきたのだろうか。

森林産物の貿易と森の民との出会いは、必ずしもつねに悪というわけではないだろう。その出会いによって経済的自立を獲得し、外部の者に森の民の生活様式を意識させ、尊重させる状況にもつながるからだ。しかし、現代の政治経済が生みだす権力と富の圧倒的不均衡を考えれば、そこに搾取と抑圧の可能性がきわめて大きいこともまた明らかである（モーリス＝鈴木　二〇〇二：八）。熱帯雨林の持続的利用・管理という課題は、そこで暮らす社会的周縁化された人びとのエンパワーメントという課題と同時に追求されなければならない。本稿は、その方途をさぐるための準備作業である。

一　プナン人の生業と暮らし

サラワクのエスニック集団は大きく二三に分けられ、さらにそのうちのいくつかはサブ集団に分類されている。サラワクで最も人口が多いのは、イバン人（Iban）で総人口の二八パーセント強を占める。また、イスラム教徒のマレー系（Malay）とメラナウ人（Melanau）は合わせて二七パーセント、ビダユウ人（Bidayuh）が八パーセント、その他の先住民が六パーセントを占める。なお、非先住民の華人系は二七パーセントを占めている。その他の先住民族には、プナンのほか、カヤン人（Kayan）、クニャ人（Kenya）、クラビット人（Kelabit）などが含まれ、上流の人びとを意味する「オラン・ウル（Orang Ulu）」とも呼ばれる。

二〇世紀の初め、ボルネオ島には一カ所に定住せず遊動生活を営む人びとが一〇万人以上いたと推定される。しかし、現在では、プナンの一部の人びと（三〇〇人前後）を残すだけとなった。彼らは森の中で数週間から数カ月単位で移動をくり返しているが、それは動物の狩猟のためというよりは、さまざまな林産物の採集のためである。とりわけ一カ所に定住しないプナンにとっては、サゴヤシはその自律的生存の要であり、その多寡が移動を促していると考えられる。また、遊動プナンは死者が出ると埋葬した後、その場から引っ越す。

現在のプナンの人口は、サラワク全体でおよそ一万人。そのうち約六割の人口がバラム河（写真1）流域に集中している（図1）。そこでは、遊動を続ける集団のほか、定住して村を形成している集団、その中間の生活様式を営む集団（半遊動／半定住）とバリエーションがみられる。現在でも時間や頻度の差こそあれ、ほとんどのプナンは森に分け入って生活の糧を得ている。

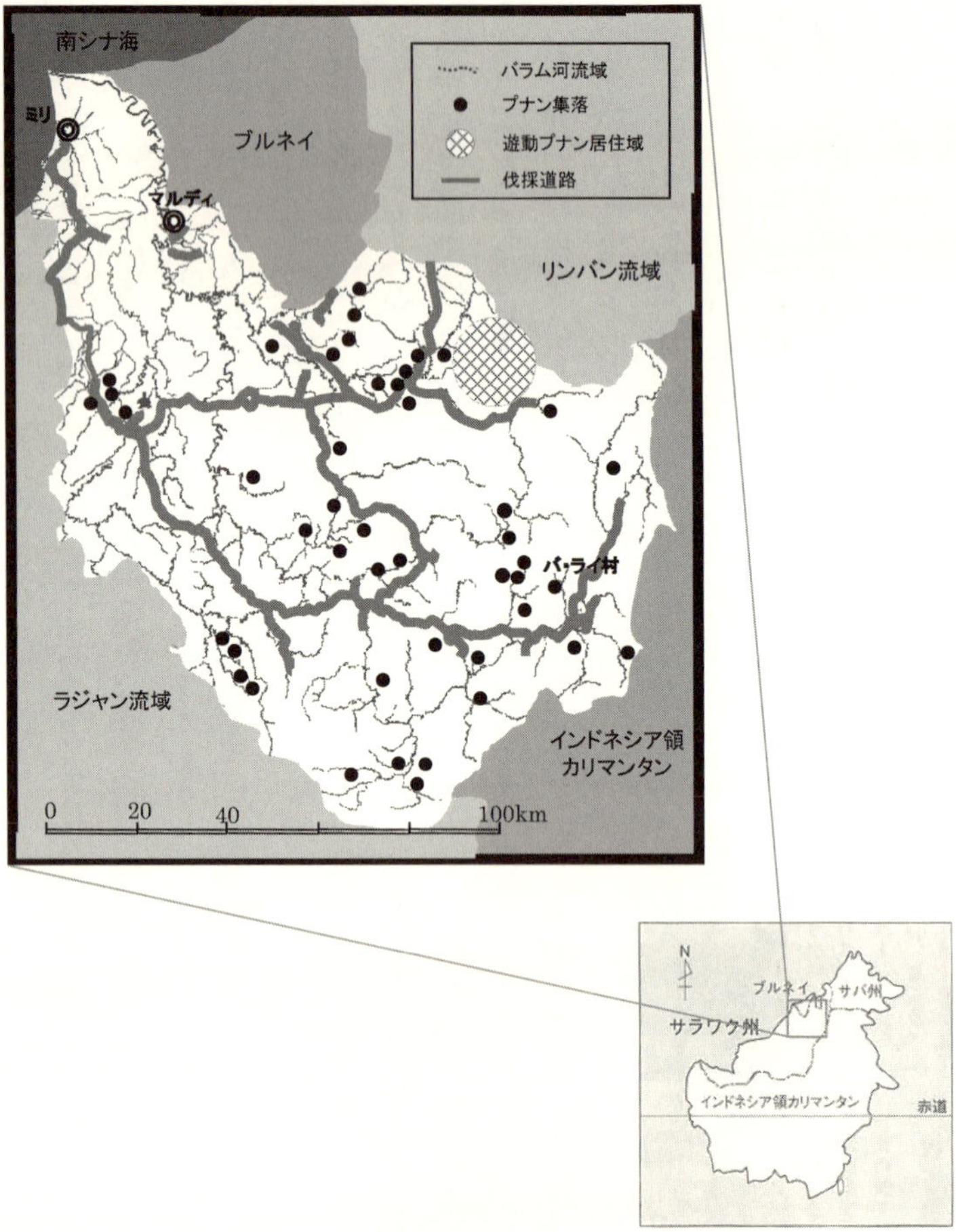

図1　バラム河流域のプナン集落の分布

出典：原地図は Department of Irrigation and Drainage のホームページ掲載データより（http://www.did.sarawak.gov.my/rbis/basinmap/barambasinmaps.html)。プナン集落の所在については、Langub（1996：104）など、また伐採道路については、鮫島弘光氏（京都大学大学院／現地調査中）の情報をもとに作成。

写真１　バラム河

サゴ食

熱帯雨林は、その生態系システムの特徴として地表面にあまりエネルギーを蓄積しない。そのため、生存のためには炭水化物の確保が困難とみられている。半世紀前、サラワク博物館のトム・ハリソンは、プナンの主食について、次のように報告している。「米が入ってきた際に、プナンは焼畑に向かわず、これまで続けてきたサゴの豊富な地域に依存する生活を選択した」（Harrison 1949: 13）。サゴ（sago）という語は、デンプン質の粉を意味するマレー語のサグ（sagu）に由来する。サゴヤシとはデンプンを蓄積するヤシという意味である（山田　一九九七：六九）。ヤシは多年生本木で気候の変動や病虫害を受けにくく、一年中安定して利用できる。プナンが特に好んで利用するチリメンウロコ属（*Eugeissona*）のヤシは、急な斜面や尾根に自生している。

サゴ・デンプンを採集するためには、収穫や脱穀といった農業に近い生産過程が必要となる。まず、サゴヤシの群生近くに休憩や昼食、雨宿りの場となる簡易小屋を作る。

写真2　サゴデンプンの生産過程

サゴヤシは地表から数本の幹が密集して伸びている。男たちは、適当なサゴ数本を斧で切り倒し、それぞれの幹を長さ一メートル前後に切り分ける。切り分けられた幹は、その場で山刀で表皮を削り取られ、川べりまで運ばれる。次に、山刀と棒二本を使って、その幹を縦方向に真っ二つに割る。さらに、鍬に似た道具で、幹の中につまっているサゴヤシの髄をかき出す（写真2）。つづいて女たちの出番となる。まず、水場に竹で二メートル四方の土台を作る。その上に、籐（ラタン）の敷物を敷き、かき出した髄を盛る。一人が水をかけながら、もう一人が、裸足で軽くステップを踏むようにして髄を押し洗いする。この作業は数時間つづけられ、台の下に敷いてあるシートにデンプンが沈澱するまで数時間待つ。沈澱し終わったデンプンを団子状にまとめ、プナンは簡易小屋を後にする。

村まで持ち帰ったサゴ・デンプンの塊は、かまどの遠火にかけられ、四～五時間かけて、ゆっくりと水分を飛ばした後、籐の敷物の上で粉々に砕かれる。細かい粉状になったサゴ・デンプンは数週間の保存が可能となる。調理の際、熱湯と水をかけて攪拌すると、「ナオ」と呼ばれるプナンの主食になる（写真3）。食品成分上、チリメンウロコ・ヤシはカリウム（一〇〇グラムあたり八三ミリグラム）、リン（一〇〇グラムあたり一二・六ミリグラム）、鉄分（一〇〇グラムあたり一・五ミリグラム）を豊富に含み（Anderson 1978: 13）、特に、鉄分は白米の三倍、玄米の二倍に相当し、マラリアによる鉄欠乏性の貧血予防に役立っていると考えられる。

プナンの狩猟では、吹矢が用いられ、一般にイヌの同行も欠かせない。主なターゲットは、イノシシやシカ、クマなどである。また、吹矢は、樹上のサルやリス、各種の鳥を捕獲するのに都合がいい。成人男性が使用する吹矢は全長二メートルを超える。長いほど命中精度は増すが、そのぶん吹矢を支える腕力と肺活量が必要である。吹筒を作る材質は、クスノキ科のボルネオ・テツボク（*Eusideroxylon zwageri*）など数種類に限られている。吹筒を作るには、まずやぐらを組み木材を垂直に立て固定する。そこに鉄製の細長いきりで少しずつ穴を空ける。少し掘り下げては水を入れ、木に水分を含ませながら掘り下げていく。鉄製のきりがなかったその昔は、材木を縦に二分しそれぞれに石器で矢の通る溝を掘り、最後に籐から作ったひもでくくりつけていたという（岩永　二〇〇〇：二九）。矢は二〇センチメートルほどで、竹とヤシ類から作られる。イノシシなど大型の野生動物を射る際に用いられる矢毒は、クワ科のウパス（*Atiaris toxicaria*）などの植物から作られる（Chai 1982: 18）。獲物に毒が回って弱ってきたところを、先端部の鉄槍でとどめを刺す。

写真3　ナオ（サゴ食）

沈香採集

数ある林産物のなかでも、採集の知識や技術の点でプナンの卓越性が示されるのは沈香木であろう（写真4）。沈香は、東アジア特有の森林産物として長年にわたる交易の歴史がある。主に中近東や中国、日本などイスラム教圏や仏教圏に輸出され、香を焚いて清めるという宗教行事の小道具として使用されてきた。沈香にはいくつかの等級があるが、最上級品ともなると、日本での販売価格は一グラム八〇〇〇円にもなる。

バラム上流域に位置するバ・ライ村（Ba Lai）には商業伐採が入っていない森もあり、徒歩片道三〜五時間圏内に数カ所の沈香木群が点在する。群といっても立木密度は一ヘクタールに一本あるかないかといった程度である。したがって、商業伐採後の森林では数週間単位で沈香採りに出かけている場合が多い。バ・ライ村で採れるのはジンチョウゲ科ジンコウ属（*Aquilaria*）の *microcarp* と *beccariana van Tiegh* の二種である。ちなみに、サラワク森林局では、州内に五種類の沈香木を確認している。

写真4　沈香木

プナンは沈香木を落葉や樹皮によって他の樹木と識別している。沈香は林木が何らかの損傷を受け樹脂が集積した部分だけに香りを含む。カリマンタンなど他地域では沈香木を見つけるとまず切り倒してしまう例が多く報告されているが（例えば、Soehartono and Newton 2001）、同村のプナンの場合は樹脂の集積部だけを斧やナイフで削りとる場合が少なくない。沈香木を切り倒さなければ、その立木に再び樹脂が一定量沈着する可能性が残される。

プナン集落には、カヤン人や華人などの沈香の仲買人がやってくる。筆者はその場に立ち会ったことがあるが、ある商人の買取り価格は、キロ当たり一八〇〇、七〇〇、四〇〇、一五〇、六〇、二〇、一五リンギの七等級であった。また、別の商人のそれは、キロあたり六〇〇〇、三〇〇〇、八〇〇、三〇〇、二六〇リンギの四等級であった。この価格体系は場所や商人によって違いがある。プナンは

写真５　籐（ラタン）

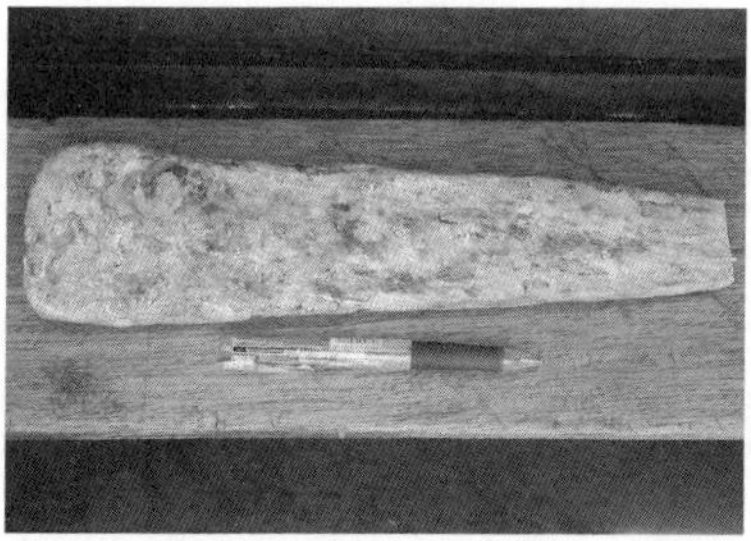

写真６　天然ゴム

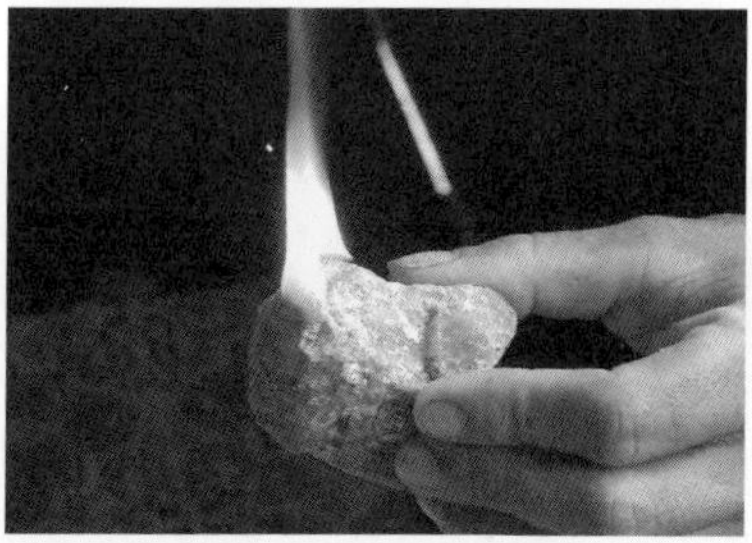

写真７　ダマール樹脂

むやみに手持ちの沈香を売りわたさずに、複数の仲買人を天秤にかけている。プナンの収入源となる主な林産物としては、ほかに籐や天然ゴム、ダマール樹脂、獣肉などがある(写真5、6、7)。プナンはそれらの交易を通じて、森からは得ることができない鍋やヤカン、食塩、衣類などの生活物資を入手してきた。

二　サラワクの森林開発小史

植民地以前

イギリス人探検家、ジェームス・ブルック(James Brooke)がサラワクの「ラージャー(王)」として支配権を確立したのは、一八四一年のことであった。サラワクは以後、日本軍の侵略によって占領された一時期を除いて、一〇〇年余りにわたってブルック家の支配下に入る。

植民地化以前、サラワクのそれぞれのエスニック集団や集落では、アダット(Adat)といわれる慣習法が支配的であった。アダットとは、秩序や社会関係を規定し維持する一連の規則であり、一般に口承で伝えられてきた。成人、結婚、葬式といった人生の通過儀礼や占いや、精霊・祖先崇拝、さらには土地や森林資源の利用、相続権、狩猟や焼畑などもその対象とされた。現在でも、ほとんどのサラワクの集落でそれぞれのアダットが生きつづけている。アダットには、もともと土地の私的所有という概念はなく、共同体の成員すべてに土地の利用に対する権利が認められていた。

十九世紀末、バラム河沿いから伐り出されたボルネオ・テツボクは、インド・ベンガル地方の鉄道の枕木として、またパリのフォーブール・モンマルトル通りの舗装用として利用された。しかし、当時のサラワクの輸出総額に占める木材の割合は二〜三パーセントとごく小さいものであった。一方、籐やグッタペルカ樹脂、沈香といった非木材の林産物は輸出総額の二割を占めていた。ブルック王朝以前から、サラワクと中国との間では林産物の交易が行われていた。サイチョウの角やカワセミの羽、胃石（解毒剤）、ダマール樹脂、樟脳などが中国人交易商の介在により、ビーズや鉄、穴あき銭、陶磁器類などと交換されていた（Kaur 1998: 121）。

近代的土地所有と先住慣習地

ブルック家はその専制的権力によって、近代的土地所有権を確立するための法令を立法手続きをまったく経ることなく次々に成立させていった（堀井一九九八：三一五）。一八四二年には法典集が発布され、先住民の慣習的土地保有権が保護される一方、華人系など移民の居住は、先住民がいまだ占有していない土地に限定された（長谷川一九九三：一八二）。ついで、一八六三年の土地規則によって、あらゆる未占有地・荒蕪地が政府の所有地となった。一八七五年の土地令では、開墾されたのちに放棄された土地を、他人が占有することを認めた。この土地令は、焼畑農耕やそれに基づく慣習的土地保有を制限する意図をもった最初の試みとみられる（ホン　一九八九：五五）。

一九一九年八月一五日、当時英領だったマラヤ（半島マレーシア）から森林官のミード（J. P. Mead）が州都クチンに着任した。ミードが到着した翌年には森林規則が施行された。それによって、木材を含む林産物の採集が徴税対象となり、その一部が制限されたり、許可制となったりした。一九三〇年と一九三四年にはそれぞれ保存林、保護林という森林区分が創設された。と同時に、木材を含む林産物の輸出を増やしていく方針も打ち出された。サラワクの森林区分では、保護林は保存林とともに永久林（Permanent Forest）と呼ばれている。永久林とはその名称から受ける一般的な印象とは異なり、輸出用の木材生産の要求に応えるために設定された区域のことをいう。林木の種類や樹幹の直径に条件をつけて選択的に伐採する択伐方式により、恒常的に木材が産出されうる林地である。永久林は今日にいたるまで拡大されてきた。そこでは、先住民の慣習上の土地保有は禁止され、彼らの林産物採集も制限されてきた。

以後、数次の改正を経て、一九四〇年に永久林の第三の区分として、共有林が創出された。共有林は地域共同体の申請にしたがって審査され、認められた場合、県庁の所管となる。一方、一九五四年より施行された現行の森林法では、永久林以外の森林は、州に帰属し農地等への転用ができる州有林と定められた。現在、この州有林は次々と皆伐されて、アブラヤシなどモノカルチャーのプランテーションへの転換が進行している（金沢　二〇〇二）。また、保存林、保護林に関しては、それぞれ森林法第二一条や三六条において、農業のための開墾、建築、林木の伐採や火入れ、林産物の採集などの禁止行為が列記された。他方で、共有林に関しては、第四八条で大臣による官報通知によってその廃止を指令することが認められた。これらの一連の法制度の改正によって、先住民の慣習的権利が認められている共有林が官報の公示によって保護林に変更され、伐採権を得た企業が伐採を始めるというケースが続出することになった（ホン　一九八九：一〇二）。

この間、一九五六年に国立公園法、一九五八年に野生生物保護法が制定されている。一九八四年に、州政府内に調査委員会が設置され、一九八六年に新たな国立公園や野生生物保護区が提案された。州政府は原則的にそれらの提案を受け入れ、生物資源や観光資源のための保存面積を積極的に拡大していくとの方針を示している。国際自然保護連合（IUCN）によれば、一九九四年時点で国立公園など保護区域はボルネオ全体で六・四パーセント（サバ州四・五パーセント、カリマンタン四・五パーセント、ブルネイ二〇パーセント）と発表されている。しかし、サラワク州の国立公園と野生生物保護区を合わせた広さは依然として州総面積の三パーセントに過ぎない。

一九四六年、サラワクはブルック家からイギリスに委譲された。そして、一九五八年一月一日に現行の土地法（Land Code）が施行された。同法では、先住慣習地（Native Customary Land）を「共有か否かを問わず先住民の慣習的権利が一九五八年一月一日以前に合法的に成立している土地」と規定した。先住慣習地は、現在州土の約一二パーセントに相当する一四六万ヘクタールが登録されているが、実際にはその倍以上の面積において先住慣習権の主張がなされている（Brookefield, Potter and Byron 1995: 130）。先住慣習権が合法的認められるのは、果樹栽培地、住居地、農耕地、墓地などであったことが確認された場合である。ここで問題となるのは、農業を行わず、定住地も墓地をもたなかったプナンの生活様式である。バラム流域では最も早く定住したロング・ラマイ村でさえ、それが土地法直後であったために先住慣習権は認められていない。

マレーシアの政治経済と資源収奪の構造

サバ、サラワクの二州は一九六三年にマレーシア連邦に加盟した。その際の条件として、二〇項目にわたる州独自の権限が認められた。この二〇項目には、一、宗教（連邦の国教はイスラム教だが、これは強制されない）、二、州憲法（連邦憲法のほかに、州憲法を認める）、三、出入国管理などが含まれている。そのほか、サラワク、サバが半島諸州と大きく異なるのは、森林資源の開発・管理が州政府に認められている点である。石油・天然ガスの税収入が連邦政府によって徴収・管理される一方で、木材の輸出税を含む森林・土地と関連した税収はサラワク、サバの州政府が管轄する。

森林開発はたとえ州有であっても、州が直接に行うわけではない。州政府は民間企業に一定区画の森林の伐採権を貸与して開発をまかせ、その出材量に応じて、伐採税や各種賦課金、輸出税などを徴収する方式をとっている。

そこで重要となるのは、だれがどの森林の伐採権を得るかという点である。マレーシアでは、半島部の民族問題を背景としてブミプトラ政策（マレー人優遇政策）がとられている。サラワク州においても同様に、マレー人に社会経済的特権が与えられている。その結果、伐採権所有者リストの大半にマレー系の政治家や官僚、その親戚らの名が並ぶこととなった。一九八七年のサラワク州選挙の期間中、現首相の政敵であったアブドゥール・ラーマン・ヤクブ前首相は、現首相のタイブやその親族が一六〇万ヘクタールもの伐採権を保有していることを暴露した。これに対して、タイブ側はラーマン関係者が一二五万ヘクタールの木材伐採権をもっていると応酬した。両者を合わせると州の森林面積の実に三分の一近くを占める。

伐採権は通常、手近な請負業者やその下請け業者に貸し出され、伐採作業が実施される。ほとんどの場合、伐採権所有者は現場には現れず、請負業者から取り次ぎ料を徴収するだけである。伐採を請け負った企業は、その一族や友人に下請け業者を抱えている。体力的にも過酷な伐採労働に地元の人が雇われることは少なく、たいていインドネシアやフィリピンからの出稼ぎ労働者によってまかなわれている

一九六〇年代以降、林道建設のための重機や伐採装置、チェーンソーなどが普及した。そして、一九七〇年代後半から、バラム河流域で伐採活動が本格化し、サラワクの丸太材の輸出は急増した。特に、一九八五年から一九九〇年の五年間で一三〇万ヘクタール強（長野県に相当する面積）の森林が減少した（表1）。先住民の居住域にも破壊的なスピードで伐採の波がおよんできた。彼らは、まず企業や政府に伐採の停止を求めた。くわえて、土地に対する自分たちの慣習的権利の認定を州政府にくり返し要請した。また、居住地周辺の森林を共有林として認めるよう何十件もの申請書を提出した。

表1　サラワクの森林面積推移

年	森林面積（km²）	州面積に占める割合
1920	92,686	75%
1930	92,427	75%
1940	92,168	75%
1950	91,910	75%
1955	88,221	72%
1960	90,615	74%
1965	92,367	75%
1970	94,325	77%
1975	94,325	77%
1980	94,315	77%
1985	95,166	77%
1990	81,862	66%
1995	84,084	68%
2000	82,036	67%

出所：Smythies（1961：173）, Forest Department, Sarawak（1920-99）および Department of Statistics, Malaysia（2001）より作成。

どれも結局、なしのつぶてだった。

三　先住民運動の展開

住民による林道封鎖

一九八七年三月、プナン人をはじめとするバラム地域の先住民族は道路封鎖を敢行した。木材運搬用道路に丸太などでバリケードを築き、その前に男たちも女たちも、そして子どもたちまでが立ちはだかった。計二五カ所の道路封鎖によって、伐採活動が数カ月間ストップした。影響を受けた企業は、サムリン社やWTK社など九社にのぼった。

地球の友マレーシア（Sahabat Alam Malaysia、以下SAM）は、サラワクで最もよく知られているNGOである。同事務所は、バラム河沿いのマルディ（Marudi）という小さい町にある。伐採道路の封鎖という非暴力の抵抗を人びとに提案したのは、当時、SAMの代表を務めていたのはハリソン・ガウ（Harison Ngau）という先住民族、カヤン人の青年だった。ガウらは一九八七年六月、連邦政府に直接陳情するため、先住民一二名とともに首都クアラルンプールへと飛んだ。そこで、環境相はじめ大蔵相や教育相などの閣僚と面会した他、大学や法律関係者、外国報道陣などとの会見も行った。その様子はメディアを通じて広く報道された。

ところが、同年八月にはプナン人七名が橋梁放火の疑いで逮捕されたのを皮切りに、十月には四二名のカヤン人が逮捕された。同時に、ハリソン・ガウも国内治安法（Internal Security Act）により逮捕された。サラワク州政府は同年森林法を改正し、伐採許可を得た者が建設または維持する道路に障害物を置いたり、道路の通行を妨害したりした者を二年の禁固及び六〇〇〇リンギの罰金に処するという条項を追加した。翌一九八八年の五月から十二月にかけては、バラム、リンバン両区で一〇件の林道封鎖が決行されたが、参加した三〇人以上が逮捕された。一九八九年一月の道路封鎖ではプナン人一〇五人が逮捕された。このときの逮捕者にはサラワク・プナン協会の会長ジュイン・リハン(Juwin Lihan)も含まれていた。七月には七人のクニャ人がサムリン社に対する脅迫の容疑で逮捕された。九月にはバラムとリンバンの両地区計一二カ所の道路封鎖により、一一七名(うちプナン人が一〇〇名近くを占める)が逮捕された。その後も断続的に道路封鎖が行われた。

NGOの支援

一九八七年、地球の友インターナショナルや日本熱帯林行動ネットワークは日本の木材貿易企業や政府に対して、サラワクからの丸太輸入の自主規制を求める国際キャンペーンを開始した。アジアの熱帯材の半分を輸入する日本では、大手商社をはじめ、合板メーカー、建設業界にも批判の矛先が向けられた。

NGOは、各企業に対して、輸入原産地に関する行動基準の採用や針葉樹合板の生産能力の拡充などを要求した。また、地方自治体に対して熱帯材の不使用を求める動きが欧米を中心に活発化した。その結果、オランダ(全自治体の約六割)、ドイツ(数百の自治体)、イギリス(一二の州含む約四〇の自治体)、アメリカ(一〇以上の自治体)などで熱帯材不使用条例が制定された(熱帯雨林保護法律家リ

ーグ　一九九二：一二一―一九、六一―八一）。日本でも、東京都の「熱帯雨林産合板の使用削減宣言」（一九九一年）をはじめ、全国の自治体で公共事業での熱帯材の使用削減の方針が打ち出された。

くわえて、プナンとの関連で特筆すべき人物として、スイスの芸術家のブルーノ・マンサーが挙げられる。彼はブルーノ・マンサー基金というＮＧＯの主宰者でもある。一九八四年からの六年間、彼はバラム流域のプナンと一緒に暮らし、熱帯雨林と狩猟採集生活の魅力を精緻なスケッチと記録にまとめた。しかし、商業伐採がプナンの生活圏を脅かすようになると、マンサーはプナン人らの抵抗運動を鼓舞してまわった。これに対して、サラワク州政府は、マンサーをはじめとする外国人の活動家やジャーナリストをいっせいに国外に退去させた。一九九〇年、スイスに戻ったマンサーは国際社会に熱帯雨林の危機を訴えるキャンペーンを展開した。マンサーは三名のサラワク先住民とともに、六週間にわたってオーストラリア、カナダ、アメリカ、ヨーロッパ各国、日本などを回り、国会議員や国際機関などに問題解決を働きかけた。一九九九年三月には、クチン市内のサラワク州首相官邸にパラグライダーを使って潜入し、首相に直訴を試みた。筆者はたまたま同市内で、両翼にプナンとタイブ（Taib、首相の名前）と大きく書かれた飛行中のパラグライダーを目撃した。着陸後の彼はただちに逮捕され、即日強制退国となった。その後、二〇〇〇年五月に再びサラワクに入ったとされるが、以来消息は絶たれたままである。

ＳＡＭをはじめとするＮＧＯはその後、地理情報機器を利用したコミュニティ地図作りに取り組んだ。集落の土地や森林の面積を精確に測量し、明示することは先住民の先住慣習権のために有効だと考えたためである。また、自分たちが希望しない開発が強引に推し進められようとするとき、こうした手作りの地図が裁判の証拠資料として採用されるケースも出てきた。二〇〇一年五月には、コミュニティ地図を証拠として提出した住民側が勝訴している。ビンツル地区のルマ・ノル村のイバン人は、ボルネオ・パルプ社とビンツル土地調査局を相手に訴訟を起こした。裁判の結果、イバン人の慣習的土地利用の権利の正当性が認められ、アカシアの植林プロジェクトは操業停止に追い込まれたのだ。

サラワク州議会は、同年一〇月三一日に二〇〇一年土地測量法（Land Surveyors Bill）という新しい法律を定めた。それによると、政府の認可した測量士以外が測量・地図作成を行った場合は、法律違反に問われ、違反件数ごとに五万リンギ以下の罰金または三年以下の禁固刑もしくはその両方を科せられることになった。この法律により、コミュニティによる地図作りは事実上の違法行為となった。

四　州政府の対応

文化人類学者のブローシャス（P. Brosius）は一九八〇年代、プナン集落で長期のフィールド調査を行っている。彼は、サラワク州政府に対して、焼畑を営みロングハウスに定住する他の先住民集団とは別に、プナン人の慣習的な環境・資源の利用方法を認めるよう提言している（Brosius 1986: 180-181）。また、プナン問題に関する州内閣委員会の専門家チームは、『バラム地区及びリンバン地区のプナンに対する商業伐採活動の影響』という報告書を作成している。そこでは、「遊動プナンは、生態系と調和した資源管理を実践しており、彼らの生業活動は森林保全政策によって支援されなければならない」と進言されている（Jabatan Pembangunan Negeri 1987: 93）。同書では、州政府の森林政策に対して、環境アセスメント制度の欠落や伐採活動を指導監督する森林局スタッフの不足を指摘している。さらに、遊動プナンのための「生物圏保存地域（Biosphere Reserves）」の創設やその他のプナンや先住民集落に対して自家用途に限定した共有林（一世帯当たり二〇エーカー程度）の提供などを進言している。

しかしながら、こうした専門家の助言は実現しなかった。なぜ、報告書の提言は生かされなかったのだろうか。筆者は、州内閣委員会の専門家チームにおけるリーダーだったジャイル・ラングブ（Jayl Langub）氏へ聞きとりを行った。その際、彼は「決定には伐採権に絡んだエリート層の利害が優先された」と述べている。仮に、専門家の提言を採用すれば、プナンの慣習的土地利用や共有林を認めざるをえなくなり、自動的に政治家や官僚らがもつ伐採権は制約を受ける。そうした事態を避けるべく、州政府は次のようなプナン言説をこしらえる必要があった。つまり、「食べ物を求めて森の中をウロウロと歩き回り、その日暮らしの生活で、歴史や場所の感覚をもたない人びと」であり、「独りよがりの流浪の生活を続けている」というプナン像である（Brosius 2000: 22）。環境・厚生大臣であり、同時に十数万ヘクタールの伐採権をもつジェームス・ウォンはプナンについてこう述べている。

彼らが希望すれば、定住生活に移行するための特別の手当てが与えられる。そのために、州政府はロングハウスを建設し、教育や農業、医療の施設や訓練を提供する。こちらは説得しているだけで強制をするつもりはないが、遊動プナンは好意的な反応を示しつつある。定住生活への移行のプロセスは骨の折れる長いものになるだろう。しかし、州政府は、われわれの家族であるところのすべての民族に社会経済的発展の主流に加わってもらえるよう努力する。(Wong 1992: 22)

結果、専門家の提言にかわって、プナンに対して社会経済上の特別の施策(以下、「公共サービス」と呼ぶ)が実施されることになった。「公共サービス」の具体的な施策は、プナン生活改善員の派遣とサービス・センターの設置に大別できる。生活改善員は、ボランティアを意味するスカレラワン(Sukarelawan)と呼ばれている。この構想は、一九八八年州首相から発表された。目的は、以下のとおりである(Hanifah 1990: 3)。第一に、かつて遊動プナンだった人びとに対して、定住生活や社会経済的な変化への適応を支援する。第二に、農業や衛生、教育の基礎的サービスの提供。第三に、自立の精神と地域社会や国に対する忠誠心の浸透。第四に、プナンを開発の本流に迅速に引き入れるための支援。翌一九八九年には、プナンの九名の男性と六名の女性が、生活改善員として自分の出身地以外の集落へ派遣された。彼らは月に約三五〇リンギの報酬を受けると同時に、派遣された各集落の状況を定期的にマルディの本部に報告することになっている。

一方、サービス・センターは、一九八七年のブラガ地区のルソン・ラク(Lusong Laku)村での小学校建設を皮切りに、バトゥ・ブンガン村(Batu Bungan: バラム地区)、ロング・クヴォ村(Long Kevok: バラム地区)、ロング・ジュキタン村(Long Jekitan: バラム地区)、ロング・ルアル村(Long Luar: ブラガ地区)において整備が進められている。サービス・センターの提供する「サービス」とは、ロングハウス(写真8)や小学校、診療所、農業ステーションなどの各施設や林道の建設などを指す。小学校の教員は文部省から派遣され、遠くの村から来る子どものために寮が併設されている。診療所では、厚生省から派遣された医者や看護婦が定期的に診療を行う。農業ステーションには農業資材が搬入、保管される。

一九八七年以来、「公共サービス」の予算規模は、毎年およそ一〇〇万リンギである（*New Straits Times* Oct. 21, 1993）。当初州政府が全額補助していたものの、近年では、木材関連企業が肩代わりするケースが増えている。例えば、ロング・ジュキタン村のセンター建設予算、一二〇万リンギのうち、九〇万リンギをサムリン社（Samling）が資金提供している。サムリン社分は、もっぱら集落周辺の林道整備費に充てられているという（*Borneo Post* Apr. 18, 1996）。

一九九七年に筆者ははじめて「公共サービス」が実施されている村のいくつかを訪ねたが、「公共サービス」はもともと森の中で高い遊動性をもっていたプナンの生活様式になじんでいないという印象を受けた。特にロングハウスは他の先住民族の住居スタイルであって、プナンのそれではない。ほとんどのプナンはすでに戸別の家屋を建て、時間の長短はあれ、そこで生活している。筆者はその後、「公共サービス」政策とプナン集落周辺の森林環境との関係について現地調査を行い、別稿にて分析を行った（金沢

写真８　ロングハウス（ロング・クヴォ村）

二〇〇二)。それによれば、「公共サービス」にともない、継続的な技術支援なしに未熟な焼畑農耕(写真9)が推奨されたことによって、プナンは集落周辺の森林環境への負荷を強めざるをえない状況にあることがわかった。つまり、現段階でプナンは、定住人口の急増や焼畑農耕の拡大に対して、うまく適応できていない。

写真9　プナンの焼畑

二〇〇二年六月上旬に三〇以上のプナン人集落の代表がバラム河上流域のロング・サヤン村に集まり、三日間の集会をもった。その集会でプナンはサラワク州政府の「公共サービス」に成績表をつけている。それによれば、参加者のほとんどが「非常に不満」、残りは「不満」と回答している(Sahabat Alam Malaysia 2002)。

五　森の民の望み

サラワクの森の民による抗議行動がなぜ今日まで続いているのか。この問いに対する答えは、一九八〇年代後半に林道封鎖が開始された当時の文脈と、その後の州政府の政策実施にともなう新たな文脈を考え合わせてみる必要がある。

プナンが州政府に対して一貫して望んでいることがある。

それは、土地や森林に対する先住民族としての自分たちの権利の認知である。ブルック家が導入した土地を所有するという近代的原理は、それまでの先住民のアダットと相容れないものだった。同時に、サラワクの森林開発は、植民地統治時代から今日まで木材資源の収量の確保をはかるために永久林の面積拡大を最優先してきた。その一方、先住民族の慣習的な土地利用はほぼ一貫して制限を加えられてきた。焼畑や狩猟採集などの先住民の生業を非生産的な活動とする見方は、ブルック家の植民地政府に端を発し、英国植民地期に強化され、そのまま現在の州政府および政府エリート層に引き継がれている。多くの土地や森林で先住民の焼畑農耕や狩猟採集が非合法化され、伝統的生産活動の領域が狭められてきた。地域住民の裁量を認める共有林は次々と縮小され、現在では全森林面積の〇・一パーセントでしかない。現行の土地法以後に定住したプナン人には先住慣習権がいっさい認められていない。その後、プナンはくり返し先住慣習地や共有林の申請を行ってきたが、今日までそれらが新たに認められることはなかった。

一九八〇年代後半、プナンをはじめとするサラワク先住民族は商業伐採への異議申立てを強め、林道封鎖という手段にふみきった。さらにNGOの支援を受けつつ抗議行動を展開する先住民族に対して、州政府は法律の制定や改正によって対抗し、抑圧した。プナンに対しては、専門家から狩猟採集民の土地利用の評価や生物圏保存地域の指定といった具体的な政策提言がなされた。しかし、専門家からの提言は採用されず、代わりに生活様式の「近代化」という名目のもとに、サービス・センターの設置や生活改善員の派遣といった「公共サービス」があてがわれることになる。しかし、現段階でプナンは、定住人口の急増や焼畑農耕の拡大に対して、うまく適応できていない。プナンにとって州政府のいう「近代化」は、狩猟採集を生業の基盤とした遊動生活から定住農耕化という生活・生業上の根源的な変化を意味している。

今日のプナンの抗議行動の背景には、「公共サービス」に対する不満が新たな要素として加わっている。「公共サービス」のうち、基礎的な医療サービスや教育の拡充はプナンの人びとも強く望んでおり、筆者もその重要性を否定するつもりはない。しかし、他のエスニック集団の居住様式であるところのロングハウスを建設して、そこにプナンを住まわせたり、継続的な技術支援なしに未熟な焼畑農耕を推奨したりすることは、結果的に彼らの生存基盤を危うくしかねない。州政府の実施している「公共サービス」の最大の問題点は、「発展」や「進歩」といったその掲げられた名目とは別に、最初から遊動生活から定住化へ、またサゴ・デンプンの生産から農耕化へという生活様式の転換を促し、伐採や開発行為の円滑化をはかるというシナリオが見透かされている点である。政策の立案の段階で、州政府とプナンとの十分な意思疎通がなされておらず、伐採権に絡んだエリート層の利害が突出した形で採用されている。州政府の一連の政策や制度では、プナンの森林資源の利用やその生業活動への配慮がみられない。広大な原生林が背後に残されていたときは、プナンは森の中に退避するなり、道路封鎖をするなり、彼らなりの行動の選択肢をもっていた。しかし、退避できる森が残り少なくなっている現在では、こうした「公共サービス」を受け入れざるをえない状況に追い込まれている

筆者は、現行の「公共サービス」に対して少なくとも次のような改善が必要であると考える。すでに多くのプナンは戸別の家屋をもち、時間の長短はあれ、そこで生活している。ゆえに、彼らにとってなじみのないロングハウスを一集落に新設するのでなく、点在する現存の各集落に水道やトイレ、

写真10　丸太運搬車両（バラム河中上流域）

発電機などを提供すべきであろう。また、彼らの土地は地味がやせており、ほとんど何も収穫できないところもある。ゼロから農業を始めようとするプナン人に対して、まず適切な畑の管理や有機肥料の作り方など基礎的な訓練プログラムを実施する必要がある。

森の恵み再考

二〇〇二年、日本が輸入した熱帯材丸太の約三分の二にあたる一三九万立方メートルはサラワクから来ている（写真10）。しかし、図1に示されるように、伐採道路はすでに国境近くの最奥地にまで延びており、このままのペースで伐採が進めば数年以内に木材の輸出は終息する。一方で、州有林は次々と皆伐され、モノカルチャーのプランテーションへと姿を変えている。今後、国立公園などいくつかの保護区が地図上にわずかな「点」として残り、それ以外のところは改変、開発され尽くすという景観の二極化が予想される。サラワク先住民族にとっては生業空間がますます狭められていく一方で、サラワク政府当局は商業伐採後の二次林をいかに管理していくかという課題を抱える。

筆者は右記の課題に対して、一見迂遠なようであるが、森林から得られる財とサービスについての評価をみなおすことから始めなければならないと考える。例えば、非木材林産物の生産性や持続性を再評価する試みである。木材という林産物に特化して熱帯雨林が伐採されはじめたのは、ほんの数十年前のことである。それ以前、木材以外の林産物は森林生態系を壊すことなく、持続的なレベルで採集されてきた。そして、木材に比べはるかに適正な価格で取り引きされ、その結果、森林にかかわる人びとに利益が還元されてきた歴史がある。森の恵みを改めてみなおしていくプロセスには、木材生産の要求に応えるだけのモノカルチャー化された現存の永久林を、多様な森林利用の選択肢へと拓き、同時に森林の管理を一定程度先住民の手に委ねていくという契機をはらんでいる。

付記：本稿にかかわる現地調査費用の一部は、二〇〇三年度総合地球環境学研究所「持続的森林利用オプションの評価と将来像」（代表：中静透教授）の研究プロジェクトより支給されている。

参考文献

岩永友宏　二〇〇〇　『先住民族プナン――ボルネオ最期の狩人たち』東京：批評社。
金沢謙太郎　二〇〇一　「生物多様性消失のポリティカル・エコロジー――サラワク、バラム河流域のプナン集落における比較調査から」『エコソフィア』七：八七―一〇三、京都：昭和堂。
――　二〇〇二「プランテーション開発とサラワク」『アブラヤシ・プランテーション開発の影――インドネシアとマレーシアで何が起こっているか』五五―六〇頁、東京：日本インドネシアＮＧＯネットワーク。

モーリス＝鈴木、テッサ　二〇〇二「知的所有財産と先住民の権利」本橋哲也訳、『みすず』四四（四）：二一一一。

熱帯雨林保護法律家リーグ（編）一九九二『使い捨ての熱帯林――熱帯材不使用条例の制定を』（地方自治ジャーナルブックレット3、東京：公人の友社。

長谷川成海　一九九三「マレーシア・サラワク州の森林伐採と先住民の慣習的権利」、日本農業法学会編『農業法研究』二八：一七九―一九一。

堀井健三　一九九八『マレーシア村落社会とブミプトラ政策』東京：論創社。

ホン、イブリン　一九八九『サラワクの先住民――消えゆく森に生きる』北井一・原後雄太訳、東京：法政大学出版局。

山田　勇　一九九七「東南アジアの森と人」、『植物の世界』朝日百科一三巻、六六―七六頁、東京：朝日新聞社。

Anderson, J. A. U. 1978. *Subsistence of the Penan in the Mulu Area of Sarawak.* Kuching: Sarawak Medical Service.

Brookfield, H., L. Potter and Y. Byron. 1995. *In Place of the Forest: Environmental and Socio-economic Transformation in Borneo and the Eastern Malay Peninsula.* Tokyo: United Nations University Press.

Brosius, J. P. 1986. River, Forest and Mountain: The Penan Gang Landscape. *Sarawak Museum Journal* 36 (57): 173-184.

———. 2000. Bridging the Rubicon: Development and the Project of Futurity in Sarawak. In M.

Leigh (ed.) *Borneo 2000: Politics, History and Development* (Proceedings of the Sixth Biennial Borneo Research Conference). pp. 1–28. Kuching: Institute of East Asian Studies, University Malaysia Sarawak.

Chai, P. 1982. Blowpipe Poison. *Sarawak Gazette* 58 (1482): 17–21.

Department of Statistics, Malaysia. 2001. *Comedium of Enviornmental Statistics*. Kuala Lumpur.

Forest Department, Sarawak. 1920–1999. *Annual Report*. Kuching.

Jabatan Pembangunan Negeri. 1987. *Report on the Effects of Logging Activities on the Penans in Baram and Limbang Districts: A Short Term Development Programme*. Kuching.

Kaur, A. 1998. A History of Forestry in Sarawak. *Modern Asian Studies* 32 (1): 117–147.

Langub, J. 1996. Penan Response to Change and Development. In C. Padoch and N. L. Peluso (eds.) *Borneo in Transition: People, Forests, Conservation and Development*. pp. 103–120. Kuala Lumpur: Oxford University Press.

Sahabat Alam Malaysia. 2002. Press Release: Penan Community Meeting and Anniversary of the Sarawak Penan Association 7–9 June

Smythies, B. E. 1961. History of Forestry in Sarawak. *Sarawak Gazette* Sep. 30: 167–174

Soehartono, T. and A. C. Newton. 2001. Conservation and Sustainable Use of Tropical Trees in the Genus *Aquilaria* II. The Impact of Gaharu Harvesting in Indonesia. *Biological Conservation* 97: 29–41.

Wong, J. K. M. 1992. *Hill Logging in Sarawak*. N.P.: n.p.

あとがき

本書は、人間文化研究機構・国立民族学博物館における共同研究会『アジアにおける環境保全と生態史の人類学的研究』（平成十四年度）の成果である。この研究会では、アジアにおける環境保全をめぐる諸問題を地域の生態史に注目して討議することを目的として、一年間で計三回の研究会が行われた。それぞれの会では、共同研究会でのメンバーの方々、および特別講師の方など、本書の内容の多くに関して数多くのコメントをいただいている。この場を借りて、御礼申しあげたい。

この研究会は、そもそも本書の執筆者のひとりである秋道智彌氏が、国立民族学博物館に在籍していた当時に企画したものである。最後の年度において、秋道氏の人間文化研究機構・総合地球環境学研究所への異動にともない、最終年度のみ池谷が代表をつとめたのである。その結果、秋道氏が専門とする熱帯アジアの水産資源利用から、私が得意とする森林資源利用、とりわけ狩猟採集や焼畑などの生業へと研究テーマの焦点を移した。本書は、その構成をみてもわかるように、アジアにおける森林資源利用と森林保全の人類学的研究となっている。

さて、私は、これまで温帯アジアである日本の森の民の研究をしてきた経験がある。東北地方のブナ林に暮らすマタギの人びとである。彼らの暮らす村は、江戸時代には桃源郷であるとみられていた。明治後期・大正時代になると、商品経済化が浸透して村では森林産物の採集が盛んになった。当時、村の生業であった狩猟も衰退することなく、山の神信仰の伝統は続いていた。これは、本書の序論で述べたような、フィリピンの焼畑農耕民アエタが新しい生業手段を導入する際、それ以前の狩猟や採集などの生業を放棄させるのではなく、ひとつの有力な選択枝を加えるにとどまるという指摘に類似している。その後、高度経済成長期には過疎化の波が村にもやってきた。村人は何とか乗り切り、村として持続していたが、ダム建設という大規模開発プロジェクトによって村は水没することが決まり廃村になったのである。

このような変化を、本書の各事例と比較してみるとたいへん興味深いことがわかる。熱帯アジアの森の民は、現在、変化の渦中にある。森林伐採、自然保護区の指定、商品経済化の進展など、ますます外部社会からの影響を受けるようになっている。しかし、本書で述べたように、彼らは、それらに受動的であったわけではない。ときには先住民運動を展開し、ときには海外への出稼ぎに励むなど、さまざまな対応がみられた。つまり本書は、自然と共生する森の民という一般社会のまなざし、森の民を含めては自然を保護できないという政策者のまなざしとは異なる、政治的に立ち上がる森の民など、多様な森の民の主体的対応を描いている。

これまで、わが国では熱帯アジアの森の民を正面から取り扱った学術書は少なく、それを体系的に論じた単行本もまだ生まれていないと思われる。とりわけ、インドやネパールなどの南アジアを対象に含めたものは多くはないだろう。現在、熱帯アジアは地球全体の熱帯林の保護や管理をめぐる論議のなかでも無視することのできない地域である。この意味で、本書が、今後の「熱帯アジアにおける森の民研究」、「世界の森の民の比較研究」のためのたたき台になればよいと考えている。同時に、森林保護と森の民との共存の方法、森の民への経済開発の方策などについて、現場で実践されている政府やNGOの政策担当者の方々に対しても、森の民の現在の多様なあり方を考えるきっかけになることを願っている。

最後に、人文書院、元編集部の落合祥堯氏には本書に企画に賛同し常に励ましをいただき、現編集部の伊藤桃子さんには刊行にいたるまで種々お骨折りいただいた。ここに深謝の意を表したい。

池谷和信

二〇〇五年六月一日

執筆者紹介（五十音順、＊印は編者）

秋道智彌（あきみち・ともや）
一九四六年生まれ。東京大学大学院理学研究科博士課程修了。理学博士。総合地球環境学研究所教授。生態人類学、民族生物学。著書：『海洋民族学――海のナチュラリストたち』（東京大学出版会、一九九五）、『なわばりの文化史――山・海・河の資源と民俗社会』（小学館、一九九九）、『紛争の海』（共編著、人文書院、二〇〇二）、『コモンズの人類学――文化・歴史・生態』（人文書院、二〇〇四）ほか。

池谷和信（いけや・かずのぶ）＊
一九五八年生まれ。東北大学大学院理学研究科博士課程単位取得退学。理学博士。国立民族学博物館民族社会研究部助教授。総合研究大学院大学先導科学研究科助教授（併任）。環境人類学、人文地理学。著書：『国家のなかでの狩猟採集民』（千里文化財団、二〇〇二）、『山菜採りの社会誌』（東北大学出版会、二〇〇三）、『地球環境問題の人類学』（編著、世界思想社、二〇〇三）*Pastralists and Their Neghbors in Asia and Africa.* Senri Ethnological Studies No. 69 (National Museum of Ethnology, 2005) ほか。

小川英文（おがわ・ひでふみ）
一九五六年生まれ。早稲田大学大学院博士後期課程考古学専攻中退。東京外国語大学教授。東南アジア考古学。著書論文：『交流の考古学』（編著、朝倉書店、二〇〇〇）、『カガヤン河下流域の考古学調査』（編著、科研基盤A（2）報告書、二〇〇二）、「野性の残像――過去をめぐるイデオロギーの磁場」（スチュアート ヘンリ編『「野生」の誕生』世界思想社、二〇〇三）ほか。

金沢謙太郎（かなざわ・けんたろう）
一九六八年生まれ。東京大学大学院総合文化研究科国際社会科学専攻単位取得退学。神戸女学院大学講師。環境社会学。共編書：『アジア環境白書二〇〇〇／〇一』（東洋経済新報社、二〇〇〇）、『アブラヤシ・プランテーション開発の影』（日本インドネシアNGOネットワーク、二〇〇二）、『アジア環境白書二〇〇三／〇四』（東洋経済新報社、二〇〇三）ほか。

カンマニ・カンダスワァミ（Kanmani Kandaswamy）
一九七三年生まれ。マドラス大学人類学科卒業。名古屋大学大学院開発研究科博士課程退学。哲学修士。生態人類学。論文：Energy, Subsistence and Ecosystem: A Study of the Kadar, Anamalai Hills, Coimbator District, Tamil Nadu.

(Unpublished M. Phil thesis, University of Madras) ほか。

口蔵幸雄（くちくら・ゆきお）
一九四九年生まれ。東京大学大学院理学研究科博士課程単位取得退学。理学博士。岐阜大学地域科学部教授。生態人類学。著書論文：『熱帯林の世界④　吹矢と精霊』（東京大学出版会、一九九六）、『講座生態人類学5　ニューギニア――交錯する伝統と近代』（共著、京都大学学術出版会、二〇〇二）、『野生のナヴィゲーション――民俗誌から空間認知の科学へ』（共著、古今書院、二〇〇四）ほか。

シラ・ダロス（Csilla Dallos）
一九六三年生まれ。マッギル大学人類学部博士課程終了。哲学博士。コンコルディア大学助教授。狩猟採集民の社会変動、平等社会論。論文："Media, Identity, and Opportunity" (the 8th International Conference on Hunting and Gathering Societies, Osaka, 1998), "The Orang Asli of West Malaysia"（永田脩一と共著、*Moussons* 4: 97-112）、"Identity and Opportunity"（二〇〇三、博士論文）ほか。

永田脩一（ながた・しゅういち）
一九三一年生まれ。イリノイ大学人類学部博士課程終了。哲学博士。トロント大学・東京福祉大学名誉教授。アメリカ先住民ホピ族分村の社会変動、マレーシア狩猟採集民の社会人類学。著書論文："Conjugal Families and the non-Circulation of Children in a Resettlement Community of Foragers in West Malaysia" (L. V. Aragon & S. D. Russell 編、*Structuralism's Transformations*. Tempe: Arizona State University Program for Southeast Asian Studies, 1999)、"Leadership in a Resttlement Village of the Orang Asli in Kedah, Malaysia." (*Contributions to Southeast Asian Ethnography* 12: 95-126) ほか。

信田敏宏（のぶた・としひろ）
一九六八年生まれ。東京都立大学大学院社会科学研究科社会人類学専攻博士課程単位取得退学。社会人類学博士。国立民族学博物館助手。社会人類学。著書論文：『周縁を生きる人びと――オラン・アスリの開発とイスラーム化』（京都大学学術出版会、二〇〇四）、「改宗と抵抗」（『東南アジア研究』37巻2号）、「ドリアン・タワール村の生活世界」（『国立民族学博物館研究報告』29巻2号）ほか。

増野高司（ますの・たかし）
一九七五年生まれ。琉球大学大学院農学研究科卒。農学修士。総合研究大学院大学先導科学研究博士後期課程在学。森林環境学。論文：「タイ北部におけるヤオ族の生業とその変遷に関する生態人類学的研究」（『総合地球環境学研究所研究プロジェクト4－2　二〇〇三年度報告書』）、「一九六〇年代から二〇〇四年までにおける焼畑民ヤオ族の土地利用の変遷」（『総合地球環境学研究所研究プロジェクト4－2　二〇〇四年度報告書』）ほか。

南真木人（みなみ・まきと）
一九六一年生まれ。筑波大学大学院博士課程歴史・人類学研究科中退。学術博士。国立民族学博物館民族社会研究部助教授。人類学。論文：「ネパール山地民マガールの藪林焼畑」（寺嶋秀明・篠原徹編『エスノ・サイエンス』京都大学学術出版会、二〇〇二）、「『村人』にとっての都市的経験」（関根康正編『〈都市的なるもの〉の現在』東京大学出版会　二〇〇四）ほか。

索　引

サ　行

タ　行

ハ　行

マ　行

ヤ　行

ラ　行

ワ　行

熱帯アジアの森の民
資源利用の環境人類学

二〇〇五年　六　月二〇日　初版印刷
二〇〇五年　六　月三〇日　初版発行

編　者　池谷　和信

著　者　秋道智彌／池谷和信／小川英文／金沢謙太郎／カンマニ・K／口蔵幸雄／C・ダロス／永田脩一／信田敏宏／増野高司／南真木人

発行者　渡辺睦久
発行所　人文書院
〒612-8447　京都市伏見区竹田西内畑町九
電話〇七五(六〇三)一三四四　振替〇一〇〇〇・八・一一〇三

印刷　創栄図書印刷株式会社
製本　坂井製本所
装丁　上野かおる

ISBN4-409-53033-X　C3039

http://www.jimbunshoin.co.jp/